QUILT

PATCHWOR

& APPLIQ

Haupt

Karen Hemingway / Catie Ziller

QUILT
PATCHWORK & APPLIQUÉ

Fotografien von
Paola Pieroni

Haupt Verlag
Bern · Stuttgart · Wien

Inhalt

Vorwort 6
Die Werkzeuge 8
Die Materialien 14

Die Modelle 20

Rosenkonstellationen 22
Art déco abstrakt 26
Kontraste 30
Meer der Träume 34
Labyrinth 38
Kostbarer Schimmer 42
Vogelgezwitscher 46
Eukalyptusblätter 50
Schutzengel 54
Romanze in Weiß 58
Kokon 62
Afrikanische Impressionen 66
Kurioses im Quadrat 70
Mauerwerk mit Troddeln 74
Goldene Quellen 78
Blütenlese 82
Wüstenflimmern 86
Cappuccino 90
Machikos Schatz 94
Klatschmohnwiese 98

Techniken und Schablonen 104

Berechnen der Stoffmenge 106
Vorbereiten des Stoffes 109
Nähte und Stickstiche 110
Bügeln 117
Patchwork 118
Applikationen 128
Zusammenfügen und Quilten 135
Fertigstellen 143
Schablonen 146

Künstler-Biografien 156

Register 158

Vorwort

Dass Farben und Motive in der Innenarchitektur eine enorme Rolle spielen, ist nichts Neues. Seit einigen Jahren jedoch weiß man auch den Wert der Textur mehr zu schätzen, weil sie für Tiefenwirkung sorgt und bestimmt, wie ein Material sich anfühlt. Modernes Raumdesign zeichnet sich oft durch ein Nebeneinander natürlicher Materialien mit ganz unterschiedlichen Strukturen aus, etwa Holz in Verbindung mit Rattan, Keramik, Stein und natürlich Stoffen aller Art.

Quilts sind mehr als dekorative Steppdecken. Es gibt sie seit Jahrhunderten, doch gewinnen sie gerade wieder an Popularität. Angesichts der aktuellen Vorliebe für Stilmischungen und Handarbeiten verwundert es nicht, wenn sie heute eher als Dekoration dienen oder einem Raum eine persönliche Note geben sollen. Von den Ursprüngen des sogenannten Quilting haben wir uns weit entfernt: Damals ging es einfach darum, eine flauschige Einlage zwischen zwei Stoffstücken in eine wärmende, funktionale Bettdecke zu verwandeln. Schon früh trat auch der dekorative Aspekt in den Vordergrund, und selbst zu Zeiten, als man dafür jeden Fetzen Stoff wie eine Kostbarkeit sammeln musste, bestachen Quilts durch eindrucksvolle geometrische und florale Motive in faszinierenden Farben und Texturen.

Dieses Buch gibt Ihnen Gelegenheit, prachtvolle Quilts in verschiedenen Farben und Texturen selbst zu gestalten. Anfänger erhalten einen ersten Einblick in die Kunst des Nähens und die Arbeit mit Stoffen. Sie lernen, einen Quilt zu nähen, den Sie voller Stolz als Wandbehang oder einfach als Bettüberwurf präsentieren können. Wenn Sie schon über etwas Näherfahrung verfügen und wissen, wie ein ganz persönliches Stück entsteht, dann lassen Sie sich von unseren Modellen doch ganz einfach zu eigenen Kreationen inspirieren.

Unser Buch stellt zwanzig Modelle ganz unterschiedlichen Stils vor. Gerade in der Verschiedenheit spiegeln sich Herkunft und Arbeitsweise der Künstlerinnen, von denen sie stammen. Die Einzelstücke wurden mit traditionellen und modernen Techniken ausgeführt und dienen als Bettüberwürfe, Gartendecken oder Wandbilder. So ist das Modell «Vogelgezwitscher» (S. 46) mit einer klassischen Bordüre aus Dreiecken eingefasst, während «Goldene Quellen» (S. 78) und «Kostbarer Schimmer» (S. 42) hervorragende Beispiele für moderne, mit dem

Rollcutter geschnittene Blöcke sind. «Klatschmohnwiese» (S. 98) und «Afrikanische Impressionen» (S. 66) stammen aus diametral entgegengesetzten Kulturen und beweisen, dass das Applizieren eine echte Kunst darstellt. Einige Modelle mischen unbekümmert Patchworktechnik und Stickerei. Das «Meer der Träume» (S. 34) etwa besteht aus Streifen, die von Hand mit ganz unterschiedlichen Zierstichen zusammengefügt wurden, während die Einfassung von «Eukalyptusblätter» (S. 50) mit der Maschine versäubert ist und die höchst eigenwillige Oberfläche von «Kokon» (S. 62) aus Woll- und Seidenfäden besteht, die mit verschlungenen Nähten befestigt sind. Andere Modelle betonen eher den klassischen Geist eines Quilts: «Wüstenflimmern» (S. 86) und «Labyrinth» (S. 38) beispielsweise setzen Stoffe mit ausgefransten Kanten ein, wenn auch mit ganz unterschiedlichen Effekten. Bei «Cappuccino» (S. 90) ist die Oberfläche mit Plisseefalten gewellt, während die «Rosenkonstellationen» prachtvoll arrangierte Stoffe präsentieren (S. 22).

Ganz gleich, wie erfahren Sie im Umgang mit Nadel und Faden sind: Dieses Buch bietet Ihnen ein Feuerwerk origineller Ideen. Anfänger lernen alles, was man wissen muss, in den Kapiteln über Werkzeuge, Materialien und Grundtechniken. Die Schablonenvorlagen für die Modelle finden Sie am Schluss des Buches.

Entdecken Sie, wie viel Spaß es macht, selbst solche prachtvollen Quilts für Ihr Zuhause anzufertigen. Wer weiß, vielleicht wollen Sie ja schon bald auf dieses ebenso herrliche wie dankbare Hobby gar nicht mehr verzichten.

Die vorgestellten Stücke sind Einzelstücke, die eigens für diesen Band entworfen und ausgeführt wurden. Wir haben die Titel der Werke frei übersetzt, jedoch deren englische Titel jeweils im Anschluss an die Einleitungen der Künstlerinnen mit angegeben.

Die Werkzeuge

Für das Quilten sind nur wenige Spezialwerkzeuge erforderlich, und wenn Sie bereits mit dem Nähen vertraut sind, haben Sie bestimmt schon alles Nötige beisammen. Wenn Sie Patchwork als ständiges Hobby aufnehmen möchten, lohnt sich die Anschaffung von Rollcutter, Patchworklineal und Schneidematte, um zahlreiche Einzelformen rasch und exakt ausschneiden zu können. Diese Werkzeuge bekommt man bei allen Geschäften für Bastel- und Künstlerbedarf, sei es im Laden, im Versandhandel oder auch im Internet. Achten Sie stets darauf, hochwertige Werkzeuge zu kaufen, damit die Schnitte ganz präzise werden.

... FÜR SCHABLONEN UND MOTIVVORLAGEN

Bleistift und Druckbleistift

Damit zeichnet man die Umrisse von Schablonen und Motiven auf Papier, eventuell auch auf Stoff, dort, wo man die Striche später nicht sieht. Gut angespitzte Stifte mit Härtegrad HB sind für diese Zwecke ideal.

Transparentpapier

Mit Hilfe von Transparentpapier lassen sich die Umrisse von Motiven aus Büchern oder Zeitschriften abpausen. Anschließend wird das Motiv auf Pappe oder Folie übertragen und daraus eine Schablone angefertigt. Anstelle von Transparentpapier können Sie auch Pergamentpapier nehmen, das zwar etwas undurchsichtiger, dafür aber in langen Rollen erhältlich ist.

Wasserfester feiner Filzstift

Mit wasserfestem schwarzem Filzstift zieht man die Konturen der Motive nach, um sie auf den Stoff durchpausen zu können. Die Stifte sind auch praktisch, um Notizen auf den Schablonen zu machen oder die fertigen Stücke auf der Rückseite zu signieren. (Kugelschreibertinte läuft aus und lässt sich nicht mehr auswaschen.)

Zeichendreieck

Zwar kann man auch ein spezielles Patchworklineal zum Zeichnen oder Prüfen von Winkeln verwenden, doch ist ein großes Zeichendreieck für rechte Winkel besser geeignet. Es ist unverzichtbar, um eigene Schablonen herzustellen oder die Webkanten von Stoffen abzuschneiden.

Metalllineal

Lange Metalllineale sind ideal zum Vorzeichnen gerader, paralleler Linien für die Steppnähte. Man darf sie jedoch niemals in Verbindung mit einem Rollcutter verwenden, weil sie seine Klinge stumpf machen.

Computer

Ganz gleich, ob schlichte Software zum Zeichnen einfacher geometrischer Formen oder komplexes Spezialprogramm – für Ihre Patchworkarbeiten kann ein Computer, sofern vorhanden, Ihnen hervorragende Dienste leisten und Ihnen helfen, Ideen umzusetzen.

Schablonenfolie

Bögen aus Rhodoid mit und ohne Kästchen sind das ideale Material für Schablonen. Da sie durchsichtig sind, sieht man das Muster des Stoffs beim Auflegen der Schablone. Zudem ist der Kunststoff sehr robust. Schablonenfolie wird mit der Schere geschnitten, wobei man am besten zuerst grob die Konturen und dann erst die Details ausschneidet, da das starre Plastik sonst schwer zu handhaben ist.

Pappe

Fester Karton wird mit Schere oder Bastelcutter geschnitten. Als Schablonenmaterial eignet sich Pappe gut, sie ist aber nicht so robust wie Kunststoff. Zur provisorischen Verstärkung der Motive für Applikationen kann Pappe auch gut verwendet werden.

Cutter

Achten Sie darauf, dass die Schneide des Cutters stets scharf ist, damit Sie Pappschablonen exakt ausschneiden können. Halten Sie stets einen Vorrat an neuen Klingen bereit.

Papierschere

Eine scharfe Papierschere benötigen Sie zum Ausschneiden von Pappe und Schablonenfolie, sofern Sie nicht einen Cutter bevorzugen. Verwenden Sie für diese Zwecke niemals eine Schneiderschere!

Fertige Schablonen

Im Handel werden Schablonen aus Plastik oder Metall in den gängigsten Formen, die im Patchwork verwendet werden, angeboten. Sie haben die Form eines Rahmens, dessen Außenrand der Nahtlinie des Blocks entspricht. Man kann damit Formen mit und ohne Nahtzugabe auf den Stoff übertragen.

Ablösbarer Sprühkleber

Wieder ablösbare Sprühkleber benötigt man zum Fixieren von Papierschablonen auf Pappe. Die Anweisungen des Herstellers auf der Spraydose sind unbedingt zu beachten.

Wasserlöslicher Klebestift

Wasserlösliche Klebestifte sind sinnvoll, um die Motive von Applikationen vor dem Festnähen vorübergehend auf dem Untergrund zu fixieren.

Zweiseitig klebendes Bügelvlies

Das auf Folie fixierte Vlies wird in Form von Einzelblättern oder Rollen angeboten und dient zum Verbinden von zwei Stoffen. Es ist ideal, um die Motive für Applikationen zu stabilisieren. Entsprechend den Anweisungen des Herstellers das Vlies zuerst auf die linke Seite des Motivs aufbügeln, das Papier abziehen und das Motiv anschließend auf dem Untergrund fixieren.

Zubehör für die Herstellung von Schablonen und zum Vorzeichnen von Motiven

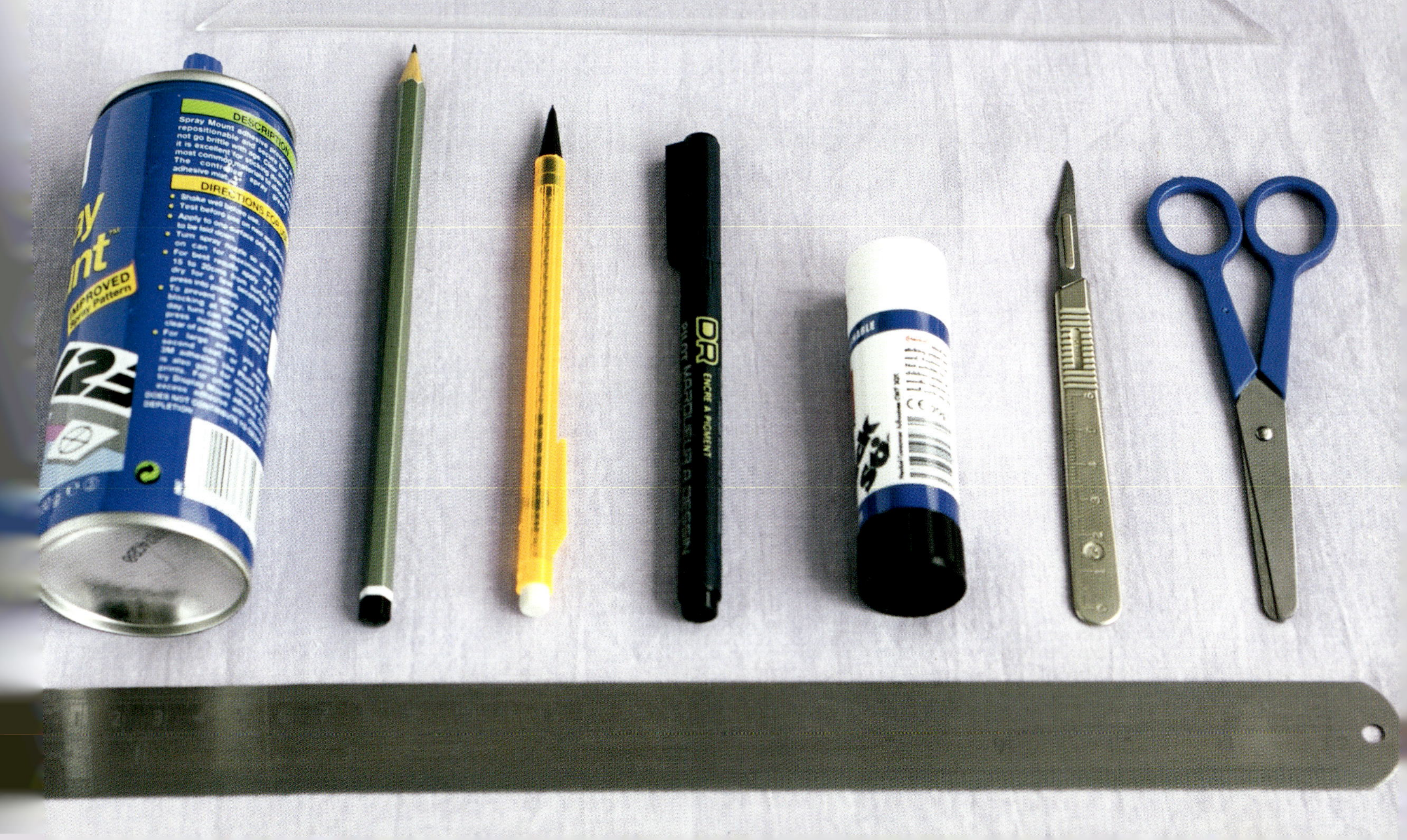

Bügelvlies

Bügelvlies (Vlieseline) dient zum Stabilisieren sehr leichter Stoffe, vor allem für Applikationen. Das Vlies wird nach den Anweisungen des Herstellers auf die linke Stoffseite gebügelt.

Freezer Paper

Hinter dem Handelsnamen verbirgt sich ein beschichtetes Papier, das vor dem Applizieren auf die Motive gebügelt wird, um sie vorübergehend zu stabilisieren. Die glänzende Seite haftet am Stoff, ohne Spuren an Gewebe oder Bügeleisen zu hinterlassen. Freezer Paper kann auch zum Abpausen von Motiven benutzt werden. Es macht die Stoffe schön steif, lässt sich leicht ablösen und ist wiederverwendbar.

... ZUM MESSEN, ZEICHNEN UND SCHNEIDEN

Maßband

Ein flexibles Zentimetermaß ist für größere Flächen und überall dort sinnvoll, wo Sie kein starres Lineal verwenden können.

Schneiderschere

Mit einer hochwertigen Stoffschere lassen sich Stoffe und vor allem runde Motive gut zuschneiden, es sei denn, Sie ziehen einen Rollcutter vor. Große Scheren bewältigen im Nu große Stoffstücke, kleine eignen sich besser für die Kleinteile eines Patchworkmusters. Halten Sie die Schere schön scharf und schneiden Sie damit niemals Papier oder gar Plastik.

Bügelvlies, Pappe, Schablonenfolie und Transparentpapier benötigt man für Schablonen und Applikationen.

Rollschneider

Der Rollschneider hat die Patchworkwelt völlig verändert. Es handelt sich um einen Cutter mit Rundmesser, mit dem man einfach an einem Kunststofflineal entlangrollt, um rasch und präzise Stoffstreifen oder einfache Formen auszuschneiden. Die sehr scharfe Schneide muss nach jedem Gebrauch gesichert werden. Bewahren Sie Cutter und Ersatzklingen vorsichtshalber in einem verschließbaren Behälter auf.

Patchworklineal

Solche Speziallineale sind eine praktische Hilfe, wenn man mit dem Rollschneider Stoffstreifen und einfache Formen ausschneidet. Sie sind durchsichtig und mit einem Gitternetz und verschiedenen Winkeln versehen, mit denen sich die unterschiedlichsten geometrischen Figuren zeichnen lassen. Am sinnvollsten sind große, rutschfeste Modelle.

Schneidematte

Eine schnittfeste Schneideunterlage ist unerlässlich, will man bei der Arbeit mit dem Rollschneider nicht die Arbeitsfläche beschädigen. Kaufen Sie möglichst eine Matte von mindestens 45 x 60 cm.

Nahtzugabelineal

Solche Lineale sind dünne Stäbe, deren Breite genau der Nahtzugabe entspricht. Sie eignen sich für gerade Kanten. Gebogene Kanten werden mit einem Kurvenlineal vorgezeichnet; dazu eignet sich auch ein Doppelkopierrädchen, das am Rand der Schablone entlanggeführt wird.

Schneiderkreidestifte

Solche Stifte gibt es üblicherweise in Weiß, Gelb, Silber und Blau. Die Strichfarbe muss sich von der Stofffarbe abheben. Die Striche verblassen beim Waschen und verschwinden mit der Zeit ganz. Sie sind ideal zum Markieren der Stellen auf der rechten Stoffseite, wo die Applikationen hingehören, und zum Vorzeichnen der Steppnähte. Die Stifte müssen immer gut angespitzt sein.

Kreiderädchen

Kreiderädchen hinterlassen eine Spur von Kreidepulver auf dem Stoff. Damit lassen sich hervorragend gewundene Linien, Umrisse von Applikationen und Steppnähte zeichnen. Die Striche verblassen beim Waschen und verschwinden mit der Zeit ganz.

Wasserlösliche Filzstifte

Diese Filzstifte in Hell und Dunkel braucht man, um die Umrisse der Motive und die Steppnähte auf den Stoff zu übertragen. Nach der Verwendung solcher Stifte darf die Arbeit nicht gebügelt werden, da die Tinte durch Wärmeeinwirkung wasserfest wird. Ganz gleich, was Sie zum Vorzeichnen verwenden, machen Sie grundsätzlich vorab eine Probe auf einem gleichartigen Stoff, um sicherzustellen, dass die Tinte nicht durchschlägt, und um zu wissen, wie lange es dauert, bis sie wieder verschwunden ist.

Leuchttisch

Leuchttische sind ganz hervorragend geeignet, um die Motive und Steppnähte auf den Stoff zu übertragen. Mit einer Lampe unter einer Glasscheibe oder einem Glastisch kann man sich behelfen.

NÄHZUBEHÖR

Stecknadeln

Lange, dünne Stecknadeln sind unerlässlich für das Zusammenfügen der Stoffschichten. Am besten eignen sich solche mit Glaskopf. Hüten Sie sich vor Nadeln mit Plastikkopf, weil sie beim Kontakt mit dem Bügeleisen schmelzen können.

Nähnadeln

Wählen Sie kurze, dünne Nähnadeln der Stärke 8 bis 12 für Handnähte, zum Zusammensetzen der Blöcke und zum Applizieren, sowie Nadeln der Stärke 8 bis 10 zum Quilten. Versuchen Sie, möglichst feine Nadeln zu verwenden, um ganz winzige, gleichmäßige Stiche auszuführen. Für Heftstiche dagegen reichen lange Nadeln völlig aus.

Einfädler

Dieses nützliche kleine Werkzeug ist zum Einfädeln unverzichtbar. Man schiebt die Schlaufe des Einfädlers durch das Nadelöhr, zieht den Faden durch die Schlaufe und dann die Schlaufe mit Faden wieder durch das Öhr.

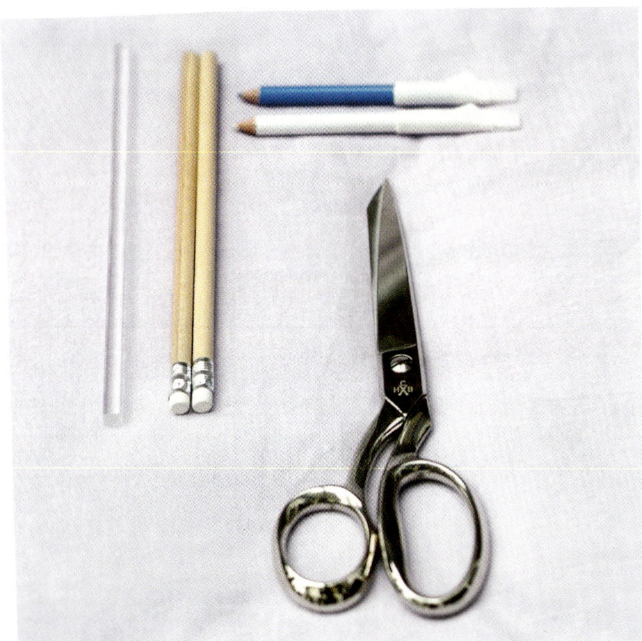

Nahtzugabelineal, Schneiderschere und verschiedene Markierstifte

Schneidematte, Rollschneider, Patchworklineal und weitere Messinstrumente

Sie können dieses Prinzip auch auf andere Situationen übertragen, etwa das Einziehen und Verknoten von Stoffstreifen, indem Sie einen dünnen Faden zum Einfädeln eines dicken Fadens in ein weites Nadelöhr verwenden.

Fingerhut

Wählen Sie einen Fingerhut aus Leder oder Metall mit flacher Kuppe passend für den Mittelfinger der Hand, mit der Sie die Nadel halten. Sie schützen damit die Fingerkuppe und können die Nadel leichter durch mehrere Stofflagen hindurchstoßen. Drücken Sie seitlich mit dem Fingerhut gegen das Nadelöhr. Es ist auch sinnvoll, den Zeigefinger der anderen Hand zu schützen, der beim Quilten mit der Nadelspitze in Berührung kommt.

Bienenwachs

Bienenwachs wird in kleinen Blöcken angeboten. Man reibt damit den Faden ein, damit er leichter durch das Gewebe gleitet und sich nicht verheddert. Fassen Sie den Faden an beiden Enden und streichen Sie damit über den Wachsblock.

Stickschere

Mit der kleinen, spitzen Stickschere lässt sich der Faden dicht am Stoff abschneiden. Sie dient auch zum Einschneiden der Nahtzugaben. Die Schere muss stets sehr scharf sein. Zum Applizieren verwendet man ähnliche Scheren, jedoch mit gebogenen Blättern, damit man den Stoff auf der linken Seite der Arbeit unter der Applikation zurückschneiden kann, ohne die Applikation auf der rechten Seite zu beschädigen.

Bügeleisen und -brett

Ein Dampfbügeleisen und ein stabiles Bügelbrett sind unerlässlich für eine akkurate Arbeit. Sie benötigen zudem ein Bügeltuch aus Baumwolle, um Ihre Arbeit zu schützen, und ein normales Blatt Papier als Schutz für Ihr Bügelbrett, wenn Sie eine Applikation mit Bügelvlies verstärken.

Quiltrahmen

Am besten ist ein einfacher Holzrahmen von mindestens 35 cm Durchmesser; Rahmen mit Standfuß haben jedoch den Vorteil, dass man beide Hände beim Quilten frei hat. Quiltrahmen sind robuster als normale Stickrahmen, damit sie sämtliche Stofflagen straff gespannt halten. Viele Quilterinnen umwickeln den kleineren Reifen mit Schrägband, damit der Stoff nicht auf dem Holz verrutscht. Um die Arbeit in den Rahmen einzuspannen, legt man den kleinen Reifen unter die Arbeit und stülpt dann den größeren (mit der Stellschraube) darüber. Die Schraube wird angezogen, bis der Stoff straff gespannt ist, fast wie bei einer Trommel. Wenn Sie die Arbeit beenden, sollten Sie den Rahmen stets entfernen, damit das Holz den Stoff nicht verfärbt.

Auftrenner

Ein Auftrenner ist sehr praktisch, um Maschinennähte wieder aufzutrennen. Lassen Sie sich nicht verführen, das Trennmesser an der Naht entlanggleiten zu lassen, da Sie dabei den Stoff zerschneiden könnten. Trennen Sie lieber an mehreren Stellen je einen Stich auf und ziehen vorsichtig den Unterfaden heraus. Die restlichen Fadenenden herauszupfen.

Kreppband

Kreppband wird benutzt, um beim Quilten mehrere Stofflagen auf einer ebenen Fläche zu spannen, bevor sie mit Stecknadeln gesichert oder zusammengeheftet werden. Manche Quilterinnen markieren damit die geraden Steppnähte, doch ist dazu ein wenig Erfahrung

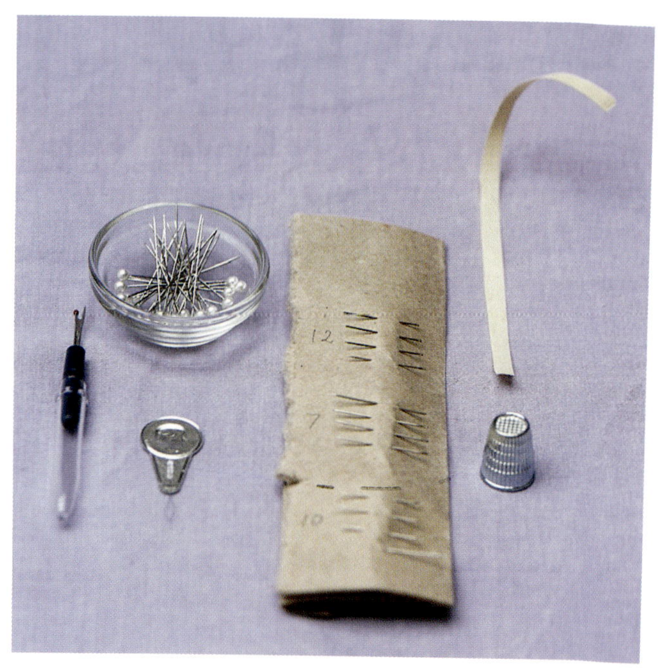

Auftrenner, Stecknadeln, Einfädler, Nadeln und Fingerhut

nötig, damit das Band auf dem Stoff keine Klebespuren hinterlässt, wenn man es übernäht.

Sicherheitsnadeln

Messing-Sicherheitsnadeln von 2,5 cm Länge sind ideal zum Zusammenstecken mehrerer Quiltlagen, bevor man sie mit der Maschine absteppt. Im Gegensatz zu normalen Stecknadeln verrutschen sie nämlich nicht. Gebogene Sicherheitsnadeln lassen sich leichter durch mehrere Stoffschichten stechen als gerade. Für einen Quilt von 120 x 150 cm benötigen Sie rund 150 Stück.

Nähmaschine

Eine einfache Nähmaschine reicht völlig aus, um Patchwork, Applikationen und Quilts anzufertigen. Für Applikationen muss sie jedoch Zickzackstiche ausführen können und über Spezialfüßchen verfügen.

Nähmaschinennadeln

Halten Sie einen ausreichenden Vorrat an Nähmaschinennadeln bereit, denn sie werden nach einiger Zeit stumpf und könnten dann den Stoff beschädigen. Verwenden Sie deshalb stets neue, spitze Nadeln. Stimmen Sie die Nadeldicke auf das Gewebe ab (je dicker der Stoff, desto robuster muss die Nadel sein). Im Handel bekommt man spezielle Nadeln für Quiltarbeiten oder Stickereien. Jeansnadeln mit sehr feiner Spitze eignen sich ebenfalls gut zum Quilten.

Quiltrahmen, Stickschere, Sicherheitsnadeln und Bienenwachs

Normaler Nähfuß

Normale Nähmaschinenfüße werden verwendet, um Patchworkarbeiten zusammenzusetzen und um Motive für Applikationen mit Zickzackstichen aufzunähen (sofern kein spezieller Fuß für Applikationen vorhanden ist). Hat der Nähfuß die richtige Breite, können Sie sich an seiner Kante orientieren, um gleichmäßig breite Nahtzugaben zu erhalten.

Nähfuß für Dualtransport

Dieser Spezialnähfuß ist für Quiltarbeiten ideal, weil er den Stoff oben und unten gleichmäßig transportiert. Das ist sehr praktisch, wenn man Streifen oder Karos zusammenfügt, deren Nähte exakt übereinstimmen müssen.

Quiltfuß

Spezielle Quilt- und Patchworkfüße haben genau die richtige Breite, um 6 mm von der Stoffkante entfernt zu nähen. Manche haben eine einstellbare Führung, so dass man ohne Vorzeichnen parallele Linien nähen kann.

Freihandfuß

Diese Nähfüße dienen zum Freihandquilten und -sticken. Manche Maschinen benötigen dazu nicht einmal Sonderzubehör.

Die Materialien

Das Gelingen eines Quilts hängt weitgehend von der Qualität der verwendeten Materialien ab. Vor allem bei Stoffen und den von rechts sichtbaren Garnen wirkt sich jedes Element auf das Gesamtbild aus. Das gilt auch für das Füllmaterial. Wählen Sie also alle Materialien für Ihren Quilt mit Bedacht aus.

Garne

Zum Quilten benötigt man ein stabiles, hochwertiges Garn. Am gängigsten ist reines Baumwollgarn der Stärke 50, das in einer Vielzahl von Farben angeboten wird. Wählen Sie die Farbe entsprechend dem dunkelsten Ton Ihres Stoffes. Wenn Sie verschiedene Stoffe verwenden, eignet sich ein neutrales Garn in Ecru oder Mittelgrau am besten, weil es sich nicht mit den Stoffen beißt. Zum Quilten oder Applizieren mit der Nähmaschine eignet sich auch Polyestergarn. Speziell zum Quilten gibt es transparentes Monofilgarn in Hell oder Dunkel. Man sollte es in der Hand etwas geschmeidig machen, damit es den Stoff nicht beschädigt. Synthetikgarn ist zwar weniger sichtbar als normales Garn, lässt jedoch manchmal die Nähte erst recht hervortreten, weil es das Licht reflektiert.

Für Patchwork und Applikationen eignen sich viele Garne. Wählen Sie Nähmaschinengarn der Stärke 40 aus 100% Baumwolle, Baumwoll-Polyester-Gemisch oder Seide (nur für Seidenstoffe). Zudem benötigen Sie Heftfaden, möglichst in Weiß oder Rohweiß, damit er sich gut abhebt und später leichter wieder entfernen lässt.

Vlieseinlagen

Die Wattierung ist zwar nach Fertigstellung des Quilts nicht mehr zu sehen, jedoch für die Gesamtwirkung und das Volumen sehr wichtig. Deshalb ist die Wahl oft nicht einfach. Im Handel bekommt man Vliese aus verschiedenen Rohstoffen und in diversen Dicken. Diese beiden Aspekte müssen bei der Entscheidung für das eine oder andere Vlies gut überlegt werden, denn davon hängt ab, wie akkurat die Quiltnähte werden und wie gut die Decke wärmt. Vlieseinlagen werden als Rollenware in verschiedenen Breiten und als fertige Rechtecke in üblichen Bettgrößen angeboten.

Heutzutage sind die meisten Vliese so beschaffen, dass die Fasern bei der fertigen Arbeit später nicht durch den Oberstoff wandern. Manche Vliese lässt man zunächst durch Anfeuchten schrumpfen, damit sie leichter zu quilten sind, andere müssen erst mit dem Föhn wieder flauschig gemacht werden. Ganz gleich, für welche Art Vlies Sie sich entscheiden, legen Sie es zunächst flach hin und warten Sie, bis die Falten sich wieder geglättet haben. Je nach Vliesart werden die Steppnähte beim Quilten mit mehr oder weniger großen Abständen ausgeführt. Beachten Sie die Anweisungen des Vliesherstellers, um herauszufinden, welches Vlies für eine bestimmte Arbeit am besten geeignet ist.

Synthetikvlies

Polyestervlies ist praktisch, preisgünstig und in verschiedenen Dicken erhältlich. Zum Handquilten empfiehlt sich üblicherweise die feinste Qualität (70 g). Je voluminöser das Vlies ist, desto wärmender wird hinterher die Decke; sie bleibt schön leicht und lässt sich gut reinigen. Für Babydecken allerdings ist Synthetikvlies zu warm.

Baumwollvlies

Baumwollvlies fällt gut und ist flacher und weniger flauschig als Polyestervlies. Es ist allerdings schwieriger zu quilten. Es ist schwerer und nicht so leicht zu reinigen, da es bei hohen Waschtemperaturen einläuft. Außerdem neigt Baumwollvlies dazu, beim Waschen zu klumpen, doch lässt sich diesem Problem mit genadelten Vliesarten beikommen. Oft kann man die Steppnähte mit 10 statt 2,5 cm Abstand nähen, doch richtet man sich am besten nach den Anweisungen des Herstellers.

Wollvlies

Wollvlies ist ebenfalls sehr flauschig und wird in unterschiedlichen Dicken angeboten. Es ist leichter zu verarbeiten, wenn man die Nähnadel mit etwas Lanolin (Wollfett) einfettet.

Seidenvlies

Seidenvlies ist leicht zu quilten, weil es fein und leicht ist. Es eignet sich hervorragend für Seidenquilts und geht nur sehr wenig ein.

Stoffe

Für Quiltarbeiten eignen sich so viele Stoffarten, dass die Kurzwarengeschäfte oft wie Ali Babas Schatzhöhle wirken.
Zu Anfang benötigt man keine großen Stoffmengen und braucht noch nicht einmal genau zu wissen, wozu man welches Gewebe später verwenden will. Viele Quilterinnen kaufen Stoffe nach Lust und Laune und suchen sich dann aus ihren Vorräten das Richtige heraus, wenn sie die nächste Arbeit anfangen wollen. Sie ergänzen dann ihre Zutaten mit kleinen Mengen passender Stoffe für das jeweilige Modell. Auf Patchwork spezialisierte Läden verkaufen Stoffe in kleinen Mengen als Meterware oder auch als 46 x 56 cm oder 23 x 56 cm große Stücke, die für die meisten Motive völlig ausreichen.

Die Meterware wird je nach Faserart in verschiedenen Breiten angeboten. Baumwolle ist üblicherweise 110 cm breit, Seide dagegen 90, 120 oder 140 cm. Vergessen Sie nicht, dass die Breite des Stoffs sich auf die benötigte Gesamtmenge auswirkt. Rechnen Sie den Bedarf deshalb vor dem Kauf exakt aus.

Wahrscheinlich möchten Sie eigene Modelle entwerfen oder die in diesem Buch vorgestellten Arbeiten mit anderen Stoffen und Farben abwandeln. Vor allem die Stoffe für die Oberseite des Quilts müssen sorgfältig ausgewählt werden, und zwar sowohl für ein großes Stück als auch für mehrere Kleinteile in einem Patchwork oder einer Applikation. Hinzu kommen noch die Stoffe für die Bordüren, Einfassungen und die Unterseite, die ebenfalls gut bedacht sein wollen. Die Bordüre eines Quilts kann die Gesamtwirkung völlig verändern. Eine schöne Unterseite erlaubt es Ihnen, den Quilt beidseitig zu verwenden.

Quiltgarn aus 100 % Baumwolle

Nähmaschinengarn aus 100 % Baumwolle

Verschiedene Stoffarten

Die Fasern eines Gewebes bestimmen sein Aussehen, aber auch, wie pflegeintensiv es ist. Zuerst sollte man deshalb überlegen, wofür man das fertige Stück benutzen will und wie oft es gereinigt werden muss.

Baumwolle eignet sich hervorragend für Babydecken, die häufig gewaschen werden müssen. Seide oder Wolle sind gut für Bettdecken oder Sofaüberwürfe für Erwachsene, weil sie chemisch gereinigt werden können. Trotzdem sollten sie auch robust sein. Soll Ihr Quilt als Wandbehang dienen, können Sie hingegen empfindlichere Stoffe wie Organza oder Samt nehmen, denn in der Regel reicht es, wenn man solche Stücke gelegentlich ausschüttelt.

Auch die Art des Gewebes ist von Bedeutung. Stoffe aus Naturfasern haben üblicherweise kleine Zwischenräume zwischen den Fäden; dadurch kann man sie leicht nähen und stecken. Zum Quilten eignen sich sehr dichte Gewebe besser als lockere, durch die sich die Füllung womöglich durchdrückt. Die Dichte des Gewebes wirkt sich auch auf seine Dicke aus, wobei schwere Stoffe schlechter zu handhaben sind als leichte. Je nach Faserart und Webstruktur franst der Stoff mehr oder weniger leicht aus, was sich bei den Nähten an den Stoffkanten bemerkbar macht.

Sie haben die Wahl unter unzähligen Stoffen. Am Anfang sollten Sie sich jedoch an leichte bis mittelschwere Baumwollstoffe halten. Generationen von Quilterinnen lieben sie, weil sie nicht so leicht ausfransen und mühelos zu nähen, waschen und bügeln sind.

Ganz gleich, welchen Stil Sie bevorzugen, Sie sollten alle Stoffe so zusammenstellen, dass die Fasern, die Stärke, die Struktur und die Pflegeanforderungen zusammenpassen. Sonst passiert es leicht, dass sich beim fertigen Stück ein Teil rafft oder aneinander grenzende Motivteile sich verziehen.

Farben Ton in Ton

Auch wenn meist gerade die Farben einen Stoff attraktiv machen, sind vor allem aufeinander abgestimmte Nuancen beim fertigen Stück interessant, denn gerade das Nebeneinander von Hell, Mittel und Dunkel macht den Reiz und die Tiefenwirkung eines Quilts aus. Während kleine Stoffstücke aus ähnlichen Farben ineinander übergehen und scheinbar ein größeres Motiv bilden, heben Kontrastfar-

Synthetikvlies und Baumwollvlies

Ton in Ton aufeinander abgestimmte Baumwollstoffe

ben die einzelnen Elemente des Motivs hervor. Wenn man dieses Grundprinzip beachtet und zudem weiß, dass helle Farbtöne «vorspringen», dunkle dagegen «zurücktreten», lässt sich eine Menge Leben in ein Muster bringen.

Die Tonwerte verschiedener Stoffe zu unterscheiden ist ganz leicht. Dazu braucht man sie nur in der Reihenfolge von Hell bis Dunkel nebeneinander zu legen und zu schauen, ob einige davon nicht hineinpassen. Ein Trick besteht darin, Stoffmuster zu fotokopieren: Gleichwertige Töne bilden eine graue Masse, Kontrastfarben dagegen treten klar hervor.

Motive

Abgesehen von unzähligen Unis werden im Handel auch jede Menge Stoffe mit kleinen und großen Druckmotiven angeboten, vor allem aus Baumwolle. Es gibt sogar spezielle Patchworkstoffe. Aus verschieden großen Mustern zusammengesetzte Motive lenken den Blick auf sich und schaffen Kontraste. Diese wiederum vermitteln den Eindruck von Bewegung und lassen die Teile des Patchworkmotivs hervortreten.

Kleingemusterte Stoffe wirken von weitem einfarbig, weisen jedoch von nahem oft attraktive Details auf. Genau wie Unis wirken sie manchmal wie eingesperrt in einem Patchwork. Große Motive dagegen kommen auf großen Stücken besser zur Geltung, neigen aber dazu, ihre Nachbarmotive zu dominieren.

Bevor Sie die Schablone auf den Stoff legen, schneiden Sie zunächst eine Negativform mit den Umrissen des Motivs aus und schauen sich den Stoff dadurch an.

Soll Ihr Quilt ein dekoratives Steppmuster erhalten, denken Sie daran, dass es auf einem hellen, einfarbigen Grund besser hervortritt. Wenn Sie befürchten, die Stiche könnten ungleichmäßig werden, sollten Sie sich vielleicht lieber für einen bedruckten Stoff entscheiden, auf dem Unregelmäßigkeiten nicht so ins Gewicht fallen.

Farben

Sicherlich haben Sie schon eine Vorstellung von den Farben, die Sie verwenden möchten, vielleicht weil es Ihre Lieblingsfarben sind oder das Stück speziell zu Ihrer Einrichtung passen soll. Jeder von uns

Die unterschiedlichen Farben der Dreiecke sorgen bei der Einfassung von «Vogelgezwitscher» für Tiefenwirkung

Variationen über ein Motiv in verschiedenen Größen

fühlt sich zu bestimmten Farben hingezogen, die unsere Stimmung spiegeln oder unser Wohlbefinden steigern.

Für eine ausgewogene Patchworkarbeit oder eine Applikation benötigen Sie stets mehrere Farben. Nehmen Sie sich deshalb Zeit zu überlegen, wie Sie die Töne kombinieren wollen, um den angestrebten Effekt oder ein bestimmtes Feeling zu schaffen. Die Anordnung der Farben kann das Gleichgewicht eines Motivs sehr nachhaltig beeinflussen. Starke Kontraste können die Stepplinien optisch regelrecht aufbrechen.

Ausgesprochen harmonisch wird die Farbabstufung, wenn man sehr ähnliche Nuancen entsprechend dem Farbkreis nebeneinander legt. Allerdings ist die Wirkung je nach Farbart sehr unterschiedlich. Kühle Töne wie Blau und Grün beispielsweise treten optisch etwas in den Hintergrund und haben eine beruhigende Wirkung, die für ein Schlafzimmer ideal ist.

Warme Farben wie Rot und Orange neigen dagegen zu explosiven Wirkungen und können sogar allzu dominant sein, wenn sie nicht durch andere Farben gedämpft werden. Kontraste entstehen durch die Kombination komplementärer Farben (solche, die sich im Farbkreis gegenüberstehen). Lebhafte Kontraste sind dann attraktiv, wenn die Farbmischung mit Bedacht gewählt wird. In gleichen Mengen verwendet, beißen sich Grün und Rot, während Grün mit ein wenig Rot ins Auge springt, ohne die Gesamtwirkung zu stören.

Für ein interessantes Stück braucht man allerdings gar nicht immer viele Farben zu verwenden. Quilts aus weißem, grauem und schwarzem Tuch können auf ihre Art ebenso spektakulär wirken. Vielleicht entscheiden Sie sich auch für ein einfarbiges Stück, bei dem lediglich eine Farbe in verschiedenen Nuancen das Motiv zur Geltung bringt.

Fangen Sie bei der Wahl der Stoffe für eine Patchworkarbeit oder eine Applikation mit einem Grundstoff an, den Sie besonders mögen, und kaufen Sie die übrigen Farben passend dazu ein. Sie können sich bei den Farben auch an Vorbilder in der Natur, an Fotos oder an Vorlagen in Büchern, Zeitschriften oder Ausstellungen halten.

Zeichnen Sie Ihr Motiv auf Transparentpapier und kolorieren Sie es mit den Farben der Stoffe, die Sie verwenden möchten. Oder besorgen Sie sich kleine Stoffmuster und ordnen Sie sie in den vorgesehenen Proportionen an. So bekommen Sie einen guten Eindruck, wie das fertige Stück aussehen wird.

Beim Kombinieren von Stoffen, Motiven und Farben kommt es immer wieder zu Überraschungen, die jedoch zuweilen höchst erfreulich sind. Sehen Sie diese Arbeitsphase als Abenteuer an, dann macht die Arbeit am meisten Spaß.

Rechte Seite, links: Beim Modell «Goldene Quellen» wurden matte und metallische Töne geschickt kombiniert. Oben rechts: Die harmonische Wirkung der «Schutzengel» beruht auf den Blau- und Violetttönen. Unten rechts: Der vitale Effekt des «Kokons» dagegen entspringt den leuchtenden Kontrastfarben.

Die Modelle

«Die traumhaften Farben dieser Seidenstoffe erinnerten mich sofort an duftende Rosen, und unwillkürlich sah ich vor meinem inneren Auge einen Quilt mit Seidenrosen, die wie bei einem Sternbild verteilt und durch asymmetrische Nähte verbunden waren. Sozusagen eine moderne Version des klassischen Quilts.»

Angelina Pieroni («Rose constellations»)

Rosenkonstellationen

Maße
Fertiger Quilt: 160 x 200 cm

Material
- In 140 cm Breite:
  - 410 cm Seide in Weinrot
  - 410 cm Seide in Altrosa
- 165 x 205 cm Baumwollvlies
- Kontrastfarbenes Heftgarn
- Farblich passende Nähseide

ZUSCHNITT

◆ Aus der altrosa Seide einen Streifen von 135 x 205 und einen weiteren von 32 x 205 cm zuschneiden (für das Quilttop). Für die Quiltunterseite aus der weinroten Seide zwei Streifen mit den gleichen Maßen zuschneiden.

◆ Aus der restlichen Seide schräg zum Fadenlauf 8, 12 und 15 cm breite Streifen zuschneiden. Daraus werden später in jeder Breite jeweils 5 m lange Streifen für die Rosen angefertigt.

ZUSAMMENFÜGEN DER QUILTLAGEN

1 Die beiden Stoffteile für das Quilttop mit 1 cm Nahtzugabe zusammensteppen. Die Nahtzugaben flach bügeln. Mit den Stoffstücken für die Unterseite genauso verfahren. Die Quiltunterseite mit der rechten Seite nach oben auf der Arbeitsfläche ausbreiten. Das Top mit der rechten Seite nach unten auf die Unterseite und darauf die Vlieseinlage legen. Abstecken und die drei Lagen zusammenheften, dabei die Kanten genau ausrichten.

2 Den Nähfuß an Ihrer Maschine durch einen Nähfuß mit Dualtransport ersetzen und mit 2,5 cm Nahtzugabe die drei Lagen zusammensteppen, wobei die Vlieseinlage oben liegt. An der Unterkante des Quilts eine 50 cm lange Öffnung lassen. Die Ecken zurückschneiden und die Nähte auseinander bügeln.

3 Den Quilt wenden und die Ecken herausdrücken. Die Öffnung abstecken, heften und mit Staffierstichen versäubern. Die Heftfäden herausziehen und die Ränder des Quilts bügeln. Den Quilt auf der Arbeitsfläche ausbreiten und die Lagen für das Maschinenquilten zusammenstecken (S. 139).

ANFERTIGEN DER ROSEN

1 Die Schrägstreifen jeweils derselben Farbe und Breite mit 0,6 cm Nahtzugabe an den Schmalseiten zu einem 5 m langen Streifen pro Farbe und Breite zusammennähen. Die Nähte auseinander bügeln.

WINSTON S. CHURCHILL
WINSTON S. CHURCHILL

2 Die 8 cm breiten Streifen in 30 cm lange Stücke schneiden, die 12 cm breiten in 50 cm lange Stücke und die 15 cm breiten Streifen in 70 cm lange Stücke schneiden.

3 Eines der Stücke rechts auf rechts längs in der Mitte falten. Mit 0,6 cm Nahtzugabe an den drei offenen Seiten absteppen, dabei an der Längsseite ein Stück offen lassen. Die Ecken zurückschneiden und die Nähte auseinander bügeln.

4 Den Streifen wenden und die Ecken herausdrücken. Die Öffnung abstecken, heften und mit Staffierstichen schließen. Den Heftfaden herausziehen und die Kanten bügeln.

5 Einen Faden einfädeln, am Ende verknoten und damit eine Kräuselnaht über die ganze Länge des Streifens nähen. Vorsichtig am Faden ziehen, den Streifen kräuseln und zur Rosette zusammenziehen. Zum Schluss das Ende des Streifens unter der Rosette festnähen und den Faden mit ein paar Rückstichen vernähen, damit der Streifen sich nicht wieder entrollt. Die Blüte flach bügeln, bei Bedarf mehrmals bügeln, bis die Falten wie Blütenblätter wirken.

6 Die übrigen Streifen ebenso zu verschieden großen Rosenblüten verarbeiten. Mit der Maschine in einer Kontrastfarbe zwei bis drei Nähte quer über die Mitte jeder Rose steppen. Die Blüten nochmals leicht überbügeln.

APPLIZIEREN DER ROSEN UND QUILTEN

1 Den Quilt auf der Arbeitsfläche ausbreiten, so dass die rechte Seite oben liegt. Alle Rosen mischen und auf dem Quilt verstreuen. Treten Sie nun einen Schritt zurück und betrachten Sie die Fläche im Ganzen. Verschieben Sie die Rosen so, dass sie harmonisch über das Quilttop verteilt sind, und legen Sie dabei verschieden große Blüten zu Gruppen zusammen. Alle Rosen mit Sicherheitsnadeln feststecken.

2 Mit einem langen Lineal und Schneiderkreide Linien zwischen den Rosen vorzeichnen. Verbinden Sie die Blüten wie Sterne auf einer Himmelskarte. Die Striche sollen durch die Mitte der Rosen verlaufen, können dort aber auch enden. Verlängern Sie einige der Linien bis zum Rand des Quilts, auch wenn sich dort keine Blüte mehr befindet. Folgen Sie in etwa dem Diagramm auf S. 25.

3 Zum Befestigen der Blüten steppen Sie durch alle drei Lagen des Quilts an den vorgezeichneten Linien entlang. Die Sicherheitsnadeln dabei nach und nach entfernen. Achten Sie darauf, dass jede Rose mit mindestens zwei gekreuzten Nahtlinien befestigt ist. Führen Sie wie im Diagramm gezeigt am Ende der Linien jeweils sternförmig ein paar kurze Nähte aus. Die Fäden vernähen und abschneiden.

PFLEGE

Dieser Quilt eignet sich für Handwäsche oder chemische Reinigung. Kleinere Flecken entfernt man am besten mit einem feuchten Tuch, damit der Quilt nicht allzu oft gereinigt werden muss.

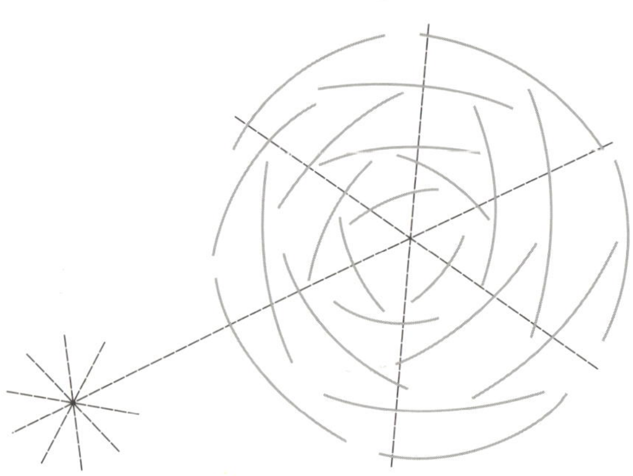

Nahtverlauf einer Seidenrose und eines Sterns

ABWANDLUNGEN

Dieses Modell bietet Ihnen reichlich Gelegenheit, eigene kreative Ideen zu verwirklichen. Verstreuen Sie die Blüten per Zufall oder verteilen Sie sie entsprechend einer Vorlage, vergessen Sie jedoch nicht, die Steppnähte bis in die Ecken fortzusetzen, damit die ganze Quiltfläche abgesteppt wird.

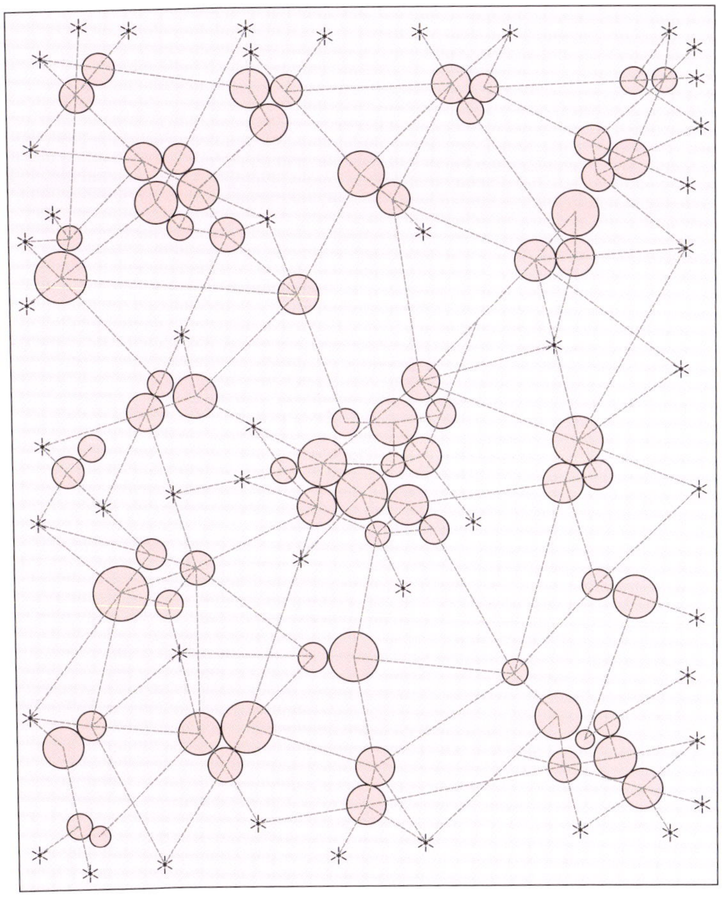

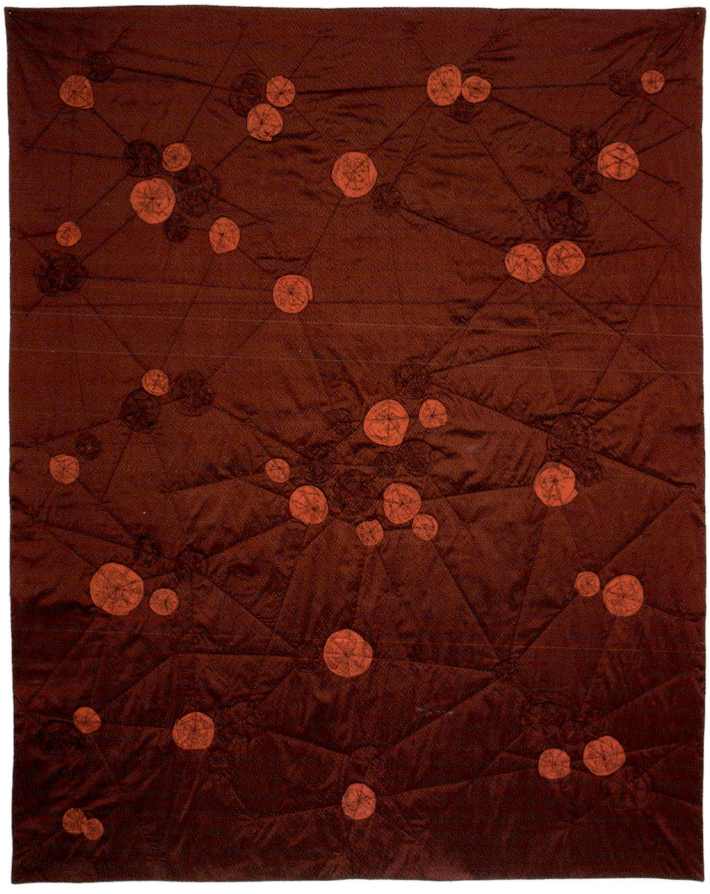

«Für diesen Quilt habe ich die Stoffe so auf den Fußboden gelegt, wie abstrakte Maler es tun, wenn sie ganz unerwartete Farbblöcke kombinieren. Hier ergeben Lindgrün, Violett und Weiß eine geradezu explosive Mischung. Erst wenn man diese Farben und das Spiel der verschiedenen Texturen von Seide, Leinen und Samt im Ganzen sieht, fügt sich alles harmonisch zusammen.»

Karen Spurgin («Art Deco Abstract»)

Art déco abstrakt

Maße

Fertiger Quilt: 150 x 200 cm

Material

- In 112 cm Breite:
  - 155 cm Samt in Violett
  - 50 cm Leinen in Lila
  - 50 cm Seide in Lindgrün
  - 50 cm Seide, gestreift
  - 50 cm Seide in Lila
  - 50 cm Dupionseide in Weiß
  - 30 cm Samt in Weiß
  - 10 cm Organza in Silber
- 420 x 90 cm Baumwolle in Lila (für die Quiltunterseite)
- 152 x 202 cm dünne Synthetik-Vlieseinlage
- Kontrastfarbenes Heftgarn
- Farblich passendes Maschinennähgarn

***Tipp:** Wenn Sie sich die Gesamtwirkung des fertigen Quilts nur schwer vorstellen können, fertigen Sie aus kleinen Stücken der Stoffe, die Sie verwenden möchten, eine Collage an.*

GRUNDGEDANKE DES MODELLS

Das Nebeneinander unterschiedlicher Texturen spielte die Hauptrolle bei dieser Konzeption für einen Bettüberwurf. So entstand ein Patchwork aus breiten dunklen Samtstreifen und exotischer Seide, kombiniert mit silbrigem Organza auf kleinen Stücken weißer Seide. Übertragen Sie das Diagramm von S. 29 auf Millimeterpapier und skizzieren Sie die Verteilung der Stoffstücke mit Farbstiften. Sie können auch ein weißes Rechteck zugrunde legen und die Breite der einzelnen Streifen selbst festlegen. Mit Hilfe einer maßstabsgetreuen Skizze können Sie die Stoffe exakt zuschneiden (vergessen Sie dabei nicht die Nahtzugaben rings um jedes Teil).

ZUSCHNITT

◆ Entsprechend dem Diagramm (S. 29) den violetten Samt längs in drei Streifen in der gewünschten Breite zerschneiden. Ringsum mindestens 1 cm Nahtzugabe vorsehen, da Samt ebenso wie Seide leicht ausfranst.

◆ Ebenfalls gemäß Diagramm aus den übrigen Stoffen für das Quilttop die Teile für die anderen Unistreifen zuschneiden, dabei wiederum 1 cm Nahtzugabe nicht vergessen.

◆ Aus den Resten von Leinen, Seide und Samt lange Streifen von 17 cm Breite zuschneiden. Sie werden für die aus mehreren Stoffen zusammengesetzten Streifenbänder benötigt.

◆ Den Stoff für die Quiltunterseite zunächst halbieren und durchschneiden.

ZUSAMMENSETZEN DES PATCHWORKS

1 Beginnen Sie mit den zusammengesetzten Streifenbändern. Legen Sie die Reihenfolge der einzelnen Stoffstücke fest oder folgen Sie dem Diagramm. Stecken Sie die beiden ersten Teile rechts auf rechts zusammen und richten Sie die Schmalseiten exakt aus. Heften Sie die Streifen und nähen Sie diese mit 2 cm Nahtzugabe zusammen. Den Heftfaden herausziehen und die Nahtzugabe zum dunkleren Stoff hin flach bügeln, dabei die Temperatur des Bügeleisens entsprechend dem Stoff einstellen (S. 117). Jedes Teil in der gewünschten Größe zurückschneiden.

2 Den dritten Stoff wählen und dieses Stück in gleicher Weise an die beiden ersten nähen. Auf die gewünschte Größe zuschneiden. Fügen Sie die übrigen Stoffstücke hinzu, bis der ganze Streifen 152 cm lang ist. Heften Sie ein paar Organzastreifen auf einige der Teilstücke aus weißer Seide. Einen zweiten Streifen aus Stoffstücken in gleicher Weise herstellen.

3 Anschließend die einfarbigen Streifen herstellen. Dafür die Teile zusammenstecken, heften und absteppen. Die Heftfäden herausziehen und die Nahtzugaben flach bügeln.

4 Nun für das Quilttop alle Streifen nach und nach aneinander nähen. Dafür die beiden obersten Streifen rechts auf rechts aufeinander legen und eine der Längsseiten exakt ausrichten, abstecken, heften und 1 cm von der Kante absteppen. Den Heftfaden entfernen und die Nahtzugaben flach bügeln. Die folgenden Streifen ebenso anfügen.

ZUSAMMENFÜGEN DER QUILTLAGEN

1 Achten Sie darauf, dass die Kanten des Quilttops gerade und rechtwinklig sind. Für die Unterseite des Quilts (gemäß S. 137, Schritt 2) drei Teile zuschneiden und mit 0,6 cm Nahtzugabe zusammensteppen. Die Zugaben abwechselnd in verschiedene Richtungen flach bügeln.

2 Die Quiltunterseite mit der rechten Seite nach oben auf der Arbeitsfläche ausbreiten. Das Quilttop mit der rechten Seite nach unten kantengerade darauf legen. Die Kanten beider Teile abstecken und heften. Den Stoff der Unterseite auf die Maße des Tops zurückschneiden. Die Vlieseinlage hinzufügen und die Kanten aller drei Lagen abstecken und heften. Das Vlies auf die Maße der beiden anderen Lagen zurückschneiden.

3 Ihre Nähmaschine mit einem Nähfuß für Dualtransport ausrüsten und in 1 cm Abstand von den Kanten absteppen, dabei liegt die Vlieseinlage oben. An der Unterkante des Quilts ein 50 cm langes Stück offen lassen. Die Ecken zurückschneiden und die Heftfäden herausziehen.

4 Den Quilt wenden und die Ecken herausdrücken. Die Nähte bügeln. Die Öffnung abstecken, heften und mit Staffierstichen versäubern (S. 112). Den Heftfaden entfernen.

QUILTEN

Die drei Quiltlagen nun entlang der horizontalen Nähte der Streifen mit farblich zum Top passendem Garn absteppen (S. 118). Die Heftfäden entfernen und den Quilt schütteln, damit er sich schön bauscht.

PFLEGE

Dieses Modell ist wegen der vielen verschiedenen Stoffarten nicht waschbar. Vertrauen Sie die Reinigung einem Fachbetrieb an.

ABWANDLUNGEN

Stellen Sie einfach Ihre ganz persönliche Version dieses Modells aus Stoffresten und Teilen von Kleidungsstücken her, die Sie nicht mehr tragen.

LEGENDE DES DIAGRAMMS

Form A = Samt in Violett
Form B = Leinen in Lila
Form C = Seide in Lindgrün
Form D = Seide, gestreift
Form E = Seide in Lila
Form F = Dupionseide in Weiß
Form G = Samt in Weiß

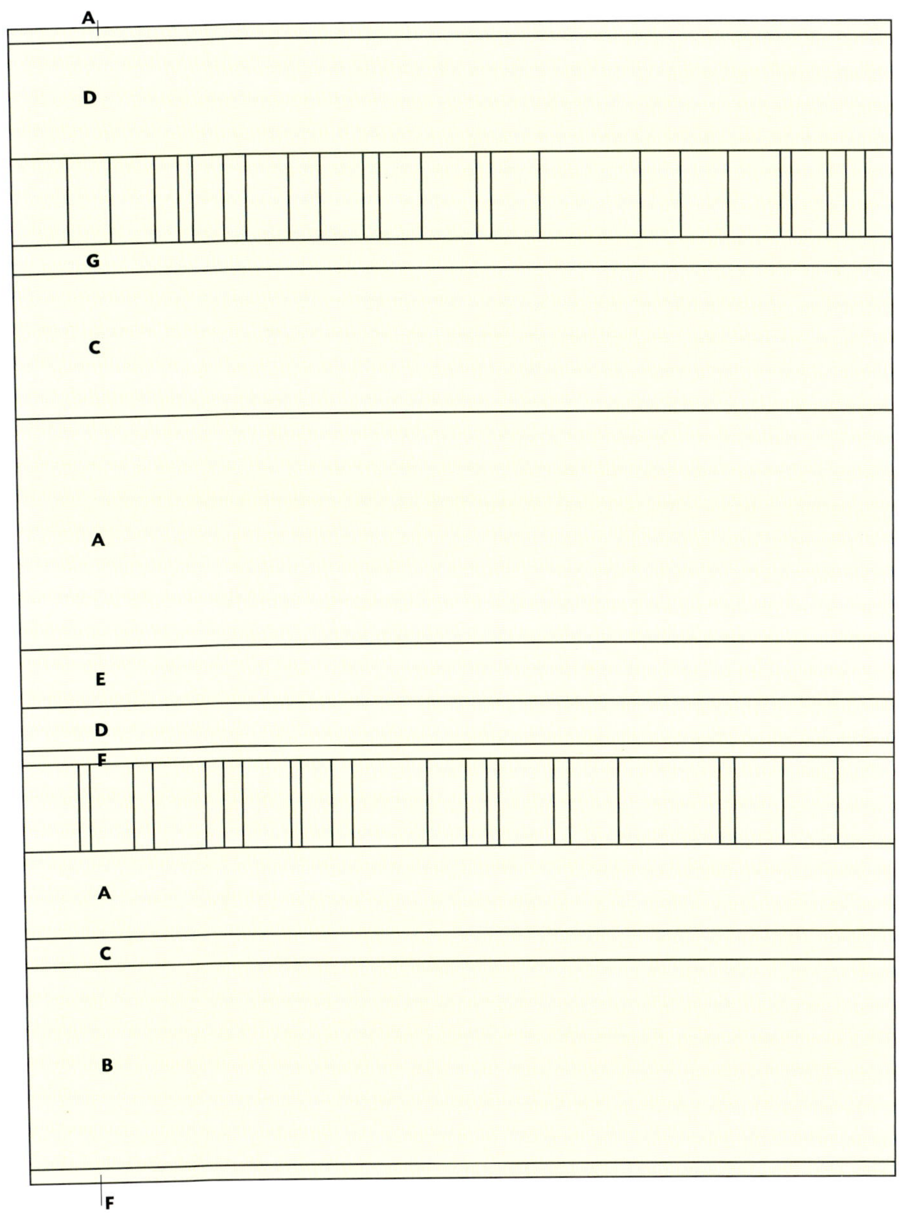

«Dieser schlichte, elegante Quilt ist eine Hommage an zwei hochentwickelte Kulturen. Das Top mit seiner Konstellation von Elfenbein auf Indigo knüpft an die japanische Sashiko-Technik an, die Unterseite mit dem Rosenmuster in Rot-Creme dagegen an französische Rokokostoffe, die man als ‹Toile de Jouy› bezeichnet. Der Quilt ist leicht zu nähen, im Winter angenehm warm und im Sommer herrlich als Gartendecke.»

Karen Spurgin («French knots on navy»)

Kontraste

Maße

Fertiger Quilt: 95 x 190 cm

Material

- In 112 cm Breite:
  - 200 cm Leinen in Marine
  - 200 cm dünne Baumwolle (für das Innenfutter)
  - 200 cm Baumwolle mit Blumenmuster in Rot-Creme (für die Quiltunterseite)
- 100 x 195 cm mitteldicke Synthetik-Vlieseinlage
- 4 Knäuel Baumwoll-Perlgarn in Weiß Nr. 5
- Kontrastfarbenes Heftgarn
- Zum Blumenstoff passendes Nähmaschinengarn

ZUSCHNITT

◆ Aus allen drei Stoffen Rechtecke von 100 x 195 cm zuschneiden.

QUILTEN

1 Stellen Sie sicher, dass die Kanten des Leinenrechtecks gerade und genau rechtwinklig verlaufen. Den Stoff längs falten und die Mitte der Schmalseiten auf beiden Seiten mit einer Stecknadel markieren. Die Mitte der Längsseiten ebenfalls markieren.

2 Das Leinen mit der rechten Seite nach oben auf der Arbeitsfläche ausbreiten. Mit einem langen Lineal und Schneiderkreide die Stecknadeln der jeweils gegenüberliegenden Kanten durch feine Striche, die sich in der Mitte kreuzen, verbinden. Im Mittelpunkt einen Punkt markieren, dann weitere Punkte mit jeweils 5 cm Abstand entlang jeder Linie ausführen. Von den so markierten Strichen aus ein Gitternetz mit jeweils 5 cm Abstand zwischen den Linien zeichnen. Jeder Kreuzungspunkt entspricht einem späteren Knoten.

3 Die Vlieseinlage auf einer ebenen Fläche ausbreiten und den dünnen Baumwollstoff für das Innenfutter darauf legen. Er verhindert, dass die Vliesfasern später durch das locker gewebte Leinen austreten, wenn Sie die Knoten sticken. Anschließend das Leinen mit der rechten Seite nach oben auflegen. Die Lagen zusammenstecken und ggf. heften (S. 138 + 139).

4 Nun die Knoten reihenweise sticken. In eine dicke, spitze Nähnadel einen doppelt gelegten Perlgarnfaden von höchstens 50 cm Länge einfädeln. Den Faden mit ein paar Rückstichen in der Vlieseinlage vernähen, die Nadel an der ersten Kreuzungsstelle der ersten Reihe ausstechen und einen Knötchenstich sticken, dabei den Faden dreimal um die Nadel wickeln (S. 112). Einen Rückstich ausführen, damit der Knotenstich sich nicht löst, und dann durch alle drei Lagen hindurchstechen. Die Nadel an der nächsten Kreuzungsstelle derselben Linie ausstechen und den nächsten Knoten sticken. Bis zum Ende der Reihe alle übrigen Knoten sticken, dann die der nächsten Reihe, bis der Quilt ganz mit Knoten überzogen ist.

FERTIGSTELLEN

1 Den Stoff für die Unterseite mit der rechten Seite nach oben auf der Arbeitsfläche ausbreiten. Das Leinen so darauf legen, dass die Oberseite der Knoten nach unten zeigt. Alle Lagen zusammen abstecken und heften, dabei alle Kanten genau ausrichten.

2 Mit 2 cm Nahtzugabe ringsum absteppen, dabei an der Unterkante 50 cm offen lassen. Die Ecken zurückschneiden und ebenso alle Ränder auf 0,6 cm Nahtzugabe. Die Nähte auseinander bügeln.

3 Den Quilt wenden und die Ecken herausdrücken. Die offene Naht abstecken, heften und mit Staffierstichen schließen. Die Heftfäden herausziehen und die Naht bügeln.

4 Den Quilt auf der Arbeitsfläche ausbreiten, die Ränder heften und dann mit Perlgarn ringsum eine doppelte Reihe Vorstiche sticken.

5 Die Heftfäden und falls nötig Fusseln entfernen und den Quilt mit Dampf ganz leicht überbügeln. Benutzen Sie dabei ein Bügeltuch, damit das Leinen nicht glänzt.

PFLEGE

Der Quilt kann im Schongang in der Maschine gewaschen und auf einer Wäscheleine getrocknet werden.

ABWANDLUNGEN

- Die Knötchenstiche durch Kreuzknoten (S. 141) ersetzen.
- Stoffe in lebhaften Farben und kontrastfarbenes Garn lassen diesen Quilt entschieden moderner wirken.
- Soll die Decke weicher und griffiger werden, verwenden Sie Satin und eine feinere Vlieseinlage.

«Dieses Modell liefert einen guten Vorwand, um bei Antiquitätenhändlern und Kurzwarenläden nach alten und neuen Bändern zu stöbern. Ich habe hier alle möglichen Bänder in den Farben des Meeres zu einem Quilt verarbeitet, dessen sanfte Töne zum Träumen einladen. Die Bänder, die Sie auswählen, geben Ihrem Quilt eine ganz persönliche Note.»

Karen Spurgin («Sea of Dreams»)

Meer der Träume

Maße
Fertiger Quilt: 100 x 150 cm
Pro Block: 25 x 25 cm

Material

- 90 x 150 cm feine Baumwolle (für die Blöcke)
- 50 m Bänder in Blau-, Grün- und Lilatönen
- Rayon-Stickgarn in Weiß
- Rayon-Stickgarn in Taubenblau
- Rayon-Stickgarn in Blassgrün
- 160 x 140 cm bedruckter Stoff in Blassblau (für die Bordüre)
- 80 x 140 cm bedruckter Stoff in Blassblau (für die Unterseite)
- 80 x 130 cm Vlieseinlage
- Kontrastfarbenes Heftgarn
- Maschinennähgarn passend zu den Bändern

AUSWAHL DER BÄNDER

Wählen Sie alte und neue Bänder in Breiten zwischen 0,4 cm und 10 cm aus unterschiedlichen Materialien und möglichst mit verschiedenartigen Strukturen wie Seide und Rips.

ZUSCHNITT

◆ Aus der Baumwolle für die Blöcke 15 Quadrate von 30 x 30 cm zuschneiden.

◆ Die Bänder in 30 cm lange Stücke zerschneiden.

◆ Aus dem Stoff für die Bordüre zwei Streifen von je 31 x 155 cm zuschneiden (für die Längsseiten).

◆ Aus dem Stoff für die Bordüre zwei Streifen von je 31 x 105 cm zuschneiden (für die Schmalseiten).

◆ Die Vlieseinlage und den Stoff für die Unterseite erst dann zuschneiden, wenn das Patchworktop fertig gestellt ist.

ZUSAMMENFÜGEN DER BLÖCKE

1 Legen Sie die Baumwollquadrate auf der Arbeitsfläche zu fünf Reihen à drei Stück zusammen. Wenn Sie alle Blöcke gleichzeitig anfertigen, werden sie besser zueinander passen und harmonischer aussehen.

2 Legen Sie die Bänder auf die Quadrate, sei es Kante an Kante oder überlappend. Legen Sie schmale Bänder über breite, mischen Sie Texturen und probieren Sie aus, wie mehrere Organzabänder nebeneinander wirken. Stellen Sie sich vor, Sie würden ein abstraktes Gemälde malen. Stecken Sie die Bänder auf, treten Sie einen Schritt zurück und schauen Sie sich das Quadrat im Ganzen an. Heften Sie die Bänder auf die Baumwollquadrate.

3 Sehr dekorativ sieht es aus, wenn Sie die Bänder an den Kanten mit Vorstichen oder Hexenstichen festnähen (S. 100 und 113). Der Reiz dieses Quilts beruht vor allem auf den unterschiedlichen Nähten. Setzen Sie die beiden Sticharten und die drei Stickfäden willkürlich ein, etwa eine Naht aus Hexenstichen mit dickem Garn, die nächste ebenfalls aus

Hexenstichen, jedoch mit feinem Garn. Sie können auch kleine Vorstiche mit großen Hexenstichen kombinieren.

4 Zum Schluss die Heftfäden herausziehen und die Blöcke mit Bügeltuch bügeln. Jeweils drei Blöcke zu einer Reihe zusammenfügen, heften und mit der Maschine mit 2,5 cm Nahtzugabe zusammennähen, so dass die Bänder auf der linken Seite schön flach liegen. Die Heftfäden herausziehen und die Nahtzugaben alle zu einer Seite flach bügeln.

5 Die Blockreihen aneinander stecken, heften und mit der Maschine mit 2,5 cm Nahtzugabe zum Quilttop zusammennähen. Die Heftfäden entfernen und die Nahtzugaben wie zuvor flach bügeln.

QUILTEN

1 Achten Sie darauf, dass alle Ränder des Quilttops gerade und rechtwinklig sind, und schneiden Sie diese falls nötig zurück. Heften Sie den Stoff für die Unterseite, die Vlieseinlage und das Quilttop zum Handquilten zusammen (S. 138 + 139).

2 Steppen Sie in den Nähten zwischen den Blöcken mit Stehstichen ab (S. 111). Die Heftfäden herausziehen und alle Fadenenden vernähen. Vlieseinlage und Unterseite entsprechend den Maßen des Quilttops zurückschneiden.

FERTIGSTELLEN

1 Die Streifen für die Bordüre längs in der Mitte falten. An einer Längskante jedes Streifens einen 2,5 cm breiten Einschlag mit dem Bügeleisen markieren.

2 Mit einer Stecknadel die Mitte der Quiltkanten und der Bordüren markieren. Die Streifen rechts auf rechts mit der offenen Längskante an die Quiltkanten anlegen und die Mittelpunkte genau ausrichten. Mit 2,5 cm Nahtzugabe absteppen, dabei mit den Seitenstreifen beginnen. Die Nähte genau an der Stelle enden lassen, wo die Streifen aneinander stoßen. Die Nahtzugaben zu den Streifen hin flach bügeln.

3 Für die Ausarbeitung der Briefecken den Quilt mit der rechten Seite nach unten auf die Arbeitsfläche legen. An einer Ecke die seitliche Bordüre herausziehen und unter die der Schmalseite legen. Mit einer Stecknadel die Stelle markieren, wo sich die eingeschlagenen Kanten der Streifen kreuzen. Mit wasserlöslichem Filzstift oder Schneiderkreidestift die Linie zwischen der Ecke des Quilttops und der Kreuzungsstelle der Stoffbrüche einzeichnen. Eine zweite Linie im rechten Winkel zur ersten zeichnen, und zwar bis zu der Stelle, wo die Stoffbrüche der beiden Einschläge sich kreuzen (S. 37). An den übrigen Ecken genauso verfahren.

4 Die Bordüren rechts auf rechts legen, so dass die Linien übereinstimmen, und das «V», das sie bilden, absteppen, dabei genau am Eckpunkt von Einfassung und Quilttop beginnen. An der Kreuzungsstelle der Stoffbrüche die Nadel im Stoff stecken lassen, den Stoff um die Nadel herum wenden und bis zu dem Punkt weiternähen, wo die beiden Einschläge sich kreuzen. Die Nahtzugaben auf 0,6 cm zurückschneiden. Die Naht auseinander bügeln und die Briefecke wenden. Die drei übrigen Ecken ebenso arbeiten.

5 Die eingeschlagenen Kanten der Bordüren auf der Quiltunterseite feststecken. Die Bordüre an die Unterseite heften und mit Staffierstichen daran festnähen. Die Heftfäden herausziehen. Nach Fertigstellen den Quilt ausschütteln, damit er sich schön bauscht.

PFLEGE

Dieses Modell besteht aus zu vielen verschiedenen Materialien, als dass man es in der Maschine waschen könnte. Überlassen Sie die Reinigung lieber einer Fachfirma.

ABWANDLUNGEN

- ◆ Schneiden Sie Streifen aus alter Kinderkleidung, aus der Ihre Kinder herausgewachsen sind.
- ◆ Verwenden Sie Bänder von Geschenken, die Sie erhalten haben, und gestalten Sie daraus einen Quilt voller schöner Erinnerungen.

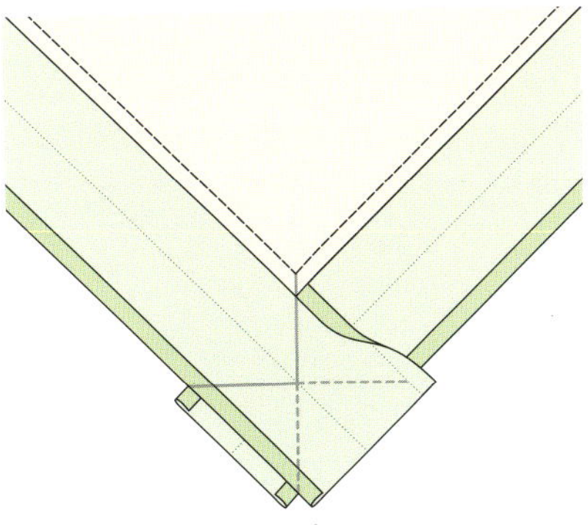

Nahtlinien einer Briefecke

«Durch das Mosaik aus Flanellkaros wirkt dieses Quilttop ausgesprochen einladend und authentisch. Ich liebe dieses Material wegen seines rustikalen Charmes, der erfrischend anders wirkt. In diesem Fall sind es die kunterbunten Bommel, die hier und da aufgesetzt sind und dem Quilt eine fantasievolle Note verleihen. Man möchte sich gleich darin einkuscheln!»

Hikaru Noguchi («Pompom maze»)

Labyrinth

Maße
Fertiger Quilt: 110 x 220 cm

Material

- In 140 cm Breite:
  - 50 cm Flanell in Weiß
  - 50 cm Flanell in Beige
  - 50 cm Flanell in Orange gestreift
  - 50 cm Flanell in Grau gestreift
  - 210 cm Flanell in Marine
- 110 x 220 cm Baumwollstoff, bedruckt (für die Quiltunterseite)
- 110 x 220 cm Vlieseinlage
- Kontrastfarbenes Heftgarn
- Farblich passendes Maschinennähgarn
- Wolle in verschiedenen Farben (für die Pompons)

ZUSCHNITT

◆ Aus jedem Flanellstück 48 Quadrate von 10 x 10 cm für das Mittelstück zuschneiden.

◆ Aus dem dunkelblauen Flanell zwei Streifen von 17 x 224 cm zuschneiden (für die seitlichen Bordüren) und zwei Streifen von 17 x 112 cm (für die Bordüren an Ober- und Unterkante).

ZUSAMMENSETZEN DES QUILTTOPS

1 Die Quadrate der oberen Reihe gemäß Diagramm (S. 41) zusammenfügen. Die Quadrate links auf links abstecken, heften und mit 1 cm Nahtzugabe absteppen. Die übrigen Reihen genauso zusammennähen. Die Heftfäden herausziehen und alle Nahtzugaben auseinander bügeln. Die Streifen auf die gleiche Weise gemäß Diagramm zusammennähen.

2 Das Mittelstück mit der rechten Seite nach oben auf der Arbeitsfläche ausbreiten. Die rechte Seite ist in diesem Fall diejenige, auf der die Nahtzugaben erscheinen, denn sie dienen hier als Dekoration. Prüfen Sie, ob die Kanten des Patchworks gerade und rechtwinklig sind, und schneiden Sie diese bei Bedarf zurück. Markieren Sie die Mitte jeder Seite mit einer Stecknadel. Messen Sie den Abstand zwischen den Mittelpunkten der gegenüberliegenden Seiten und passen Sie die Größe der Stoffstreifen für die Bordüre entsprechend an, geben dabei aber an jeder Seite 2 cm zu (um 1 cm breite Nahtzugaben zu erhalten).

3 Mit Stecknadeln jeweils die Mitte der Längsseiten markieren. Eine der seitlichen Bordüren rechts auf rechts an eine Kante des Patchworks anlegen, so dass die Mittelpunkte übereinstimmen. Die beiden Stücke in der Mitte und dann an den Rändern abstecken, die Kanten ausrichten und weiter abstecken. Den Streifen heften und dann mit 1 cm Nahtzugabe aufsteppen, dabei jeweils 1 cm Naht an den Rändern der Patchworkfläche offen lassen. Die drei übrigen Teile der Bordüre ebenso aufnähen. Die Heftfäden herausziehen und die Nahtzugabe zu den Bordüren hin flach bügeln.

4 Die Ecken zu Briefecken falten (S. 126 + 127). Die Ecken mit der Maschine absteppen, die Nahtzugaben zurückschneiden und auseinander bügeln.

DIETZ

ZUSAMMENFÜGEN DER QUILTLAGEN

1 Prüfen Sie nochmals, ob die Kanten des Quilttops gerade und rechtwinklig sind, und schneiden Sie sie falls nötig zurück. Den Stoff für die Unterseite mit der rechten Seite nach oben auf der Arbeitsfläche ausbreiten. Das Top mit der rechten Seite nach unten mittig drauflegen und zum Schluss die Vlieseinlage darauf ausbreiten und alle drei Lagen zusammenstecken und heften. Das Vlies auf die Maße des Quilttops zurückschneiden.

2 Die Nähmaschine mit einem Nähfuß für Dualtransport ausstatten und den Quilt mit 1 cm Nahtzugabe ringsum absteppen, dabei an der Unterkante 50 cm offen lassen. Die Nahtzugaben und Ecken zurückschneiden. Die Heftfäden herausziehen und den Quilt wenden. Die Ecken herausdrücken.

3 Die offene Naht bügeln, abstecken, heften und dann mit Staffierstichen (S. 112) versäubern. Den Heftfaden herausziehen.

FERTIGSTELLEN

1 Den ganzen Quilt mit Sicherheitsnadeln abstecken (S. 138 + 139). Eine Reihe Vorstiche mit 1 cm Nahtzugabe rings um die Kanten nähen und dann die Nähte der Bordüre absteppen.

2 Nun nach Belieben so viele Pompons anfertigen, wie Sie für Ihren Quilt benötigen. Für die Pompons aus Pappe ein Rechteck zuschneiden, dessen Schmalseite die gewünschte Länge des Pompons plus 1,5 cm hat. Einen 20 cm langen Faden zum Binden abschneiden und auf eine der Längsseiten der Pappe legen. Die Wolle um Pappe und Faden wickeln, bis der Pompon die gewünschte Dicke hat. Den Bindfaden doppelt verknoten und dabei kräftig zusammenziehen, damit die Pomponfäden fest verankert sind. Die Wolle an der anderen Schmalseite der Pappe durchschneiden. Den Pompon kräftig schütteln, damit er schön bauschig wird. Die Fäden gleichmäßig rund schneiden. Mit nahezu derselben Methode stellt man übrigens auch Troddeln her (S. 76).

3 Zum Befestigen die Bindfäden der Pompons in eine Nadel einfädeln und durch alle Schichten des Quilts ziehen. Auf der Rückseite des Quilts verknoten.

PFLEGE

Ist der Quilt aus Wollflanell gefertigt, verzichten Sie auf das Waschen und geben Sie das gute Stück lieber in die chemische Reinigung.

ABWANDLUNGEN

- ◆ Edler wirkt der Quilt natürlich, wenn Sie die Nahtzugaben der Quadrate nach innen schlagen.
- ◆ Verwenden Sie Volumenvlies und knüpfen Sie die Lagen des Quilts von Hand zusammen.

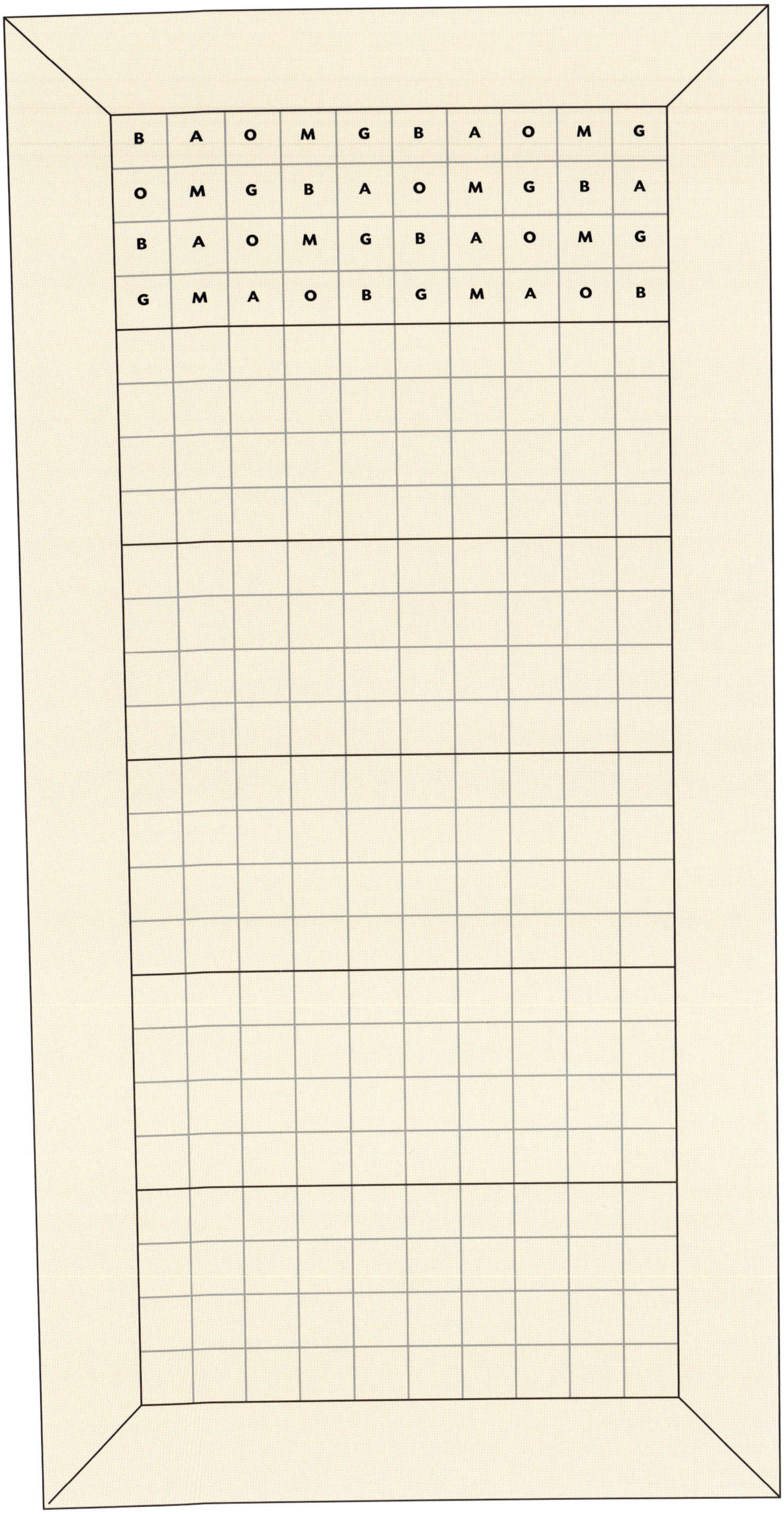

LEGENDE DES DIAGRAMMS

Form B = Flanell in Weiß
Form A = Flanell in Beige
Form O = Flanell in Orange gestreift
Form G = Flanell in Grau gestreift
Form M = Flanell in Marine

«Mein Interesse an Quilts wurde vor allem durch die prachtvollen Texturen der ‹crazy patchworks› aus der Viktorianischen Zeit geweckt. Jeder der wunderschönen Stoffe dieses Modells schillert je nach Lichteinfall ganz unterschiedlich, vor allem der Samt. Bei der Suche nach dem richtigen Olivgrün für den Grundstoff hatte ich Glück: Ich fand einen Taft, der breit genug lag für einen Bettüberwurf.»

Esther MacFarlane («Bejewelled seams»)

Kostbarer Schimmer

Maße
Fertiger Quilt: 200 x 200 cm
Pro Block: 30 x 30 cm

Material

- In 112 cm Breite:
  - 60 cm Baumwollsamt in Violett
  - 60 cm Dupionseide in Blauviolett
  - 60 cm Dupionseide in Purpurblau
  - 60 cm Dupionseide in Rotgold
  - 100 cm Viskosesamt in Schwarz
  - 420 cm Baumwollsatin in Schwarz (für die Quiltunterseite)
- 420 x 145 cm Taft-Dekostoff in Olivgrün (für das Mittelstück und die Bordüren)
- 210 x 230 cm dünnes Baumwollvlies
- Kontrastfarbenes Heftgarn
- 3 Spulen à 250 m Baumwollgarn in Schwarz
- 1 Spule à 250 m Polyester-Quiltgarn in Schwarz

ZUSCHNITT

◆ Aus dem olivgrünen Taft ein Rechteck von 145 x 205 cm (für das Mittelstück und die obere und untere Bordüre) sowie zwei Streifen von 32 x 205 cm für die Seitenbordüren zuschneiden. Ist ein Fadenlauf vorgegeben, schneiden Sie die Seitenbordüren in derselben Richtung zu wie das Mittelteil. Verwahren Sie die Taftreste für die schmale Einfassung des Quilts.

◆ Aus dem Baumwollsatin zwei Stücke von je 210 cm Länge zuschneiden. Der Stoff für die Unterseite wird später nochmals in der Breite geteilt.

◆ Alle Stoffe für die Blöcke längs halbieren, so dass 30 cm breite Streifen entstehen. Sollen die Stoffe das Licht unterschiedlich reflektieren, können Sie sie in entgegengesetzter Richtung montieren. Die Samtstreifen beiseite legen und die Seidenstreifen in 30 x 30 cm große Quadrate zerschneiden.

◆ Die Reste aller Stoffe beiseite legen. Sie benötigen sie später für die schmale Einfassung des Quilts. Die Vlieseinlage wird erst später zugeschnitten.

ZUSAMMENSETZEN DES PATCHWORKS

Da alle Blöcke freihändig mit dem Rollschneider zugeschnitten werden, üben Sie diese Technik am besten zunächst an ein paar Stoffresten. Man kann damit eine Menge Stoff verarbeiten, denn man schneidet in einem Zug die Nahtränder aneinander grenzender Stoffteile. Nach dem Zusammennähen werden die Blöcke zu Quadraten zurückgeschnitten.

1 Zwei Stoffquadrate mit der rechten Seite nach oben kantengenau übereinander auf die Schneidematte legen. (Die Reihenfolge ist egal, denn je unterschiedlicher die Blöcke sind, desto wirkungsvoller wird der Quilt.) In diesem Fall liefert der stumpfe schwarze Samt eine etwas flauschigere Fläche, die sich von den glänzenden, glatten Seidenstoffen von jedem Blickwinkel aus abhebt.

2 Mit dem Rollschneider eine geschlängelte Linie durch beide Stofflagen schneiden. Der Streifen links von der Schnittlinie soll 4 x 8 cm breit sein.

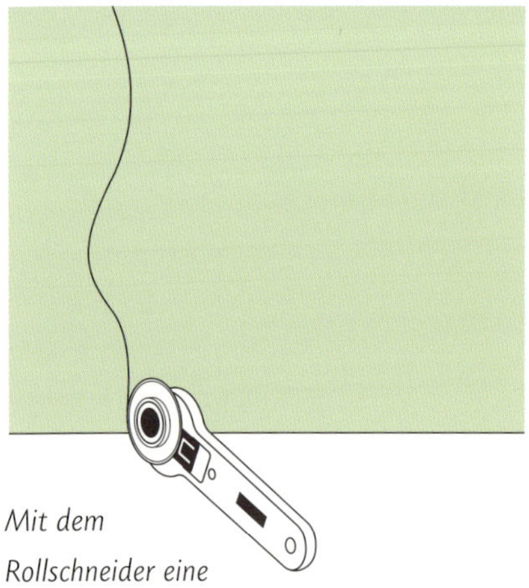

Mit dem Rollschneider eine geschlängelte Linie durch beide Lagen schneiden

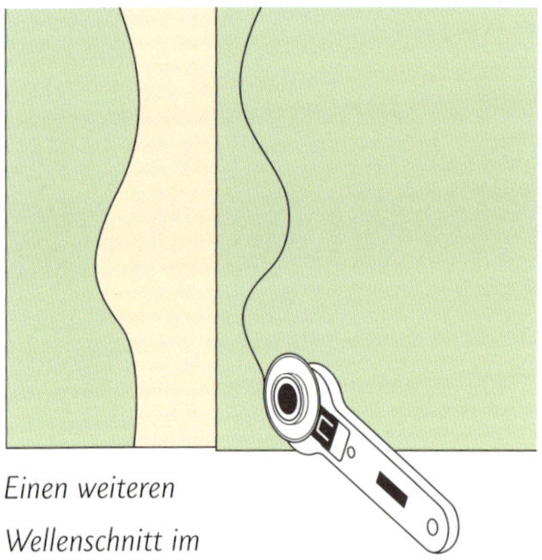

Einen weiteren Wellenschnitt im restlichen Stoff machen

3 Die beiden Stoffe trennen und Kante an Kante den linken Teil des oberen und den rechten Teil des unteren Stoffes aneinander legen und umgekehrt. Die Teile müssen an den Schnittlinien perfekt zusammenpassen.

4 Mit einem Schneiderkreidestift auf der linken Stoffseite an den 0,6 cm breiten Nahtzugaben Markierungen auf beiden Seiten des Schnitts anbringen. Je gewundener die Schnittführung ist, desto mehr Markierungen benötigen Sie zum kantengenauen Absteppen der Teilstücke.

5 Die zwei Teile rechts auf rechts legen und an den Randmarkierungen abstecken. Falls nötig, die Nahtzugabe an den Rundungen einschneiden (S. 124 + 125). Die übrige Nahtlinie abstecken. Mit 0,6 cm Nahtzugabe absteppen, dabei nach und nach die Stecknadeln herausziehen. Die Nahtzugaben zum dunkleren Stoff hin umbügeln, dabei empfindliche Stoffe vorsichtig behandeln (S. 117). Mit den beiden anderen Teilen ebenso verfahren.

6 Einen der zusammengefügten Blöcke auf die Schneidematte und ein drittes Stoffstück darauf legen, beides mit der rechten Seite nach oben. Die Ober- und Unterkanten beider Teile ausrichten, jedoch die Seitenränder verschieben, so dass die erste Schnittlinie auf dem Unterstoff einen Streifen in gewünschter Breite ergibt. Mit dem Rollschneider beide Stofflagen durchtrennen und die Teile wie zuvor austauschen. Das zweite und dritte Teil zusammensteppen und die Nahtzugaben flach bügeln.

7 Auf die gleiche Weise die übrigen Teile verarbeiten, bis Sie neun Blöcke von mindestens 30 cm Kantenlänge vor sich haben. Sorgfältig jeden Block auf der Schneidematte auf exakt 30 x 30 cm (einschließlich Nahtzugaben) zurückschneiden.

ZUSAMMENFÜGEN DER QUILTLAGEN

1 Das größte Taftstück mit der rechten Seite nach oben auf der Arbeitsfläche ausbreiten. In 31 cm Abstand von jeder Ecke eine Stecknadel in die Längskanten einstechen und die Nadeln der gegenüberliegenden Seiten über die ganze Breite mit einer Linie verbinden. Diese Teile bilden später die obere und untere Bordüre des Quilts.

2 Jeden Block ringsum mit 1 cm Nahtzugabe umsäumen. Die Blöcke in gleichmäßigen Abständen auf der Mittelfläche verteilen. Wechseln Sie die Streifenrichtung und probieren Sie aus, in welcher Anordnung und Ausrichtung das Ensemble am besten wirkt. Die Blöcke auf dem Mittelstück abstecken.

3 Den Quilt auf einen Quiltrahmen spannen und jeden Block einzeln weiterbearbeiten. Dafür den jeweiligen Block auf das Mittelstück heften und mit der Hand mit Vorstichen oder Staffierstichen applizieren. Den Rahmen lösen und die Heftfäden herausziehen. Die übrigen Blöcke ebenso aufnähen.

4 Die seitlichen Bordüren und die Längsseiten des Mittelstücks rechts auf rechts abstecken und mit 0,6 cm Nahtzugabe zusammen absteppen. Die Nahtzugaben zu den Bordüren hin umbügeln.

QUILTEN

1 Die Teile der Quiltunterseite (gemäß S. 137, Schritt 2) zuschneiden und mit 0,6 cm Nahtzugabe zusammenfügen. Die Unterseite so zurückschneiden, dass sie ringsum genau 5 cm über das Quilttop übersteht. Die Vlieseinlage geringfügig kleiner zuschneiden als die Quiltunterseite. Die drei Lagen aufeinander legen (S. 138) und mit Sicherheitsnadeln zusammenstecken. Die Nadeln sollen ein Gittermuster bilden, so dass Sie die Blöcke absteppen können (S. 139).

2 Das hier abgebildete Modell wurde auf der Maschine mit langen Stichen und einer Nadel Nr. 9 gequiltet. Probieren Sie einfach aus, welche Nadelstärke und Stichlänge Ihnen persönlich am besten zusagt. Steppen Sie die Nähte rings um die Mittelfläche (S. 136), an den Konturen der seitlichen Bordüren und an den Begrenzungen der oberen und unteren Bordüren entlang ab. Entfernen Sie dabei nach und nach die Sicherheitsnadeln.

3 Um zwischen den Blöcke zu quilten, steppen Sie neben einem Block eine Linie von einem Rand der Mittelfläche zum anderen. Kehren Sie zum ersten Rand zurück und steppen Sie ein Stück weiter wieder in die andere Richtung. In gleicher Weise fortfahren, bis alle Blöcke von Nähten umgeben sind, die sich an ihren Ecken kreuzen. Die Bordüren ebenso absteppen, dabei die Nähte an den Ecken überkreuzen.

FERTIGSTELLEN

1 Die Quiltfäden vernähen. Die Vlieseinlage auf die Maße des Quilttops zurückschneiden. Achten Sie darauf, dass die Kanten aller drei Lagen gerade und rechtwinklig verlaufen.

2 Aus Stoffresten 6 cm breite Streifen für die Einfassung zuschneiden (S. 126 + 127). Die Schmalseiten der Streifen unterschiedlicher Länge und/oder Farbe mit 0,6 cm Nahtzugabe zu vier Streifen zusammensetzen. Die Länge muss jeweils für eine Kante des Quilts mit Briefecken ausreichen.

3 Die Streifen auf die Quiltkanten steppen und zu Briefecken formen (S. 127). Die Nahtzugaben an den Ecken auf 0,6 cm und an den Quiltkanten auf 2 cm zurückschneiden, damit die Bordüre dicker ist und der Quilt insgesamt üppiger wirkt. Am Schluss den Quilt ausschütteln, damit er sich schön bauscht.

PFLEGE

Dieses Modell gehört in die chemische Reinigung, am besten in die Hand eines erfahrenen Profis. Fettflecken sind auf dem Taft sehr deutlich sichtbar. Man entfernt sie mit Talkumpulver, das man einwirken lässt und dann ausbürstet.

ABWANDLUNG

Arbeiten Sie dieses Modell aus Baumwolle nach, dann lässt es sich in der Maschine waschen.

«Wir alle wünschen uns für unsere Kinder das Beste. Für mich ist dieser Quilt eine kuschelige Schmusedecke: Das Kind fühlt sich geborgen zwischen all den Blumen rings um das niedliche Vögelchen, das es in den Schlaf singt.»

Hiroko Aono-Billson («Liberty's song bird»)

Vogelgezwitscher

Maße

Fertiger Quilt: 100 x 120 cm

Pro Block der Bordüre: 10 x 10 cm

Material

- Verschiedene Baumwoll-Druckstoffe für die 40 Blöcke und die Applikationen (plus Nahtzugaben)
- 125 x 90 cm Baumwollstoff in Creme (für das Mittelstück und die eingesetzten Ecken)
- 130 x 112 cm angeraute Baumwolle in Creme (für die Quiltunterseite)
- 35 x 112 cm Baumwoll-Druckstoff (für die schmale Einfassung)
- 110 x 130 cm Baumwollvlies
- Quiltgarn in Creme
- Quiltgarn in Rot
- Nähmaschinengarn in Creme
- Sticktwist in Mintgrün, Hellrosa und Dunkelrosa
- Kontrastfarbenes Heftgarn
- 9 kleine und 6 dicke Pompons aus roter Wolle

APPLIKATIONEN DES MITTELTEILS

1 Zunächst Pappe oder Papierbögen mit Klebestreifen zu einem Rechteck von 90 x 110 cm Größe zusammenfügen. Das Vogelmotiv von S. 149 mit Hilfe eines Gitternetzes vergrößern – so dass es 80 x 100 cm groß ist – auf die Pappe zeichnen. Die Vorlage nun auf eine glatte Fläche legen und jedes Motiv mit Transparentpapier abpausen und vermerken, wo es hingehört. Schließlich feste Schablonen aus Pappe zuschneiden.

2 Legen Sie fest, aus welchem Stoff Sie welches Motivteil zuschneiden wollen, und notieren Sie es. Legen Sie die Stoffe mit der rechten Seite nach unten auf die Arbeitsfläche. Legen Sie jede Schablone mit der linken Seite auf die linke Seite des jeweiligen Stoffs und lassen Sie ringsum genügend Platz für die Nahtzugaben. Die Stoffe mit 0,6 cm Nahtzugabe ausschneiden. Die Kanten nach links umschlagen, die Umbrüche mit dem Bügeleisen markieren und die Einschläge heften. Falls nötig, die Rundungen am Vogelkörper und dem Flügel am Rand einschneiden.

3 Für das Mittelstück aus der dafür vorgesehenen Baumwolle in Creme ein 80 x 100 cm großes Rechteck zuzüglich einer Nahtzugabe von 0,6 cm zuschneiden. Das ganze Motiv mit einem pastellfarbenen Schneiderkreidestift (S. 129) auf die rechte Stoffseite übertragen oder die Zeichnung bereithalten, um genau zu sehen, wo die Motive hingehören.

4 Das Mittelstück mit der rechten Seite nach oben auf der Arbeitsfläche ausbreiten. Die Motivteile aufstecken und heften, dabei darauf achten, dass die Ansätze der Zweige unter dem Ast verschwinden, die Blütenblätter über den Enden ihrer Stängel liegen und der Flügel des Vogels dessen Körper überlappt. Die Motive mit Staffierstichen (S. 112) und Garn in Creme von Hand applizieren. Die Heftfäden herausziehen und den Stoff von links leicht überbügeln.

5 Für die Kopf- und Schwanzfedern des Vogels je drei Steppstiche mit dreifädigem Sticktwist in Mintgrün sticken (S. 111) und an jedem Ende einen dickeren Pompon aufnähen.

6 Zwei Reihen Steppstiche mit dreifädigem Sticktwist in Dunkelrosa für die Beine des Vögelchens sticken, weitere zwei mit sechsfädigem Sticktwist im selben Farbton für das Auge.

7 Zum Abschluss die Staubgefäße der Blüten mit dreifädigem Sticktwist in Hellrosa und die Blattadern mit dreifädigem Sticktwist in Mintgrün sticken. Am Ende jedes Staubfadens einen kleinen Pompon aufnähen.

ZUSAMMENFÜGEN DER BORDÜREN

Der Stoff für die Bordüren wird folgendermaßen zugeschnitten:

◆ Aus der cremefarbenen Baumwolle für die eingesetzten Ecken 4 Quadrate von 11,2 x 11,2 cm zuschneiden.

◆ Aus den Baumwoll-Druckstoffen 16 Quadrate von 12,1 x 12,1 cm Kantenlänge zuschneiden und jedes Quadrat diagonal halbieren. So entstehen 32 Dreiecke (S. 122).

◆ Aus den Baumwoll-Druckstoffen weitere 20 Quadrate von 13 x 13 cm Größe zuschneiden und jedes davon diagonal halbieren. Jedes Dreieck nochmals halbieren, so dass 80 kleine Dreiecke entstehen (S. 122).

1 Jeweils aus zwei kleinen Dreiecken mit 0,6 cm Nahtzugabe größere Dreiecke zusammensteppen. Die Nahtzugaben jeweils zum dunkleren Stoff hin flach bügeln. Aus diesen Dreiecken 20 Quadrate zusammensetzen und die Nahtzugaben zu einer Seite flach bügeln. Aus je 10 Quadraten die zwei seitlichen Bordüren des Quilts zusammensetzen und wiederum alle Nahtzugaben flach bügeln.

2 Von den großen Dreiecken jeweils zwei mit 0,6 cm Nahtzugabe zu 16 Quadraten zusammensteppen und daraus die obere und untere Bordüre des Quilts bilden. Dabei in den Ecken die cremefarbenen Quadrate einsetzen. Alle Nahtzugaben in dieselbe Richtung flach bügeln.

ZUSAMMENFÜGEN DES QUILTTOPS

1 Mit einer Stecknadel jeweils die Kantenmitte des Mittelstücks und eine der Längsseiten jeder Bordüre markieren. Die seitlichen Bordüren rechts auf rechts auf die Mittelfläche stecken und heften, dabei die Mittelpunkte ausrichten. Mit 0,6 cm Nahtzugabe zusammensteppen. Die Heftfäden herausziehen und die Nahtzugaben zu den Bordüren hin flach bügeln.

2 Die obere und untere Bordüre ebenso annähen, dabei die Mittelpunkte der Bordüren und des Mittelstücks sowie die Nähte der seitlichen Bordüren mit denen der eingesetzten Ecken ausrichten.

3 Auf jedes cremefarbene Eckquadrat das Blütenmotiv übertragen (S. 148). Dazu das Motiv über eine Lichtquelle legen und mit einem Schneiderkreidestift auf die eingesetzten Ecken des Quilttops übertragen (S. 122). Die Blüten sollen jeweils diagonal nach außen zeigen.

QUILTEN

1 Alle Fäden des Quilttops vernähen. Die Quiltunterseite, die Vlieseinlage und das Top zusammennähen (siehe S. 138 + 139).

2 Cremefarbenes Quiltgarn einfädeln und von Hand mit 0,3 cm Abstand um jedes Motiv des Mittelfelds herumsteppen, um die Konturen zu betonen. Mit demselben Garn die ganze Mittelfläche mit Spannstichsternen (S. 113) in versetzten Reihen besticken.

3 Jetzt mit cremefarbenem Garn die Bordüre rings um das Mittelstück wie folgt abstep-pen: entlang den Nähten rings um das Mittelstück, im Innern der oberen und unteren Dreiecksbordüren, im Innern der Blöcke der seitlichen Bordüren und diagonal von oben nach unten und von links nach rechts über jeden Block der oberen und unteren Bordüre.

4 Zum Schluss die eingesetzten Ecken mit den Blütenmotiven in rotem Quiltgarn besti-cken. Ein Stück zweifädigen Sticktwist in Hellrosa einfädeln und einen Knötchenstich am Ende jedes Staubgefäßes ausführen (S. 112).

FERTIGSTELLEN

1 Prüfen Sie, ob die Kanten des Quilts ringsum gerade und rechtwinklig verlaufen, und schneiden Sie diese falls erforderlich zurück.

2 Den Quilt von Seitenmitte zu Seitenmitte messen und die Länge des benötigten Streifens für die Einfassung ausrechnen und 50 cm addieren. Genügend Stoffstreifen von 6,5 cm Breite im Fadenlauf oder quer dazu zuschneiden und zu einem Streifen in benötigter Länge zusammensetzen. Die Einfassung anbringen (siehe S. 143 + 144).

PFLEGE

Wird dieser Quilt aus Baumwolle gefertigt, kann man ihn in lauwarmem Wasser von Hand waschen. Vorsichtig das Wasser ausdrücken und den Quilt im Freien flach liegend im Schatten trocknen lassen. Die Pompons nach dem Trocknen wieder aufplustern.

ABWANDLUNGEN

Wählen Sie die Lieblingsfarben des Kindes aus, für das der Quilt gedacht ist.

«Dieser prächtige Quilt ist meine ganz persönliche Hommage an die kulturelle Vielfalt Australiens. Ich habe dafür Stoffe unterschiedlicher Volksgruppen verwendet und als Motiv das Eukalyptusblatt als einendes Element und Sinnbild für den fünften Kontinent gewählt. Die handgefärbten Stoffe der Blöcke habe ich mit Reversapplikation verarbeitet, um die Farben und Texturen der Blätter hervorzuheben.»

Jan Clark («Gumleaves»)

Eukalyptusblätter

Maße
Fertiger Quilt: 100 x 150 cm
Pro Block: 10 x 15 cm

Material

- So viele verschiedene bunt gemusterte Stoffe, dass Sie daraus 200 Rechtecke von 11,2 x 16,2 cm zuschneiden können
- 160 x 112 cm Stoff (für die Quiltunterseite)
- 40 x 112 cm farblich abgestimmter Stoff (für die Einfassung)
- 110 x 160 cm Baumwollvlies
- Kontrastfarbenes Heftgarn
- Baumwoll- oder Rayon-Stickgarn in verschiedenen Farben

AUSWAHL DER STOFFE

Diesen Quilt kann man mit ganz unterschiedlichen Stoffen herstellen. Das hier abgebildete Beispiel enthält chinesische Brokate, indische Seidenstoffe, afrikanische Jacquards, balinesische Batikstoffe, Glitzerstoffe aus alten Abendkleidern, Paillettenstoffe, Spitze und Baumwolldrucke aus aller Herren Länder. Wählen Sie für die Grundstoffe der Blöcke ähnliche Farben oder Nuancen (beispielsweise Pastelltöne), denn die einheitliche Wirkung lässt die Eukalyptusblätter noch mehr hervortreten. Das gilt vor allem dann, wenn jeder Block aus kontrastierenden Stoffen besteht.

ZUSCHNITT

- ◆ 100 Rechtecke von 11,2 x 16,2 cm Größe für die Blätter zuschneiden.
- ◆ 100 Rechtecke von 11,2 x 16,2 cm Größe für die Grundflächen zuschneiden.
- ◆ Für die Einfassung in der Breite des Stoffes 5 Streifen von 6,5 cm Breite zuschneiden.
- ◆ Die Vlieseinlage erst dann zuschneiden, wenn der Rest des Quilts fertig gestellt ist.

ZUSAMMENSETZEN DER BLÖCKE

1 Mit wasserfestem schwarzem Filzstift das Motiv der drei Blätter (S. 146) mit Rahmen auf Papier übertragen. Mit Hilfe eines Leuchttisches und einem Schneiderkreidestift die Umrisse der Blätter auf die Rechtecke der Grundfläche übertragen. (Da die Formen sehr einfach sind, können Sie die ersten Blöcke nach der Vorlage und alle weiteren ohne Vorzeichnung nähen.)

2 Eines der Rechtecke so auf ein kontrastfarbenes Stück Stoff (für die Blätter) legen, dass beide Stoffe mit der rechten Seite nach oben zeigen, und abstecken. Die Stichlänge auf 2 bis 3 einstellen und beide Stücke um die Konturen der Blätter herum absteppen, dabei an den Blattspitzen die Nadel im Stoff lassen und wenden. Sie brauchen nicht unbedingt exakt den Konturen zu folgen. Die Fäden sichern und abschneiden.

Schneiden Sie den Oberstoff entlang den Nähten zurück, so dass die Blätter zum Vorschein kommen.

3 Die beiden Stoffschichten innerhalb eines Blattmotivs auseinander ziehen und mit einer scharfen Schere vorsichtig den Oberstoff innerhalb der Nahtlinien ausschneiden. Die beiden übrigen Blätter genauso ausschneiden, so dass der darunterliegende Stoff zum Vorschein kommt.

4 Alle Blöcke in dieser Weise bearbeiten. Jeden Block ohne Druck bügeln und die Ränder alle auf dieselbe Größe zurückschneiden. Legen Sie nun alle Blöcke auf den Fußboden oder eine ebene Fläche und setzen Sie diese nach Belieben zu einem Quilt zusammen. Orientieren Sie sich vielleicht auch am Foto auf S. 53, bis Ihnen die Anordnung gefällt.

5 Zeichnen Sie ein Schema Ihres Quilts. Nummerieren Sie jeden Block auf dem Papier und jedes Stoffquadrat mit einem Aufkleber. Schauen Sie sich Ihr Diagramm gut an, bevor Sie entscheiden, in welcher Reihenfolge Sie die Blöcke zusammensetzen wollen, damit Sie möglichst wenige Nähte ausführen müssen. Notieren Sie sich die Reihenfolge auf dem Diagramm.

6 Steppen Sie die Blöcke in der gewünschten Reihenfolge mit 0,6 cm Nahtzugabe zu größeren Teilstücken zusammen und fertigen Sie daraus dann das komplette Quilttop. Bügeln Sie die Nahtzugaben ohne Druck abwechselnd zu verschiedenen Seiten um.

QUILTEN

1 Das Quilttop mit der rechten Seite nach unten auf die Arbeitsfläche legen. Die Vlieseinlage und die Quiltunterseite mit der rechten Seite nach oben kantengerade darauf legen. Die drei Lagen mit Sicherheitsnadeln zusammenstecken (S. 139).

2 Die Nähmaschine mit kontrastfarbenem oder farblich passendem Nähgarn ausstatten, je nachdem, welchen Effekt Sie erzielen wollen. Den normalen Nähfuß durch einen Stick- und Stopffuß ersetzen, die Stichlänge auf 0 stellen und die Transportgreifer zum Freihandquilten absenken. Üben Sie zunächst an einem dreilagigen Muster, den Konturen der Blätter freihändig zu folgen. Bewegen Sie den Stoff beim Absteppen mit den Händen weiter, so dass rings um die Motive eine durchgehende Steppnaht entsteht. Die Länge der Stiche steuern Sie, indem Sie den Stoff schneller oder langsamer bewegen. Achten Sie darauf, dass die Stiche möglichst gleichmäßig werden.

3 Sobald Sie den Dreh heraushaben, fangen Sie an, die Decke zu quilten. Steppen Sie durch alle drei Lagen die Mittellinie der Blätter und an allen Umrissen der Blätter entlang, damit die Formen plastisch hervortreten. Wenn Sie wollen, können Sie, ohne abzusetzen, von einem Blatt zum nächsten und von einem Block zum anderen weitersteppen, um alle Blätter in einem Zug zu arbeiten. Je öfter Sie ein Blatt umstechen, desto stärker wird es hervorgehoben. Machen Sie beliebig viele Nähte, lassen Sie jedoch die Schnittkanten der Blätter frei, denn sie verleihen dem Quilt zusätzlich optischen Reiz.

4 Den fertigen Quilt leicht bügeln, dabei empfindliche Stoffe mit einem Bügeltuch schützen. Stellen Sie sicher, dass die Ränder des Quilts gerade und rechtwinklig verlaufen, und schneiden Sie diese bei Bedarf zurück. Mit 0,6 cm Nahtzugabe ringsum absteppen, um dem Quilt mehr Festigkeit zu geben.

FERTIGSTELLEN

Die Streifen für die Einfassung an den Schmalseiten zu einem Streifen, der einmal um den ganzen Quilt herumreicht, zusammensteppen. Die Einfassung heften und aufsteppen (S. 143 + 144). Wenn Sie Ihr Werk an die Wand hängen möchten, versehen Sie es gemäß den Anleitungen auf S. 145 mit Aufhängern.

PFLEGE

Soll der Quilt als Wandbehang dienen, erübrigt sich das Waschen. Sie brauchen ihn dann lediglich im Freien auszuschütteln. Wenn Sie sehr unterschiedliche Stoffe verwenden, empfiehlt sich die chemische Reinigung.

ABWANDLUNGEN

- Mit anderen Farben können Sie den Stil dieses Quilts völlig verändern. Blassgrüne Blätter auf pastellfarbenem Untergrund beispielsweise erinnern an einen Garten im Frühling, leuchtend rote und gelbe Blätter auf dunklem Grund wirken geradezu spektakulär.
- Richten Sie alle Blätter in dieselbe Richtung aus oder fügen Sie die Blöcke zu Quadraten anstatt zu Rechtecken zusammen.

«Das Motiv für diesen Quilt entstand aus einer dahingekritzelten Idee. Ich liebe die schlichten Formen von Matisse, und es ist gut möglich, dass sie auch diese Engel beeinflusst haben. Ich entschied mich für leuchtende Blau- und Violetttöne, die den Quilt sehr modern wirken lassen. Sie strahlen Frieden und Harmonie aus. Ich staune selbst, wie kinderleicht dieser Quilt zustande gekommen ist.»

Esther MacFarlane («Guardian Angels»)

Schutzengel

Maße
Fertiger Quilt: 92 x 112 cm

Material

- In 112 cm Breite:
    - 125 cm Baumwolle in Marine (für den Grundstoff)
    - 175 cm Baumwolle in Lavendel (für Applikationen, Unterseite und Einfassung)

  Für die Applikationen:
    - 30 cm Baumwolle in Violett
    - 50 cm Baumwolle in Königsblau
    - 20 cm Baumwolle in Stahlblau
    - 50 cm Baumwolle in Gelbgrün
- 99 x 121 cm Baumwollvlies, leicht genadelt
- Maschinennähgarn in Schwarz, Lavendel, Violett, Gelbgrün, Königsblau und Stahlblau
- Kontrastfarbenes Heftgarn

ZUSCHNITT

◆ Aus der dunkelblauen Baumwolle für den Grundstoff ein Rechteck von 94 x 116 cm zuschneiden.

◆ Aus der lavendelblauen Baumwolle für die Unterseite ein Rechteck von 99 x 121 cm zuschneiden.

◆ Die Reste der lavendelblauen Baumwolle für die Einfassung beiseite legen, jedoch erst nach Fertigstellen des Quilts zuschneiden.

APPLIKATIONEN DES MITTELTEILS

1 Den Grundstoff mit der rechten Seite nach oben auf der Arbeitsfläche ausbreiten. Mit Schneiderkreide und Lineal in 14 cm Abstand von jedem Rand einen Strich zeichnen. Das 66 x 88 cm große Mittelstück in vier Rechtecke von 33 x 44 cm unterteilen. Den Stoff beiseite legen.

2 Mit wasserfestem feinem Filzstift die Umrisse der Schablonen (S. 152 + 153) auf Schablonenfolie übertragen, jede Schablone sorgfältig entsprechend den Angaben markieren und ausschneiden.

3 Orientieren Sie sich bei der Anordnung der Motive am Diagramm auf S. 57 und entscheiden Sie, welche Teile Sie aus welcher Farbe zuschneiden wollen. Legen Sie den ersten Stoff mit der rechten Seite nach unten auf die Arbeitsfläche und übertragen Sie darauf zweimal die Konturen der gewünschten Schablone. Lassen Sie dabei ringsum genügend Platz für eine Nahtzugabe von 0,6 cm. Die Schablone umdrehen und auf demselben Stoff zwei weitere Motive aufzeichnen, diesmal jedoch spiegelverkehrt. Die Konturen der übrigen Schablonen auf die gewünschten Stoffe übertragen, so dass Sie von jeder Form und Farbe vier Teile haben (je zwei davon spiegelverkehrt). Schneiden Sie die Teile mit 0,6 cm Nahtzugabe zu.

***Tipp:** Auf dunklen Stoffen fallen Flusen unangenehm auf. Man entfernt sie mit einem Klebestreifen, den man sich um die Hand wickelt und mit dem man den Stoff vorsichtig abtupft.*

4 Den Grundstoff auf der Arbeitsfläche ausbreiten. Legen Sie anhand des Diagramms die Plastikschablonen auf das obere linke Viertel der Mittelfläche und einen Stern etwas versetzt in die Ecke des Mittelteils. Verschieben Sie die Schablonen so lange, bis das Ganze harmonisch wirkt. Übertragen Sie die Umrisse der Schablonen mit Schneiderkreide auf den Stoff.

5 Legen Sie die Schablonen spiegelverkehrt auf das obere rechte Viertel der Mittelfläche, so dass ein symmetrisches Muster entsteht, und übertragen Sie die Konturen auf den Stoff. In den beiden unteren Vierteln der Mittelfläche genauso verfahren. Sie können damit auch warten, bis die Motive der oberen Felder appliziert sind, damit sich die Markierungen dort nicht wieder verwischen.

6 Die gebogenen Ränder der Teile einschneiden und die Nahtzugaben flach bügeln und heften oder so belassen, wie sie sind, und erst später mit der Nähnadel einschlagen. Alle Formen auf den Grundstoff legen, heften und dann mit passendem Nähgarn im Staffierstich aufnähen (S. 112). Die Heftfäden entfernen. Sind alle Motive in der oberen Hälfte angebracht, gehen Sie in der unteren Hälfte genauso vor.

7 Achten Sie darauf, dass alle Fäden vernäht sind, und entfernen Sie Flusen. Verwischen Sie Markierlinien mit einem feuchten Tuch und bügeln Sie das Quilttop mit Dampf.

QUILTEN

1 Unterseite, Vlieseinlage und Quilttop zusammenstecken (S. 139). Schwarzen Oberfaden in die Nähmaschine einfädeln, als Unterfaden jedoch lavendelblaues Nähgarn verwenden.

2 Knappkantig rings um jedes Motiv herum absteppen (S. 136). Am Anfang und Ende der Nähte die Fäden nicht mit Rückstichen sichern, weil sie auf der Rückseite sichtbar wären. Lassen Sie die Fadenenden hängen und verknoten Sie diese später nach dem Quilten auf der Rückseite (S. 141). Steppen Sie nochmals rings um die Motive ab, diesmal 0,6 cm von den ersten Nähten entfernt.

3 Breiten Sie den Quilt auf der Arbeitsfläche aus und zeichnen Sie die «Echolinien» (siehe S. 136) rings um das Motivfeld mit Schneiderkreide auf. Beginnen Sie mit einer durchgehenden Linie in 1,2 cm Abstand rings um das ganze Motivfeld und folgen Sie dabei den Umrissen der äußeren Formen. Zeichnen Sie die folgenden Linien im Abstand von 2,5 cm auf. Der Verlauf der Linien wird dabei immer weicher und geht in Wellen über. Weitere Linien bis an den Rand des Quilts zeichnen, dabei jeweils an den Stoffkanten absetzen.

4 Den Quilt unter den Nähfuß schieben und die Linien nachsteppen. Dazu eignet sich auch gut ein Nähfuß mit verstellbarem Kantenlineal, denn damit können Sie den Abstand zwischen den Linien so einstellen, dass sich das Vorzeichnen erübrigt. Alle Fäden vernähen und die Kreidelinien wieder mit einem feuchten Tuch abwischen.

FERTIGSTELLEN

1 Stellen Sie sicher, dass alle Kanten des Quilts gerade und rechtwinklig verlaufen, und begradigen Sie bei Bedarf.

2 Messen Sie die ganze Quiltfläche aus und schneiden Sie aus lavendelblauer Baumwolle ausreichend lange Streifen für die Einfassung zu (S. 143 + 144).

3 Setzen Sie die Stücke zu einem Streifen in benötigter Länge zusammen und nähen Sie diesen ringsum auf.

PFLEGE

Dieser Quilt und das Vlies bestehen aus Baumwolle. Alles lässt sich daher gut in der Maschine waschen und im Freien (nicht direkt in der Sonne) trocknen.

ABWANDLUNGEN

◆ Wählen Sie andere Farben. Für eine Baby-Spieldecke eignen sich beispielsweise knallige Farben oder aber auch Pastelltöne besser.

◆ Applizieren Sie die Motive mit der Maschine mit Zickzackstichen (S. 133 + 134).

◆ Quilten Sie die Ränder der Decke von Hand mit einem farblich sowohl zur Ober- als auch zur Unterseite passenden Faden (in diesem Fall beispielsweise Violett).

LEGENDE DES DIAGRAMMS

Formen 1 und 6: Baumwolle in Gelbgrün

Form 2: Baumwolle in Stahlblau

Form 3: Baumwolle in Violett

Form 4: Baumwolle in Lavendelblau

Form 5: Baumwolle in Königsblau

«Ich finde Weißstickereien gerade in modern eingerichteten Räumen ausgesprochen elegant. Die Inspiration zu diesem Modell mit den verschlungenen Zweigen und Vögeln in der Bordüre lieferten schwedische Arbeiten aus den fünfziger Jahren. Der Quilt ist schlicht und romantisch zugleich – ein wunderschönes Hochzeitsgeschenk! Die Vorstellung, dass ein solcher Quilt über Generationen zum Familienbesitz gehört, ist für mich so rührend wie eine Liebesgeschichte.»

Karen Spurgin («White romance»)

Romanze in Weiß

Maße
Fertiger Quilt: 150 x 180 cm

Material

- 325 x 140 cm Leinen in Weiß
- 370 x 112 cm Baumwolle in Weiß (für die Unterseite)
- 200 x 325 dünne Synthetik-Vlieseinlage
- 6 Stränge Baumwoll-Perlgarn Nr. 5 in Weiß
- 2 Knäuel Baumwoll-Perlgarn Nr. 8 in Weiß
- Maschinennähgarn in Weiß

ZUSCHNITT

◆ Aus dem Leinen folgende Stücke zuschneiden, dabei jeweils 0,6 cm für die Nähte zugeben:
◆ ein Rechteck von 118 x 145 cm für das Mittelstück
◆ zwei Streifen von 17 x 145 cm für die seitlichen Bordüren
◆ zwei Streifen von 17 x 118 cm für die obere und untere Bordüre
◆ vier Quadrate von 17 x 17 cm für die eingesetzten Ecken.
◆ Aus dem Vlies ein Rechteck von 155 x 185 cm zuschneiden, den Rest ebenso wie das Leinen in Streifen schneiden.
◆ Den Baumwollstoff für die Quiltunterseite in zwei 185 cm lange Stücke zerteilen (erst später nochmals in der Breite teilen).

QUILTMUSTER ÜBERTRAGEN

1 Die Bordüren dieses Modells werden mit gestickten Motiven verziert (S. 150 + 151). Für die Motive der seitlichen Bordüren aus Transparentpapier zwei Streifen, die etwas größer als die halbe Länge der Seitenbordüren sein sollen, anfertigen (ggf. zusammenkleben). Auf den ersten Streifen das Motiv übertragen, dabei die Teile an den roten Strichen zusammensetzen. Das Motiv nochmals im Ganzen auf den zweiten Streifen Transparentpapier zeichnen, um 180° drehen und an den blau gestrichelten Partien ansetzen.

2 Für die obere und untere Bordüre wie zuvor eine Hälfte des Motivs auf einen Streifen Transparentpapier übertragen, dabei die Teile an den roten Strichen zusammensetzen. Die zweite Hälfte des Motivs dann spiegelverkehrt zeichnen und an der blauen Markierung ansetzen.

3 Die Transparentpapierstreifen mit den Motiven längs und quer falten und die Mittelpunkte markieren. Mit den Leinenstreifen für die Bordüren ebenso verfahren. Die Stoffmitte jeweils mit einer Stecknadel markieren.

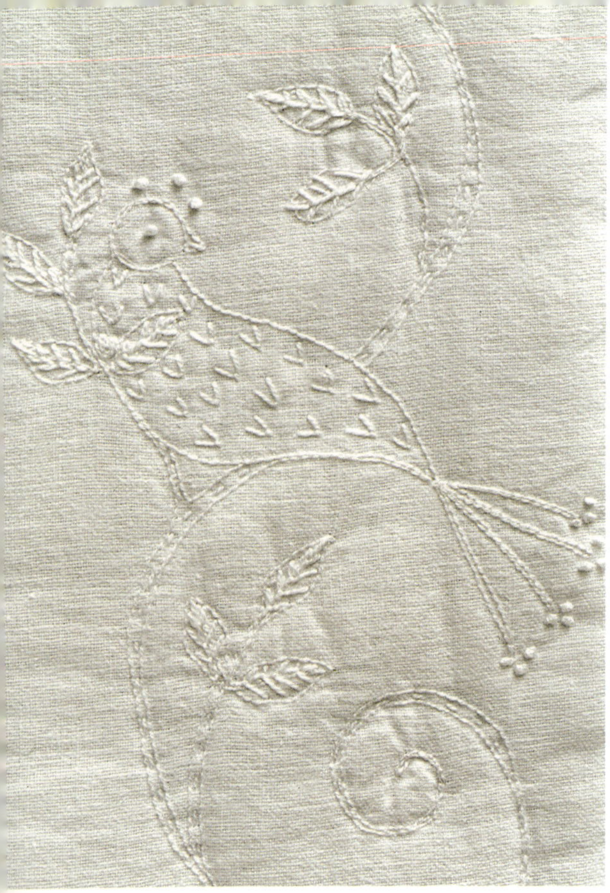

4 Das Motiv für die seitliche Bordüre auf die Arbeitsfläche legen und einen entsprechenden Leinenstreifen mit der linken Seite nach oben darauf legen, denn auf diese Seite werden die Motive aufgestickt. Die Mittelpunkte von Papier- und Stoffstreifen genau ausrichten und beides zusammenstecken. Auf einem Leuchttisch oder über einer anderen Lichtquelle das Motiv mit Schneiderkreidestift (S. 129) auf das Leinen übertragen.

5 Dasselbe Motiv seitenverkehrt auf die zweite seitliche Bordüre übertragen. Das zweite Motiv nach Belieben seitenverkehrt oder in gleicher Richtung auf die obere und untere Bordüre pausen.

MASCHINENSTICKEREI

1 Wickeln Sie Perlgarn Nr. 8 auf eine leere Garnrolle und wickeln Sie dann mit der Maschine das Perlgarn als Unterfaden auf eine leere Spule. Das Maschinennähgarn als Oberfaden einfädeln. Mit dem üblichen Allzweckfuß arbeiten. Die Maschine auf Geradstiche und Stichlänge 2 einstellen. Üben Sie das Maschinensticken mit Perlgarn zunächst mit einfachen Konturen auf Leinenresten. Vergessen Sie nicht, das Leinen mit der linken Seite nach oben zu legen und den Stoff straff zu spannen. Sichern Sie den Faden am Nahtanfang nicht mit Rückstichen, sondern lassen Sie die Fäden hängen und verknoten Sie diese später. Achten Sie auf die richtige Fadenspannung. Das Perlgarn muss auf der rechten Stoffseite eine saubere Linie bilden.

2 Sticken Sie die vier Bordüren entsprechend den vorgezeichneten Motiven. Alle Fäden auf die linke Seite ziehen und vernähen. Die Bordüren leicht überbügeln und mit der rechten Seite nach oben auf die entsprechenden Vliesstreifen stecken und heften.

3 Einen Faden Perlgarn Nr. 5 einfädeln und die Stickerei von Hand fertig stellen. Durch Leinen und Vlies hindurch die Knötchenstiche für die Augen, Kämme und Schwanzfedern der Vögel sticken, dazu den Faden zweimal um die Nadel wickeln (S. 112). Die Vogelfedern mit Fliegenstichen aufsticken (S. 112). Die Blattadern mit großen Fliegenstichen sticken und die Stiele mit Spannstichen ausfüllen.

4 Das Leinen-Mittelstück kantengerade auf das entsprechende Vliesstück heften. Mit Perlgarn Nr. 5 Fliegenstiche auf die ganze Fläche sticken. Die Stiche sollen einzeln oder in Dreier- oder Vierergruppen mit jeweils 10 bis 15 cm Abstand zueinander verstreut angeordnet werden.

ZUSAMMENFÜGEN UND QUILTEN

1 Die Leinenquadrate für die Ecken mit der rechten Seite nach oben kantengerade auf die entsprechenden Vliesstücke heften. Je ein Quadrat an den Außenkanten der oberen und unteren Bordüren feststecken, heften und mit 0,6 cm Nahtzugabe absteppen. Das Vlies bis knapp vor die Naht zurückschneiden und die Nahtzugaben mit Bügeltuch jeweils zu einer Seite flach bügeln. Stellen Sie sicher, dass die Kanten des Mittelstücks gerade und rechtwinklig stehen, und begradigen Sie sie bei Bedarf. Auf dieselbe Weise zunächst die seitlichen, dann die obere und untere Bordüre an das Mittelstück ansetzen. Die Heftfäden herausziehen. Alle Kanten prüfen und eventuell begradigen.

2 Die Stoffstücke für die Quiltunterseite (gemäß S. 137) zuschneiden und rechts auf rechts mit 0,6 cm Nahtzugabe zusammensteppen. Die Nähte jeweils zur selben Seite flach bügeln. Den Stoff mit der rechten Seite nach oben auf der Arbeitsfläche ausbreiten, das Quilttop mit der rechten Seite nach unten darauf legen. Die Vlieseinlage zum Schluss auflegen und die drei Lagen auf dieselbe Größe zurückschneiden. Alles stecken und heften.

3 Die Nähmaschine mit einem Nähfuß für Dualtransport versehen und mit 2,5 cm Nahtzugabe die Kanten des Quilts absteppen, dabei liegt die Vliesschicht oben. An der unteren Kante 50 cm offen lassen. Die Nahtzugaben und die Ecken zurückschneiden und die Heftfäden herausziehen.

4 Den Quilt wenden und die Ecken herausdrücken. Die Kanten bügeln. Das offene Stück abstecken, heften und mit Staffierstichen versäubern (S. 112).

5 Die drei Lagen mit Heftstichen verbinden (S. 139) und dann entlang den geraden Nähten des Quilttops absteppen. Alle Fäden vernähen, die Heftfäden entfernen und den Quilt bügeln.

PFLEGE

Den Quilt im Schonwaschgang in der Maschine waschen und an einem windigen Tag im Freien trocknen lassen.

ABWANDLUNGEN

Wenn dieser Quilt ein Hochzeitsgeschenk werden oder einfach eine romantische Note ins Schlafzimmer bringen soll, können Sie das Leinen zusätzlich mit den Namen oder Initialen der Beschenkten besticken.

«Dieser Quilt vibriert geradezu von Farben und Texturen. Die filzartige Wirkung der Oberfläche entsteht, indem man auf Baumwollstoff prächtige Fasern aus Schurwolle, Mohair und Seide aufsteppt und zum Schluss dekorative Steppnähte aus anderem Garn hinzufügt. Mit dieser Methode lassen sich ganz leicht einzigartige, ganz persönliche Kunstwerke schaffen.»

Gillian Hand («Cocoon»)

Kokon

Maße

Fertiger Quilt: 102 x 115 cm

Material

- 110 x 150 cm Baumwolle (für das Quilttop)
- 110 x 160 cm wasserlösliches Vlies
- 110 x 160 cm Baumwolle (für die Quiltunterseite und Aufhänger)
- 100 x 150 cm flache Vlieseinlage
- 50 cm Baumwolle, Seide oder Leinen
- Stoffmalfarben oder -färbemittel in verschiedenen Farbtönen
- 500 g unversponnene, waschbare Fasern aus Schurwolle, Mohair und Seide, farblich passend
- Fäden aller Art, farblich passend
- 2 Spulen à 500 m Maschinennähgarn, farblich passend oder in Kontrastfarben
- Kontrastfarbenes Heftgarn

VORBEREITEN DES GRUNDSTOFFS

Die Baumwolle für das Quilttop kann in diesem Fall durch jede beliebige Stoffart mit hoher Fadendichte ersetzt werden, etwa Leinen oder Seide. Die erste Phase besteht darin, diesen Stoff zu färben, um dem Motiv die nötige Tiefenwirkung zu geben und die gewünschten Farbspiele dort zu erzielen, wo der Untergrund später zwischen den Fasern und Fäden sichtbar ist. Färben Sie den Stoff abschnittsweise im Farbbad entsprechend den Anweisungen des Herstellers oder bemalen Sie ihn nach der folgenden Methode. Lesen Sie die Gebrauchsanweisung des Färbemittels komplett durch, bevor Sie anfangen, und machen Sie zunächst eine Probe an einem Stoffrest.

1 Legen Sie als Schutz ein Stück Plastikfolie auf die Arbeitsfläche und breiten Sie den Stoff mit der rechten Seite nach oben darauf aus. Mit etwas Wasser besprühen, damit die Farben schön verlaufen.

2 Zwei oder drei Rotnuancen von der Mitte aus mit spiralförmigen Strichen auf den Stoff auftragen. Den Stoff zwischen den roten Strichen und ringsherum mit Gelb, Orange, Grün, Blau und Violett färben, so dass das ganze Farbspektrum abgedeckt ist. An den Rundungen jeweils neue Farben auftragen und mit den übrigen Farben verlaufen lassen.

3 Nach dem Färben die Farben gemäß Anweisung auf der Packung fixieren und mindestens 24 Stunden vollständig durchtrocknen lassen. Den Stoff sorgfältig bügeln.

ANFERTIGEN DES QUILTTOPS

1 Breiten Sie den Stoff für die Quiltunterseite mit der rechten Seite nach unten auf der Arbeitsfläche aus, glätten Sie ihn und befestigen Sie die Ecken, die Mitten der Seiten und die Ränder dazwischen mit Kreppband auf der Arbeitsfläche, damit der Stoff gespannt bleibt und sich nicht verzieht. Die Vlieseinlage kantengerade darauf zentrieren und von innen nach außen glätten. Den Stoff für das Quilttop mit der rechten Seite nach oben auf das Vlies legen.

Tipp: *Passen Sie das Quiltgarn den jeweiligen Flächen an oder quilten Sie mit lavendelblauem Garn, denn diese Farbe passt harmonisch zu allen übrigen.*

2 Verteilen Sie zunächst die Wollfasern auf dem Quilt. Dabei von der Mitte nach außen arbeiten und darauf achten, dass die Farben zu denen des Stoffs passen. Bedecken Sie nach und nach die gesamte Fläche mit Fasern, sparen Sie dabei jedoch kleinere Bereiche aus. Vorsichtig an den Fasern zupfen, um Farbverläufe wie bei einem Aquarell zu erzielen.

3 Nach den Wollfasern die übrigen Fasern aus Mohair und Seide dort verteilen, wo der Stoffgrund noch sichtbar ist. Sie können auch einige Bereiche freilassen und später überdecken, aber die Schicht soll letztlich gleichmäßig dick sein. Die hinzugefügten Fasern zupfen und mit den Wollfasern vermischen. Treten Sie einen Schritt zurück und schauen Sie sich Ihr Werk im Ganzen an. Nehmen Sie sich Zeit, um die unterschiedlich dicken Fasern zu arrangieren, damit die Farbübergänge fließend sind.

4 Sobald Sie mit der Anordnung zufrieden sind, verteilen Sie alle möglichen Fäden in unterschiedlicher Dicke und Farbe auf Stoff und Fasern, und zwar gleichmäßig auf der gesamten Quiltfläche. Die Fäden sollen die Komposition einheitlicher machen, ohne die Fasern zu überdecken.

5 Bedecken Sie die ganze Fläche mit kaltwasserlöslichem Vlies und lassen Sie es ringsum 2,5 cm überstehen. Das Vlies soll Fasern und Fäden beim Quilten fixieren. Stecken Sie den Quilt alle 8 cm mit Sicherheitsnadeln ab (S. 139), achten Sie dabei darauf, dass Sie alle drei Lagen erfassen.

QUILTEN

1 Verwenden Sie zum Quilten mehrere farblich zu den verschiedenen Farbflächen passende Garne oder aber ein einziges Garn, das mit sämtlichen Farben harmoniert.

2 Zum Freihandquilten stellen Sie die Stichlänge auf 0, ersetzen den Allzweckfuß durch einen Stick- oder Stopffuß und senken die Transportgreifer ab. Von der Mitte der Fläche aus in verschlungenen Linien steppen und dabei nach und nach die Sicherheitsnadeln entfernen (S. 116). Sie können in jede beliebige Richtung quilten und sogar Schleifen ziehen, müssen aber darauf achten, dass der Stoff der Quiltunterseite keine Falten wirft. Steppen Sie gleichmäßige, nicht zu dicht beieinander liegende Nähte, bis keine Sicherheitsnadel mehr übrig ist. Es ist hilfreich, den ganzen Quilt zunächst locker abzusteppen und dann zu einzelnen Stellen zurückzukehren, an denen Sie eine besondere Wirkung erzielen wollen, denn das wasserlösliche Vlies kann auseinander fallen, wenn die Nähte von vornherein zu dicht liegen.

3 Kehren Sie zur Mitte der Quiltfläche zurück und übersteppen Sie die einzelnen Bereiche jeweils für sich, bis die ganze Fläche dicht, aber nicht gedrängt mit Nahtlinien überzogen ist.

4 Treten Sie einen Schritt zurück und betrachten Sie Ihr Werk. Achten Sie auf Stellen, wo die Fasern noch nicht genügend befestigt sind, und arbeiten Sie sie nach.

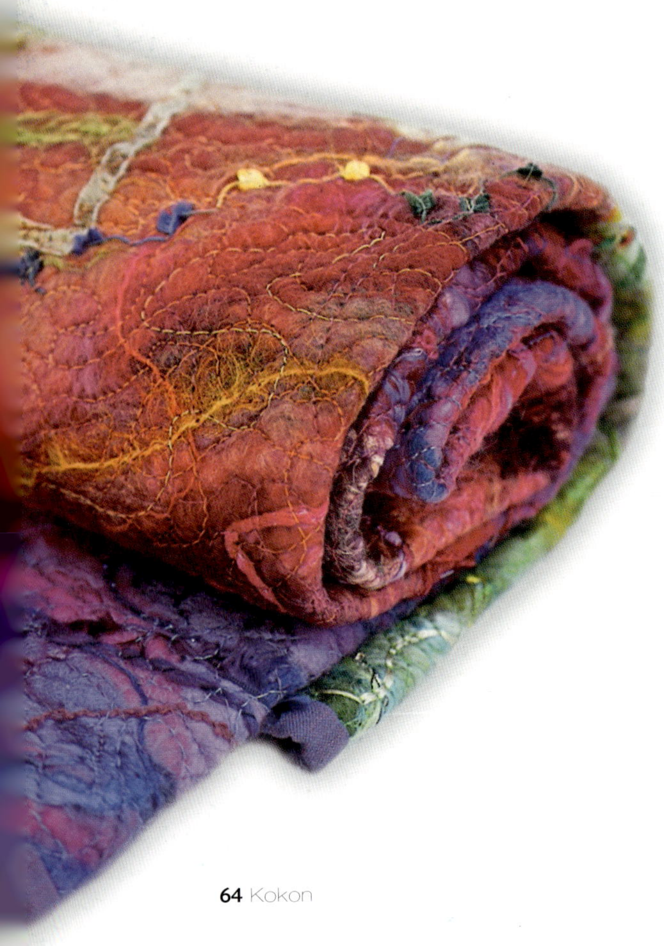

FERTIGSTELLEN

1 Das wasserlösliche Vlies rings um die Arbeit zurückschneiden und den ganzen Quilt in ein großes Waschbecken oder eine Badewanne mit kaltem Wasser tauchen. Das Wasser darf nicht heiß sein, da die Fasern sonst in unterschiedlichem Maße einlaufen könnten, so dass sich die Quiltoberfläche wellt.

2 Den Quilt rund 30 Sekunden einweichen lassen, bis das Vlies sich aufzulösen beginnt. Mehrmals mit kaltem Wasser nachspülen, bis der Stoff wieder glatt wird und das Wasser nicht mehr schäumt.

3 Den Quilt mit den Händen gründlich ausdrücken, jedoch nicht wringen. Falls Sie die Möglichkeit haben, stecken Sie den Quilt für ein paar Minuten in den Wäschetrockner.

4 Den Quilt flach auf einem großen Frottiertuch ausbreiten, die Oberfläche glätten und vorsichtig an den Kanten in Form ziehen. Im Freien trocknen lassen.

5 Anschließend können Sie den Quilt leicht überbügeln, um die Seidenfasern zum Glänzen zu bringen und die Oberfläche zu glätten. Möchten Sie den Quilt lieber etwas stärker strukturiert haben, lassen Sie ihn, wie er ist.

EINFASSUNG ANBRINGEN

1 Die Kanten des Quilts begradigen und dann ausmessen, um die Länge der Einfassung berechnen zu können. Normalerweise läuft der Quilt beim Einweichen ganz leicht ein (ohne dass sich das nachteilig auf das Motiv auswirkt).

2 Zwei 6 cm breite Streifen für die Schmalseiten des Quilts und zwei 6 cm breite Streifen für die Längsseiten plus 6 cm zuschneiden. Rings um den Quilt eine 2,5 cm breite Einfassung anbringen und aus den längeren Bändern die Ecken formen (S. 143).

3 Soll Ihr Quilt als Wandbehang dienen, bringen Sie an der Rückseite eine Aufhängung an (S. 145).

PFLEGE

Stauben Sie die Oberfläche leicht mit einer Bürste ab. Falls nötig, geben Sie den Quilt in die Reinigung oder waschen Sie ihn vorsichtig von Hand mit warmem Wasser.

ABWANDLUNGEN

Wählen Sie statt des vollen Farbspektrums eine begrenzte Farbpalette entsprechend dem Raum, in dem der Wandbehang hängen soll.

«Dieses Modell ist ein Tribut an die Kunstfertigkeit der Ndebele. Die Frauen dieses seit Urzeiten nördlich von Pretoria in Südafrika ansässigen Volksstamms halten die Tradition aufrecht, ihre Häuser mit farbenprächtigen Wandmalereien zu schmücken. Die mit Schwarz und etwas Weiß akzentuierten dunklen Farbtöne werden zu geometrischen, oft symmetrisch angeordneten Motiven verarbeitet, etwa dieser ‹Rasierklinge›. Die Frauen fertigen auch aus Perlen wunderschöne Dinge. An ihre Arbeiten dachte ich, als ich mich für schwarze Perlen entschied.»

Terry Pryke («Spirit of Ndebele»)

Afrikanische Impressionen

Maße

Fertiger Quilt: 91 x 123 cm

Material

- In 112 cm Breite:
  - 140 cm Baumwolle in Zimtrot (für den Applikationsgrund)
  - 50 cm Baumwolle in Ocker geflammt
  - 30 cm Baumwolle in Purpur
  - 20 cm Baumwolle in Natur
  - 280 cm Baumwolle in Schwarz (für Unterseite und Einfassung)
  - Je 50 x 50 cm Baumwolle in dunklem und hellem Beige
- Stoffreste in Fahlrot, Blau, Grün, Anthrazit und Mokka
- 200 x 100 cm dünnes Bügelvlies
- 105 x 140 cm Baumwoll-Vlieseinlage, genadelt
- 150 cm schwarzes Satinband in 1,5 cm Breite
- 150 cm schwarzes Satinband in 1 cm Breite
- Farblich auf die Stoffe abgestimmtes Maschinennähgarn
- Schwarze Perlen, Ø 3 mm
- Kontrastfarbenes Heftgarn
- Schwarzes Nähgarn

VORBEREITEN DER STOFFE

1 Den Stoff in Zimtrot längs halbieren und den Stoffbruch mit dem lauwarmen Bügeleisen markieren. In der Breite ebenso markieren, an der Kreuzungsstelle der beiden Mittellinien den Mittelpunkt des Stoffes kennzeichnen. Sie erleichtern sich damit das Applizieren.

2 Einige Bogen Papier mit Klebestreifen zu einem 91 x 130 cm großen Stück zusammenfügen. Das Diagramm für dieses Modell (S. 148) mit einem Gitternetz vergrößern (S. 128) und darauf abpausen. Der innere Rahmen soll 81 x 120 cm groß sein. Auch die Angaben im Diagramm auf S. 69 übertragen.

3 Die Vorzeichnung auf die Arbeitsfläche legen und das Bügelvlies mit der Klebeseite nach unten darauf feststecken. Das Vlies festhalten, damit es nicht verrutscht, und die Konturen mit wasserfestem feinem Filzstift darauf übertragen. Hieraus für jedes Farbfeld eine Vliesschablone anfertigen. Die Angaben aus dem Diagramm auf das Vlies übertragen und die Schablonen zuschneiden.

4 Entscheiden Sie anhand des Diagramms auf S. 69, welche Form Sie aus welchem Stoff zuschneiden wollen. Das Bügeleisen auf geringe Hitze stellen und ohne Dampf arbeiten. Einen der Stoffe mit der rechten Seite nach oben auf das Bügelbrett legen. Die Fläche glätten und die gewünschte Schablone mit der Klebeseite nach unten auf den Stoff legen, dabei ringsum genügend Platz für 0,6 cm breite Nahtzugaben lassen. Ein normales Blatt Papier auf das Vlies legen und mit geringer Hitze so aufbügeln, dass Sie es später wieder abziehen können. Anstelle von Bügelvlies eignet sich auch Freezer Paper. Sämtliche Vliesschablonen auf die gewünschten Stoffe leicht aufbügeln. Alle Formen mit 0,6 cm Nahtzugabe ausschneiden, die Kanten an den Rundungen einschneiden und nach links umbügeln.

5 Übertragen Sie die Motive mit Schneiderkreide auf den Grundstoff (S. 129) oder halten Sie das Diagramm griffbereit, um zu sehen, wo welche Formen hingehören.

APPLIZIEREN

1 Rings um die Form X eine Nahtzugabe von 0,6 cm abstecken und heften. Das Bügelvlies abziehen. Die Form A in die Mitte von Form X stecken, heften und mit Staffierstichen aufnähen. Die Heftfäden am Rand von Form A entfernen. Von links unter der Form A den Stoff von Form X bis auf 0,6 cm ab Naht zurückschneiden (S. 132). Beides wieder auf rechts legen und mit einem Kreiderädchen oder Schneiderkreide eine Linie in 1 cm Abstand von der Kante rings um Form A markieren.

2 Einen schwarzen Faden in eine für die Perlen geeignete Nadel einfädeln. Das Fadenende verknoten und die Nadel von links nach rechts auf der Kreidelinie ausstechen. Eine Perle auffädeln, am Faden entlang bis zum Stoff gleiten lassen und mit einem Rückstich festnähen. Nochmals durch die Perle stechen und einen weiteren Rückstich ausführen. Die Nadel etwas links von der Perle auf der Linie ausstechen, die zweite Perle auffädeln und ebenso mit doppeltem Rückstich aufnähen (S. 68 und 110). Die übrigen Perlen ebenso aufnähen, bis Sie wieder bei der ersten angelangt sind. Eine zweite Reihe Perlen in der Naht zwischen den Formen A und X aufnähen.

3 Rings um Form C eine Nahtzugabe von 0,6 cm abstecken und heften, dann das Vlies abziehen. Die Formen B1 und B2 auf die Form C stecken, heften und mit Staffierstichen aufnähen. Die Form X wiederum darauf stecken und heften. Die nicht mehr benötigten Heftfäden entfernen und das Vlies abziehen. Den Stoff auf der Rückseite der Applikationen wie beschrieben zurückschneiden.

4 Zwei Stücke schwarzes Band von 1,5 cm Breite rings um die Formen B1 und B2 stecken und heften, dabei an den Ecken Briefecken formen und die Enden unter Form X schlagen. Sie können hierzu genauso verfahren wie beim Anbringen einer Einfassung (S. 143 + 144). Die Bänder und die Form X mit Staffierstichen aufnähen und dann die Heftfäden herausziehen. Die Form X wie beschrieben mit einem 1,5 cm breiten Stück Band besetzen.

5 Nach demselben Verfahren die Form C auf Form D und diese auf zimtroten Grund applizieren. Die Dreiecke für die Ecken des Quilts ebenso arbeiten. Mit Staffierstichen 1,5 cm breites Band rings um die Dreiecke E, L, T und N aufnähen. Die Dreiecke F, K, S und M auf den zimtroten Grundstoff aufnähen und in 1,5 cm von ihrer Längsseite entlang absteppen. Zum Schluss auch die Formen C und D mit 1,5 cm breitem Band einfassen.

6 Die Dreiecke, halben Kreuze und Halbkreise für die Mitte der Längsseiten zusammensetzen und auf die Nähte zwischen den Halbkreisen und dem halben Kreuz eine Reihe Perlen aufnähen. Die Formen H und Q mit Staffierstichen mit einem 1 cm breiten Band einfassen. Zum Schluss die Formen J und P auf die Grundfläche applizieren und mit 1,5 cm breitem Band einfassen. Die Heftfäden entfernen und den Quilt mit Dampf von links leicht überbügeln.

QUILTEN

1 Das Quilttop auf 81 x 106 cm zurückschneiden. Aus dem schwarzen Stoff für die Unterseite einen 140 cm langen Streifen zuschneiden. Unterseite, Vlieseinlage und Top mit Sicherheitsnadeln zusammenfügen (S. 139). Unterseite und Vlieseinlage so zurückschneiden, dass beide ringsum 5 cm größer als das Top sind. Mit farblich passendem Quiltfaden an den Nahtlinien des Bandes rings um Form A absteppen.

2 Den Quilt mit der rechten Seite nach oben auf der Arbeitsfläche ausbreiten und die übrigen Quiltnähte vorzeichnen. Mit einem Kreiderädchen oder Schneiderkreide die Form C mit einem diagonalen Gitternetz überziehen. Jede Linie mit farblich passendem Quiltfaden absteppen. Die Linien auf Form D und der Grundfläche anhand des Diagramms aufzeichnen und absteppen.

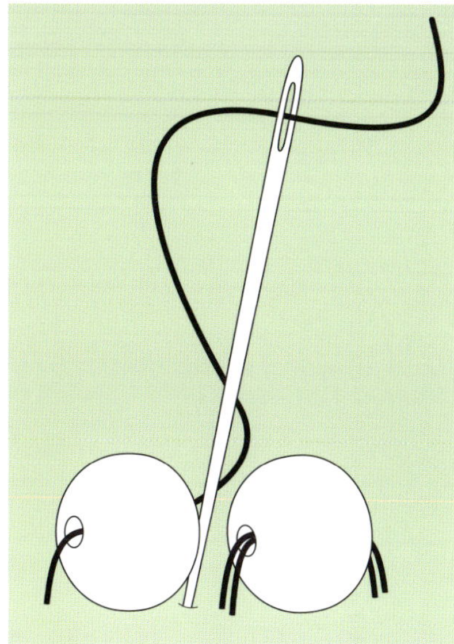

So näht man Perlen mit Rückstichen auf

FERTIGSTELLEN

1 Alle Fäden vernähen. Sicherstellen, dass alle Kanten des Quilts gerade und rechtwinklig verlaufen, und auf 0,6 cm Nahtzugabe zurückschneiden. Maßgeblich dabei sind die Kanten der applizierten Ecken.

2 Den Quilt nochmals ausmessen. Aus dem schwarzen Stoff vier 15 cm breite Streifen in der benötigten Länge zuschneiden und als doppelte Einfassung aufnähen (S. 143 + 144).

PFLEGE

Dieser Quilt eignet sich für Handwäsche mit lauwarmem Wasser. Sachte ausdrücken und im Schatten trocknen lassen.

ABWANDLUNGEN

Verwenden Sie mehr Perlen in Schwarz oder anderen Farben entsprechend den gewählten Stoffen.

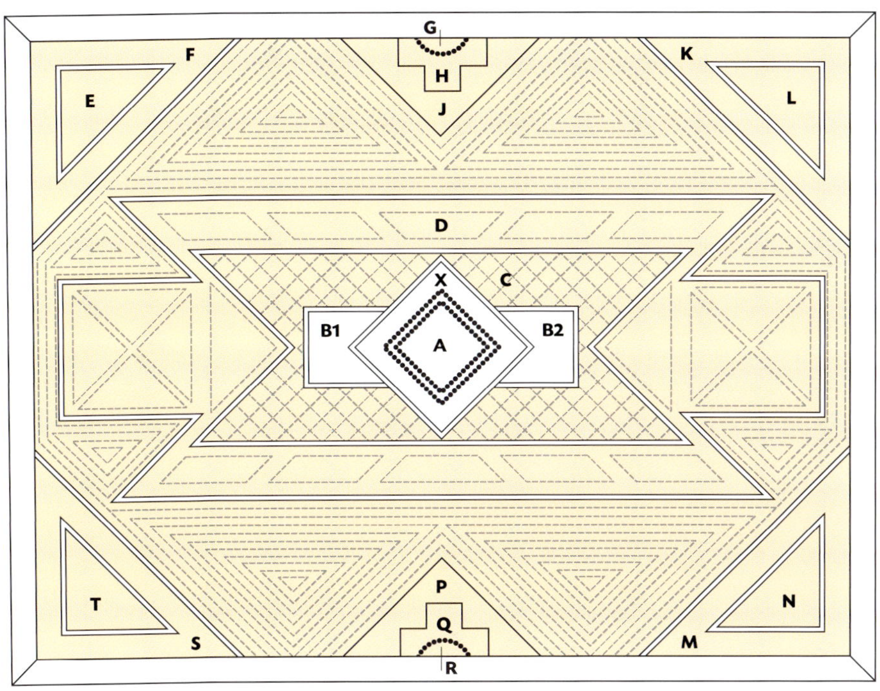

LEGENDE DES DIAGRAMMS

Formen A, B1 und **B2:** Baumwolle in Zimtrot

Form C: Baumwolle in Purpur

Form D: Baumwolle in Ocker geflammt

Formen E, G, L, N, R und **T:** Baumwolle in Fahlrot, Mokka und Purpur

Formen F, K, M und **S:** Baumwolle in Grün, Anthrazit und Blau

Formen H, Q und **X:** Baumwolle in Natur

Form J: Baumwolle in hellem Beige

Form P: Baumwolle in dunklem Beige

«Ich fertige sehr gern so richtig opulente, regelrecht fantastische Wandbehänge an. Dieser Quilt wirkt nicht nur ausgesprochen kuschelig, sondern lädt auch zum Ausruhen und Meditieren ein. Die Perlmuttknöpfe und die geometrischen Motive, mit denen sie kombiniert sind, unterstreichen die grafische Wirkung dieses Leinenquilts in Schwarz und Rohweiß. Da viele der Teile aus meiner privaten Sammlung stammen, ist mir dieses Stück besonders lieb und teuer.»

Diane Groenewegen («Forms of attachment»)

Kurioses im Quadrat

Maße
Fertiger Quilt: 92 x 128 cm
Pro Block: 19 x 19 cm

Material

- In 112 cm Breite:
  - 150 cm mittelschweres Leinen in Schwarz (für Blöcke und Einfassung)
  - 150 cm mittelschweres Leinen in Rohweiß (für die Zwischenstreifen)
  - 150 cm locker gewebte Baumwolle (für die Quiltunterseite)
- 80 x 60 cm normales Vlies
- 100 x 60 cm doppelseitig klebendes Bügelvlies
- 150 x 112 cm Woll-Vlieseinlage
- Stoffmalfarbe oder mit Bindemittel angemischte Acrylfarben in Schneeweiß (zum Bemalen des Stoffes)
- Stanniolpapier
- Maschinennähgarn in Schwarz, Rohweiß, Weiß und zwei Grautönen
- Häkelgarn in Rot oder Schwarz
- 150 Perlmuttknöpfe unterschiedlicher Größe
- Perlgarn Nr. 5 in Schwarz
- Perlgarn Nr. 5 in Rot
- Kontrastfarbenes Heftgarn
- 15 m schwarzes Schrägband, 1,2 cm breit

ZUSCHNITT

◆ Aus dem schwarzen Leinen zwölf Quadrate von 20 x 20 cm (für die Blöcke), zwei Streifen von 10 x 132 cm (für die seitlichen Einfassungen) und zwei Streifen von 10 x 97 cm (für die obere und untere Einfassung) zuschneiden.

◆ Aus dem normalen und aus dem aufbügelbaren Vlies je zwölf Quadrate von 19 x 19 cm zuschneiden (als Unterlage für die Blöcke).

◆ Aus dem rohweißen Leinen, der Woll-Vlieseinlage und der Baumwolle für die Unterseite jeweils ein Rechteck von 92 x 128 cm zuschneiden.

STOFFE BEDRUCKEN

Die Blöcke werden vor dem Nähen zunächst mit Stofffarbe bedruckt und mit Stanniolpapier verziert. Orientieren Sie sich bei den Motiven für dieses Modell am Diagramm auf S. 72.

1 Ein schwarzes Leinenquadrat mit der rechten Seite nach unten auf das Bügelbrett legen. Nach Anweisung auf der Packung eines der Bügelvlies-Quadrate mittig darauf bügeln. Ein Viereck aus normalem Vlies auf der anderen Seite des Bügelvlieses aufbügeln, so dass der Stoff ringsum 0,5 cm übersteht. Die übrigen Quadrate genauso vorbereiten, damit die Stoffflächen zum Bedrucken und Maschinensticken möglichst stabil sind.

2 Wenn Sie den Stoff mit selbst angefertigten Stempeln bedrucken möchten, wählen Sie dazu am besten unkomplizierte Motive. Dieses Modell wurde bedruckt mit zwei verschieden großen Haarbändern, einem handelsüblichen Gummistempel sowie selbst angefertigten Stempeln aus Wellpappe, geklebt auf Styropor, mit denen 4 x 4 cm große Quadrate sowie Rechtecke und Rauten von 4 x 10 cm aufgedruckt wurden.

3 Die Arbeitsfläche mit Plastikfolie schützen und ein ausrangiertes Laken oder Handtuch darauf ausbreiten. Drucken Sie mit Stofffarbe oder mit Acrylfarbe, die mit Bindemittel versetzt werden muss, damit sie haftet. Einen Schwamm auf eine Untertasse legen und mit etwas Farbe beträufeln. Den Stempel damit benetzen und auf einem Blatt Papier oder einem Leinenrest einen Abdruck machen, um die richtige Farbsättigung zu ermitteln. Bedrucken Sie

LEGENDE DES DIAGRAMMS

1 Drei Reihen von Quadraten aus Wellenlinien, aufgelockert durch zwölf Stanniolkaros. Auf jedem Karo ist mit schwarzem Faden ein Knopf aufgenäht.

2 Gebogene Linien werden mit der Maschine in Weiß und zwei Grautönen aufgestickt; winzige Knöpfe werden von einem großen Knopf ausgehend strahlenförmig in Reihen angenäht – alle mit rotem Faden.

3 Großes diagonales Kreuz aus Kreisen, die mit einem dicken Haarband aufgedruckt werden; dazwischen parallele Linien, mit der Maschine mit weißem Garn aufgestickt. Kleine Knöpfe werden mit schwarzem Garn in die Mitte der Kreise genäht.

4 Ein Gitternetz aus gebogenen Linien wird mit weißem Garn mit der Maschine aufgestickt. Mittelgroße Knöpfe werden mit rotem Garn in jedes zweite Kästchen genäht.

5 Diagonal in Reihen angeordnete Rechtecke mit Stückchen Stanniolpapier dazwischen; winzige Knöpfe sind mit schwarzem Garn angenäht.

6 Rauten aus Wellenlinien neben geraden Diagonalen, die durch weiße Nähte getrennt sind. Winzige Knöpfe, die mit rotem Garn angebracht sind; das Garn wird verknotet und in 2 bis 3 cm Länge abgeschnitten.

7 Mit einem Haarband aufgedruckte Kreise sind kreuzförmig angeordnet und mit einem gestickten weißen Gitternetz verbunden. In jeden zweiten Kreis wird mit schwarzem Garn ein Knopf genäht.

8 Fünf waagerechte weiße Zickzacklinien werden aufgenäht und mit einer Raute aus 21 Knöpfen verziert. Sie werden mit rotem Garn befestigt.

alle Blöcke wie im Diagramm vorgegeben oder nach Ihren eigenen Vorstellungen und Vorlieben. Lassen Sie die bedruckten Stücke auf einer ebenen Fläche gut durchtrocknen und fixieren Sie die Farben dann mit Bügeleisen und Bügeltuch.

4 Zum Applizieren des Stanniolpapiers (bei diesem Modell in Form von 2,5 x 2,5 cm großen Karos) doppelseitiges Bügelvlies in entsprechender Größe zuschneiden und an den Stellen aufbügeln, wo Sie das Stanniolpapier anbringen möchten. Jeweils ein Karo Stanniol auf ein Karo Vlies geben und mit Bügeltuch überbügeln.

MASCHINENSTICKEREI

Die bedruckten Blöcke werden mit verschiedenen Stichen mit der Maschine bestickt und mit Stückchen Stanniolpapier verziert. Die Knöpfe werden erst nach dem Besticken aufgenäht.

1 Mit Schneiderkreide die Sticklinien auf dem Stoff vorzeichnen. Probieren Sie die Stickstiche Ihrer Maschine zunächst an einem Stoffrest aus. Wählen Sie rund sechs verschiedene Stiche und sticken Sie mit weißem oder grauem Garn so gleichmäßig wie möglich gerade Linien und schwungvolle Rundungen.

2 Verzieren Sie die Blöcke mit unterschiedlich großen Perlmuttknöpfen, die Sie mit schwarzem oder rotem Häkelgarn befestigen: einige Knöpfe wie an einem Kleidungsstück festnähen, andere mit Fantasiestichen, zum Beispiel kreuzweise über den Knopf hinweg.

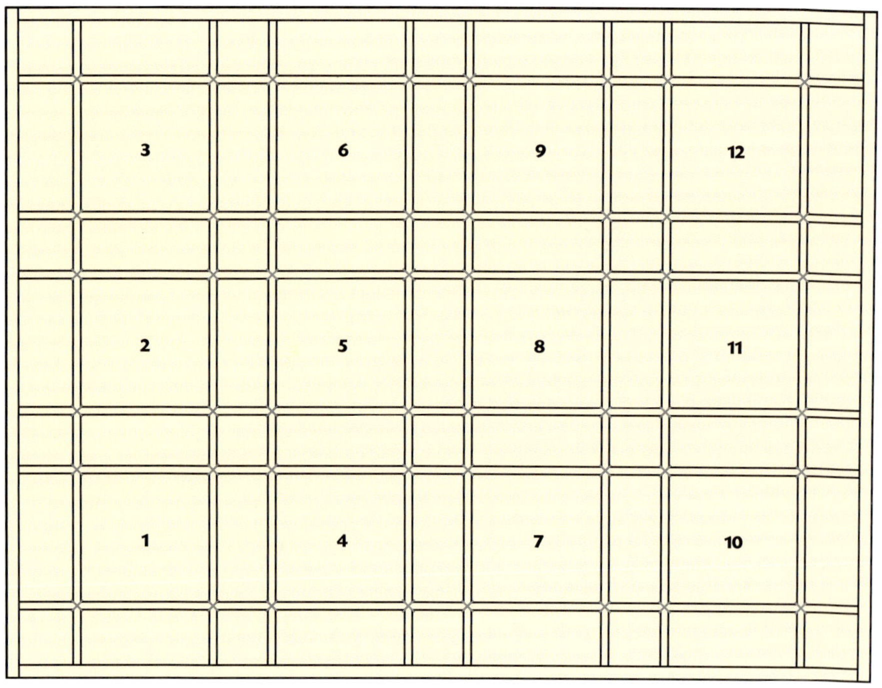

ZUSAMMENFÜGEN DER QUILTLAGEN

1 Das rohweiße Leinen in der Mitte falten, so dass die Längskanten aufeinander liegen, und mit den Fingerspitzen die Mitte markieren. Den Stoff wieder entfalten und mit der rechten Seite nach oben auf die Arbeitsfläche legen, so dass die Schmalkanten oben und unten liegen.

2 Mit einem pastellfarbenen Kreidestift die Mittelpunkte der Kanten verbinden. Anschließend zwei horizontale Linien in 13 cm Abstand zur oberen und unteren Kante ziehen.

3 Für Block Nr. 2 die obere und untere Mitte markieren und das Quadrat links auf rechts auf den rohweißen Stoff legen. Die Mittelpunkte an den Rändern des Quadrats sollen dabei auf der senkrechten Mittellinie liegen, die Oberkante auf der horizontalen Linie in 13 cm Abstand von der Oberkante des hellen Stoffs. Den Block abstecken und heften.

4 An der Unterkante des Blocks entlang eine weitere horizontale Linie zeichnen und darauf achten, dass sie genau parallel zur ersten Linie verläuft. In 8 cm Abstand eine weitere horizontale Linie zeichnen und entsprechend zu Block Nr. 2 nun Block Nr. 5 abstecken und heften. Mit den Blöcken Nr. 8 und 11 ebenso verfahren, dabei zwischen den Blöcken jeweils einen 8 cm breiten Streifen freilassen.

5 Zwei vertikale Linien in 8 cm Abstand von der Blockreihe vorzeichnen. Die übrigen Blöcke entlang diesen Linien aufstecken und heften, bis ein gleichmäßiges Gitternetz entstanden ist.

QUILTEN

1 Die Ränder des Quilttops im Abstand von 8,6 cm von den äußeren Blöcken (inklusive 0,6 cm Nahtzugabe) zurückschneiden. Den Stoff der Quiltunterseite und die Vlieseinlage ebenso zurückschneiden. Die drei Lagen des Quilts zusammenheften und von Hand absteppen (S. 138 + 139).

2 Zu beiden Seiten der rohweißen Streifen zwischen den Blöcken je ein Stück Schrägband aufstecken und heften. Die Schnittstellen der Schrägbänder mit großen Kreuzstichen aus rotem Häkelgarn übersticken (S. 112). Zum Schluss den ganzen Quilt von Hand mit schwarzem Perlgarn an den Linien der Motive und Blöcke entlang absteppen.

FERTIGSTELLEN

1 Alle Heftfäden entfernen und das Quilttop überbügeln, dabei ein Bügeltuch verwenden, um die Knöpfe und das Stanniolpapier nicht zu beschädigen. Den Stoff der Unterseite und die Vlieseinlage auf die Maße des Tops zurückschneiden.

2 Aus dem schwarzen Leinen zwei Stücke Schrägband in erforderlicher Länge zuschneiden und damit die Seitenkanten des Quilts einfassen (S. 143). Zwei weitere Stücke schräg zum Fadenlauf entsprechend zuschneiden (dabei die seitlichen Besätze und die Nahtzugaben nicht vergessen) und die Ober- und Unterkante des Quilts damit einfassen. Soll Ihr Quilt als Wandbehang dienen, bringen Sie an der Rückseite eine Aufhängung an (S. 145).

PFLEGE

Dieser Quilt ist sehr schwer und passt deshalb nicht in die Waschmaschine. Überlassen Sie die Reinigung einem Fachbetrieb.

9 Zwei Gruppen zu je vier Bogenlinien werden in Weiß und zwei Grautönen aufgenäht; an den Enden sind mit schwarzem Garn kleine Knöpfe befestigt.

10 Diagonal aufgesticktes rot-weißes Gitternetz mit kleinen Knöpfen, die an den Kreuzungspunkten der roten Linien mit rotem Garn aufgenäht werden.

11 Gitternetz aus sechzehn kleinen Karos aus Wellenlinien. Jeweils die beiden mittleren der Außenreihen werden mit einem um 45° gedrehten Quadrat belegt. Auf den vier inneren Karos sitzen mit schwarzem Garn angenähte große Knöpfe.

12 Ein rotes Gitternetz mit der Maschine sticken und in jedes Feld mit einem Haarband eine Spirale drucken. Kleine Knöpfe werden mit rotem Garn in die Mitte jeder Spirale genäht.

«Ganz gleich, ob sie in leuchtenden Farben daherkommen oder in subtilen Brauntönen schillern: Wollstoffe wirken stets ganz natürlich. Jeder Faden zeichnet sich genau im Gewebe ab, das deshalb ganz für sich allein wirkt. Der Tweedstoff, der hier als Einfassung dient, bestimmte die Farben der Flanellstücke, die sich harmonisch zu einem ‹Mauerwerk› zusammenfügen. Eine perfekte Decke für ein Picknick oder eine Kahnfahrt.»

Hikaru Noguchi («Tasselbrick»)

Mauerwerk mit Troddeln

Maße
Fertiger Quilt: 200 x 200 cm

Material

- In 140 cm Breite:
  - 75 cm Flanell in Rot
  - 75 cm Flanell in Grün
  - 75 cm Flanell in Natur
  - 210 cm Tweed in Multicolor
- 410 x 150 cm bedruckter Baumwollstoff (für die Unterseite)
- 410 x 150 cm Vlieseinlage
- Kontrastfarbenes Heftgarn
- Maschinennähgarn in passenden Farben
- Wolle in passenden Farben zum Tweed (für die Quasten)

ZUSCHNITT

Orientieren Sie sich an den Maßen im Diagramm auf S. 77.

◆ Aus dem roten Flanell 4 Rechtecke in Form 6, 8 Rechtecke in Form 1 und 3, 12 Rechtecke in Form 4 und 16 Rechtecke in Form 5 zuschneiden.

◆ Aus dem grünen Flanell 4 Rechtecke in Form 4 und 5, 8 Quadrate in Form 2, 8 Rechtecke in Form 3 und 6 und 12 Rechtecke in Form 1 zuschneiden.

◆ Aus dem naturfarbenen Flanell 4 Rechtecke in Form 4, 8 Rechtecke in Form 1, 5 und 6 und 12 Quadrate in Form 2 zuschneiden.

◆ Aus dem Tweed 4 Rechtecke in Form 1, 8 Rechtecke in Form 5, 12 Quadrate in Form 2, 12 Rechtecke in Form 3 und 6 und 4 Streifen von 22 x 205 cm (für die Einfassung) zuschneiden.

◆ Aus dem Stoff für die Unterseite 2 Stücke von 201 cm Länge zuschneiden, jedoch noch nicht weiter unterteilen. Die Vlieseinlage jetzt noch nicht zuschneiden.

ZUSAMMENSETZEN DES QUILTTOPS

1 Zunächst die Teile der obersten Reihe des Mittelstücks gemäß Diagramm auf S. 77 zusammensetzen. Die Teile links auf links abstecken, heften und mit 1 cm Nahtzugabe absteppen. Auf die gleiche Weise die übrigen Reihen bilden. Die Heftfäden herausziehen und die Nähte auseinander bügeln. Die Reihen auf die gleiche Weise gemäß Diagramm zusammenfügen.

2 Das Mittelstück mit der rechten Seite nach oben auf die Arbeitsfläche legen. Die rechte Seite ist in diesem Fall diejenige, auf der die Nahtzugaben erscheinen, denn sie dienen hier als Dekoration. Prüfen Sie, ob alle Kanten des Quilttops gerade und rechtwinklig verlaufen, und begradigen Sie bei Bedarf. Markieren Sie mit Stecknadeln jeweils die Mitte der gegenüberliegenden Seiten.

3 Die Streifen für die Einfassung des Quilttops bereitlegen. Mit einer Stecknadel die Mitte einer Längskante jedes Streifens markieren. Eine der seitlichen Einfassungen rechts auf rechts an einer der Längsseiten des Mittelteils abstecken, dabei in der Mitte beginnen, dann die

Ecken und schließlich die Strecke dazwischen abstecken. Die Kanten genau auf die Patchworkfläche abstimmen. Heften und mit 1 cm Nahtzugabe absteppen, dabei die Naht genau 1 cm vor und hinter den Ecken enden lassen. Die übrigen drei Seiten auf dieselbe Weise zusammennähen. Die Heftfäden entfernen und die Nahtzugaben zu den Einfassungen hin flach bügeln.

4 Die Ecken der Einfassung von links zu Briefecken formen (S. 126 +127), die Nahtzugaben zurückschneiden, die letzten Heftfäden herausziehen und die Nähte auseinander bügeln.

QUILTEN

1 Nochmals prüfen, ob die Kanten des Quilts gerade und rechtwinklig sind, und bei Bedarf begradigen. Den Stoff für die Unterseite wie auf S. 137 beschrieben in drei Teile schneiden und mit 1 cm Nahtzugabe rechts auf rechts zusammenfügen. Die Nähte zu einer Seite hin flach bügeln.

2 Den Stoff für die Unterseite mit der rechten Seite nach oben auf der Arbeitsfläche ausbreiten. Das Quilttop mit der rechten Seite nach unten darauf legen, dann die Vlieseinlage hinzufügen. Die drei Lagen abstecken und heften. Unterseite und Vlieseinlage auf die Abmessungen des Tops zurückschneiden.

3 Den Allzweckfuß Ihrer Nähmaschine durch einen Nähfuß für Dualtransport ersetzen und mit 1 cm Nahtzugabe alles absteppen, dabei liegt die Vlieseinlage oben. An der Unterkante 50 cm Naht offen lassen. Die Kanten und Ecken zurückschneiden und die Heftfäden herausziehen. Den Quilt wenden und die Ecken herausdrücken.

4 Die Nähte auseinander bügeln. Die offene Naht abstecken, heften und mit Staffierstichen versäubern (S. 112). Die Heftfäden herausziehen.

FERTIGSTELLEN

1 Die drei Lagen mit Sicherheitsnadeln zum Maschinenquilten zusammenstecken (S. 139). In 1 cm Abstand von der Kante absteppen und dann die Nähte der Einfassung nachsteppen.

2 Aus farblich passender Strickwolle beliebig viele Troddeln herstellen. Dafür aus Pappe ein Rechteck zuschneiden, dessen Längsseite die Länge der fertigen Quaste plus 1,5 cm haben soll. Einen rund 20 cm langen Wollfaden zum Abbinden an eine der Schmalkanten der Pappe legen. Pappe und Faden mit Wolle umwickeln, bis die Quaste die gewünschte Dicke hat. Den Bindfaden doppelt verknoten und dabei sehr straff ziehen. Ohne die Quaste aufzuschneiden, die Pappe entfernen und einen zweiten Faden im oberen Teil fest um die Fransen wickeln und verknoten. Die Fäden der Quaste am anderen Ende durchschneiden. Die Enden des Bindfadens in eine dicke Nadel einfädeln, in die Quaste einstechen und in der Mitte wieder ausstechen. Die Fransen gerade abschneiden.

3 Nun die Troddeln am Quilt befestigen: Ziehen Sie die Enden des Bindfadens mit einer Nadel zur Rückseite des Quilts durch und verknoten Sie sie dort.

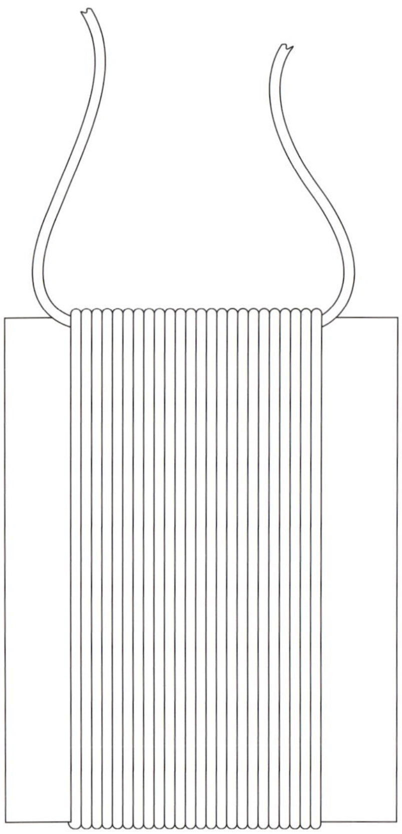

So werden die Quasten aus Wolle angefertigt

PFLEGE

Quilts aus Wolle sollten möglichst nicht gewaschen werden. Vertrauen Sie die Reinigung einem Fachbetrieb an.

ABWANDLUNGEN

- ◆ Verwenden Sie dickere Vlieseinlage und quilten Sie mit Knoten anstelle von Steppnähten.
- ◆ Cordsamt aus Baumwolle sieht auch schön rustikal aus. Da er jedoch leicht ausfranst, sollten die Nähte in diesem Fall besser innen liegen.

LEGENDE DES DIAGRAMMS

Form 1 = 10 x 6 cm
Form 2 = 10 x 10 cm
Form 3 = 10 x 14 cm
Form 4 = 10 x 18 cm
Form 5 = 10 x 26 cm
Form 6 = 10 x 42 cm
R = Flanell in Rot
G = Flanell in Grün
N = Flanell in Natur
T = Tweed in Multicolor

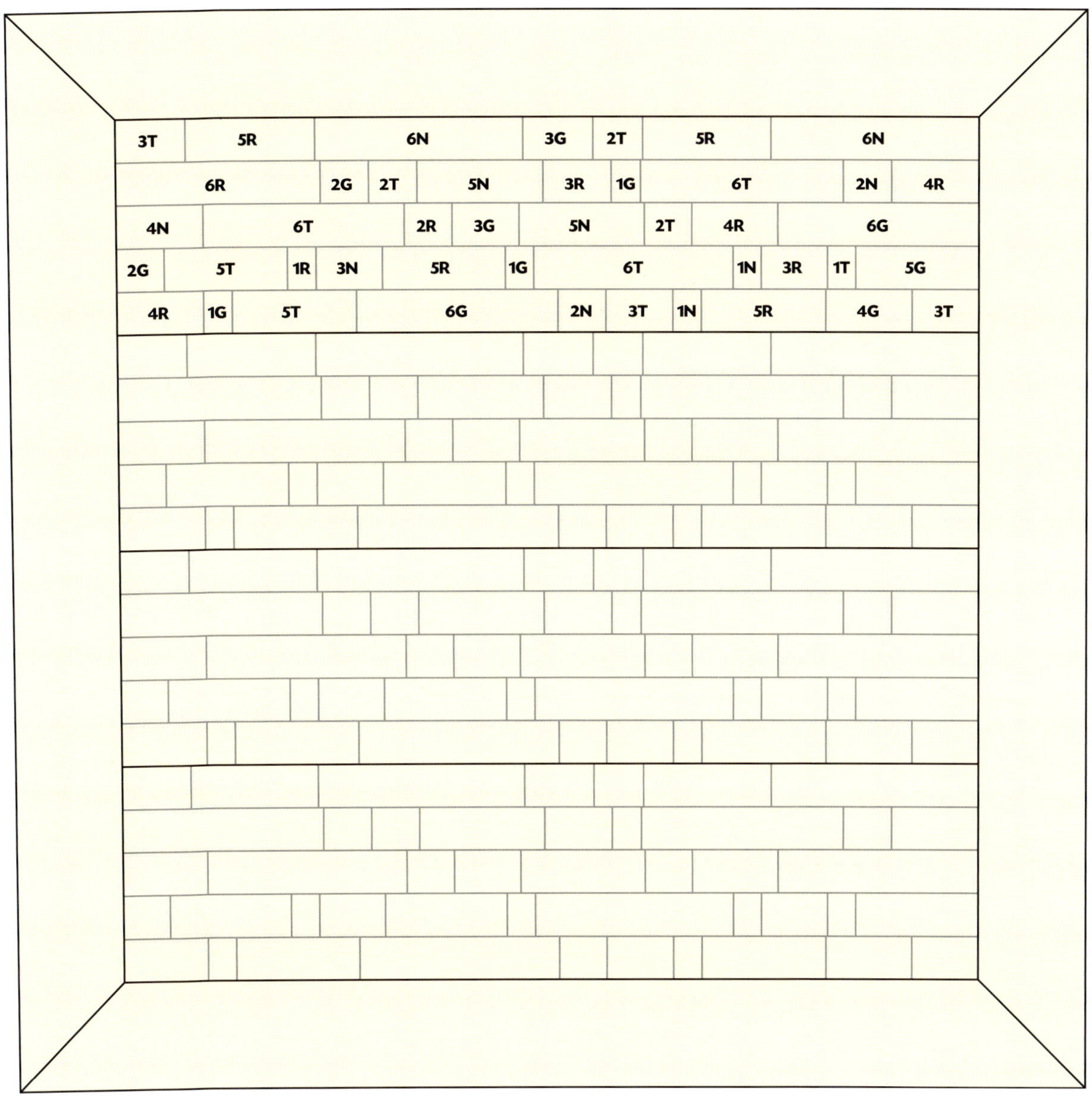

«Aus meiner privaten Sammlung stammen die braun gemusterten Stoffe für diesen modern gestalteten sogenannten ‹scrap quilt›. Sie werden kombiniert mit einem unifarbenen Grundstoff, dessen warme Farbe in vielen der Druckstoffe vorkommt. Das Zusammenspiel zahlreicher Blöcke in braunen und bläulichen Nuancen, die für mich die Einheit von Erde und Wasser symbolisieren, macht den Quilt elegant, harmonisch und regelrecht spektakulär.»

Alison Schwabe («Earthspring»)

Goldene Quellen

Maße
Fertiger Quilt: 120 x 150 cm
Pro Block: 15 x 15 cm

Material

- 40 Rechtecke von 18 x 23 cm aus bedrucktem Baumwollstoff
- 450 x 112 cm Baumwolle (für Grundstoff, Unterseite und Einfassung)
- 130 x 160 cm nicht allzu flauschige Vlieseinlage
- Kontrastfarbenes Heftgarn
- Farblich passendes Maschinennähgarn und Garn zum Handquilten
- Nähgarn aus 100 % Polyester in Grau oder transparentes Nylon-Monofilgarn

Tipp: *Sie können dieses Modell auch aus vorgeschnittenen Stoffcoupons zusammensetzen: entweder aus 6 Rechtecken von 46 x 56 cm (einem sogenannten «fat quarter») oder aus 12 Rechtecken von 23 x 56 cm (einem «fat eighth»).*

ZUSCHNITT

◆ Aus dem Grundstoff aus Baumwolle 7 Streifen von 23 cm Breite zuschneiden und jeden Streifen in 6 Rechtecke von 18 cm Länge zerteilen. Sie erhalten so 42 Rechtecke, mit denen Sie 84 Blöcke herstellen können. Das sind 4 Blöcke zu viel, die Ihnen jedoch beim Zusammenfügen mehr Möglichkeiten geben.

◆ Aus der bedruckten Baumwolle für die kontrastfarbenen Streifen 40 Rechtecke von 18 x 23 cm Kantenlänge zuschneiden.

◆ Aus dem Stoff für die Einfassung in Längsrichtung 5 Streifen von 5 cm Breite zuschneiden.

◆ Den Stoff für die Unterseite und das Vlies erst nach Fertigstellung des Patchworks zuschneiden.

ZUSAMMENFÜGEN DER BLÖCKE

Alle Blöcke werden freihändig mit dem Rollschneider zugeschnitten und aus einfarbigen und bedruckten Streifen zusammengefügt. Bei dieser Methode entstehen zahlreiche vertikale Nähte, die nach Zusammensetzen der Streifen die Breite der Blöcke verschmälern. Die Blöcke werden anschließend zu Quadraten begradigt. Wenn Sie zum ersten Mal mit dem Rollschneider arbeiten, sollten Sie den Ablauf zunächst an Stoffresten üben.

1 Ein Rechteck des einfarbigen Stoffs mit der rechten Seite nach oben auf der Schneidematte ausbreiten und ein Rechteck aus bedruckter Baumwolle links auf rechts darauf legen. Wenn die Ränder nicht gleich verlaufen, macht das nichts, doch achten Sie darauf, dass wenigstens zwei gegenüberliegende Seiten kantengerade liegen.

2 Mit einem Rollschneider in rund 7,5 cm Abstand zu einer Schmalseite eine leicht gebogene Linie von Rand zu Rand durch beide Stoffe schneiden. Zwei- bis viermal wiederholen, dann die Streifen der beiden Stoffe auseinander sortieren und zu zwei Blöcken mit abwechselnd einfarbigen und bedruckten Streifen zusammenfügen. Der eine Block ist somit das Negativbild des anderen.

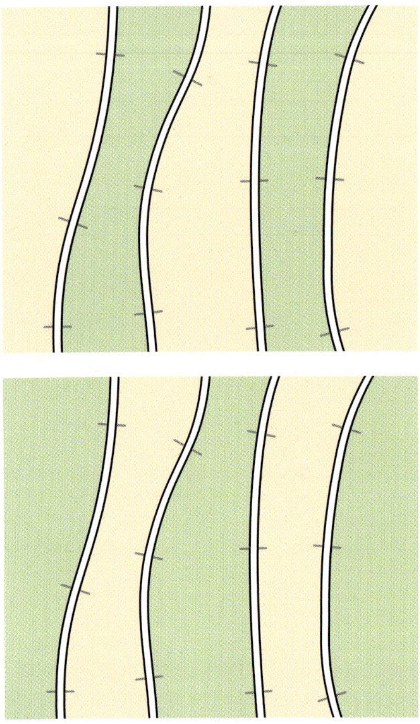

Zusammenfügen von zwei Blöcken aus Streifen zweier Stoffe

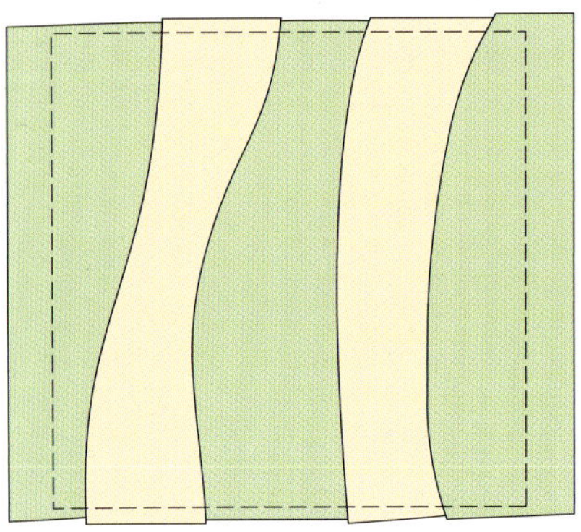

Zuschneiden eines Quadrats aus einem Rechteck

3 Mit Schneiderkreide, Bleistift oder wasserlöslichem Filzstift einige Markierungen für das Zusammensetzen an den Schnittkanten einfügen. Je stärker gebogen die Linien sind, desto mehr Markierungen brauchen Sie, um die Kanten beim Nähen genau zur Deckung zu bringen.

4 Nehmen Sie zwei aneinander grenzende Stoffstreifen, ohne die übrigen durcheinander zu bringen. Legen Sie sie rechts auf rechts aufeinander, stecken Sie die Kanten zunächst an den Markierungen, dann an der restlichen Naht ab. Mit 0,6 cm Nahtzugabe zusammensteppen, dabei nach und nach die Stecknadeln entfernen. Die nächsten Streifen anfügen, bis der Block komplett ist.

5 Die Nahtzugaben jeweils zum dunkleren Stoff hin flach bügeln. Schauen Sie sich den fertigen Block von rechts an. Sie können in der Mitte eines allzu breiten Streifens noch ein Stück einfügen, aber prüfen Sie zuvor, ob der Platz wirklich reicht.

6 Den fertigen Block auf die Schneidematte legen und zu einem Quadrat von 16,2 cm Kantenlänge zuschneiden (einschließlich einer 0,6 cm breiten Nahtzugabe). Die übrigen der insgesamt 84 Blöcke genauso arbeiten.

7 Alle Blöcke auf die Arbeitsfläche legen und zu 10 Reihen à 8 Stück anordnen und hin- und herschieben, bis Ihnen das Gesamtbild rundum gefällt. Beziehen Sie dabei die 4 überschüssigen Blöcke mit ein.

8 Die Blöcke reihenweise zusammennähen. Die Nahtzugaben jeweils zu den dunkleren Stoffen hin flach bügeln. Die Reihen zusammennähen und die Nähte umbügeln, anschließend den Quilt ohne Druck von rechts bügeln.

QUILTEN

1 Zwei Streifen von 82 x 130 cm aus dem Stoff für die Unterseite zuschneiden und mit 0,6 cm Nahtzugabe zusammenfügen (S. 137). Die Nahtzugaben flach bügeln.

2 Die Kanten des Quilttops zurückschneiden und begradigen. Die drei Lagen zum Maschinenquilten zusammenstecken (S. 139).

3 Mit der Maschine absteppen, und zwar an den Nähten zwischen den Blöcken entlang (S. 136). Verwenden Sie hierzu transparentes Monofilgarn aus Nylon oder halbtransparentes unsichtbares Polyestergarn, das nach dem Nähen kein Licht reflektiert.

4 Die gebogenen Linien jedes Blocks von Hand nachsteppen, an den Wellenlinien entlang und bei größeren Teilen auch innerhalb der Felder nähen. Soll der Quilt als Wandbehang dienen, können Sie zwischen langen und kurzen Stichen abwechseln, doch sollten Sie durchweg kurze Stiche machen, wenn es ein Bettüberwurf werden soll, denn sonst bleibt man womöglich mit dem Fingernagel oder einem Schmuckstück an einem Faden hängen.

FERTIGSTELLEN

1 Den Stoff der Quiltunterseite und die Vlieseinlage entsprechend den Maßen des Tops zurückschneiden. Die Stoffstreifen an den Schmalkanten zusammenfügen, so dass der ganze Streifen einmal um den Quilt herumreicht. Als doppelte Einfassung von 1 cm Breite aufnähen (S. 143 + 144).

2 Falls Sie den Quilt an die Wand hängen wollen, bringen Sie auf der Rückseite Aufhänger an (S. 145).

ABWANDLUNGEN

- Nehmen Sie als Grundstoff für diesen Quilt klassischen Kaliko in Natur oder einen anderen Unistoff in einer Farbe, die in Ihren Druckstoffen mehrmals vorkommt.
- Soll der Quilt größer oder kleiner sein, fertigen Sie einfach eine andere Anzahl Blöcke an.

«Seit ich Stickarbeiten meiner Großmutter geerbt habe, füge ich traditionelle Stickereien in meine Patchworks ein. Bei meinen Ausflügen zu Antiquitätengeschäften, Trödelmärkten und allen möglichen Läden entdecke ich oft prachtvolle Zierdeckchen, Kissenbezüge und Tischsets. Die Stoffe sind zwar oft fleckig und abgenutzt, die Stickereien aber noch heil. Bei diesem Quilt konnte ich besonders hübschen Blumenmotiven zu neuem Leben verhelfen.»

Karen Spurgin («Oxfam flowers»)

Blütenlese

Maße

Fertiger Quilt: 155 x 190 cm

Material

- Bestickte alte Stoffe in ausreichender Menge für vier Streifen à 62 x 195 cm
- In 112 cm Breite:
  - 200 cm Leinen in Natur
  - 50 cm Naturseide in Grün
  - 40 cm Duchesse-Satin in Rosa
  - 30 cm Seidenmusselin mit Blumendruck
  - 390 cm Baumwollstoff in Blauweiß gestreift (für die Unterseite)
- 160 x 195 cm dünne Synthetik-Vlieseinlage
- Kontrastfarbenes Heftgarn
- Farblich passendes Maschinennähgarn

ZUSCHNITT

◆ Zunächst die bestickten Stoffe zuschneiden. Schneiden Sie jeweils nur einen Stoff in Streifen von 6,2 cm Breite (5 cm plus zweimal 0,6 cm Nahtzugabe). Die Länge jedes Streifens muss ebenfalls eine Nahtzugabe beinhalten, richtet sich aber nach dem Motiv. Schneiden Sie jedoch keine kompletten Motive aus und zentrieren Sie sie nicht, denn halbierte oder versetzt angeordnete Motivteile machen gerade den Reiz dieses Patchworks aus. Außerdem ergibt jeder Stoff so mehr Streifen. Schneiden Sie genügend Stücke, um daraus vier Streifen von 195 cm Länge zusammenzusetzen.

◆ Aus dem naturfarbenen Leinen ein Rechteck von 36,2 x 195 cm (für das Mittelteil) und zwei Streifen von 31,2 x 195 cm (für die Seitenteile) zuschneiden.

◆ Aus dem rosa Duchesse Streifen von 4,2 x 112 cm, aus der grünen Seide Streifen von 6,2 x 112 und aus dem geblümten Musselin Streifen von 3,2 x 112 cm zuschneiden. Genügend Stücke schneiden, um pro Stoff vier Streifen von 195 cm Länge zusammensetzen zu können.

◆ Aus dem gestreiften Baumwollstoff für die Unterseite zwei Stücke von 195 cm Länge zuschneiden. Den Stoff jetzt noch nicht quer zerteilen.

ZUSAMMENSETZEN DER STREIFEN

1 Beginnen Sie mit dem Zusammenfügen der Stickstoffe. Nehmen Sie einfach die Stücke, wie sie kommen, und stecken, heften und nähen Sie diese mit 0,6 cm Nahtzugabe zu Streifen zusammen. Die Heftfäden herausziehen und die Nahtzugaben alle zur selben Seite hin flach bügeln.

2 Einen zweiten Streifen genauso anfertigen und beide mit der Maschine längs zu einem breiten Streifen zusammennähen, dabei die Nahtzugaben in verschiedene Richtungen legen. Die Heftfäden entfernen und die Nähte jeweils zu einer Seite hin flach bügeln. Den anderen breiten Streifen genauso anfertigen.

3 Die Streifen aus rosa Duchesse, grüner Seide und Blumenmusselin jeweils zu vier Streifen von 195 cm Länge zusammennähen. Den rosa Duchessestreifen zu beiden Seiten an die Längskanten der bestickten Stoffstreifen nähen, die Musselin- und grünen Seidenstreifen daran anfügen.

4 Je einen Patchworkstreifen mit 0,6 cm Nahtzugabe an eine der Längskanten des naturfarbenen Mittelteils nähen. Zum Schluss an beiden Seiten die schmaleren Leinenstreifen in Natur anfügen. Alle Heftfäden herausziehen und die Nahtzugaben zur selben Seite hin flach bügeln.

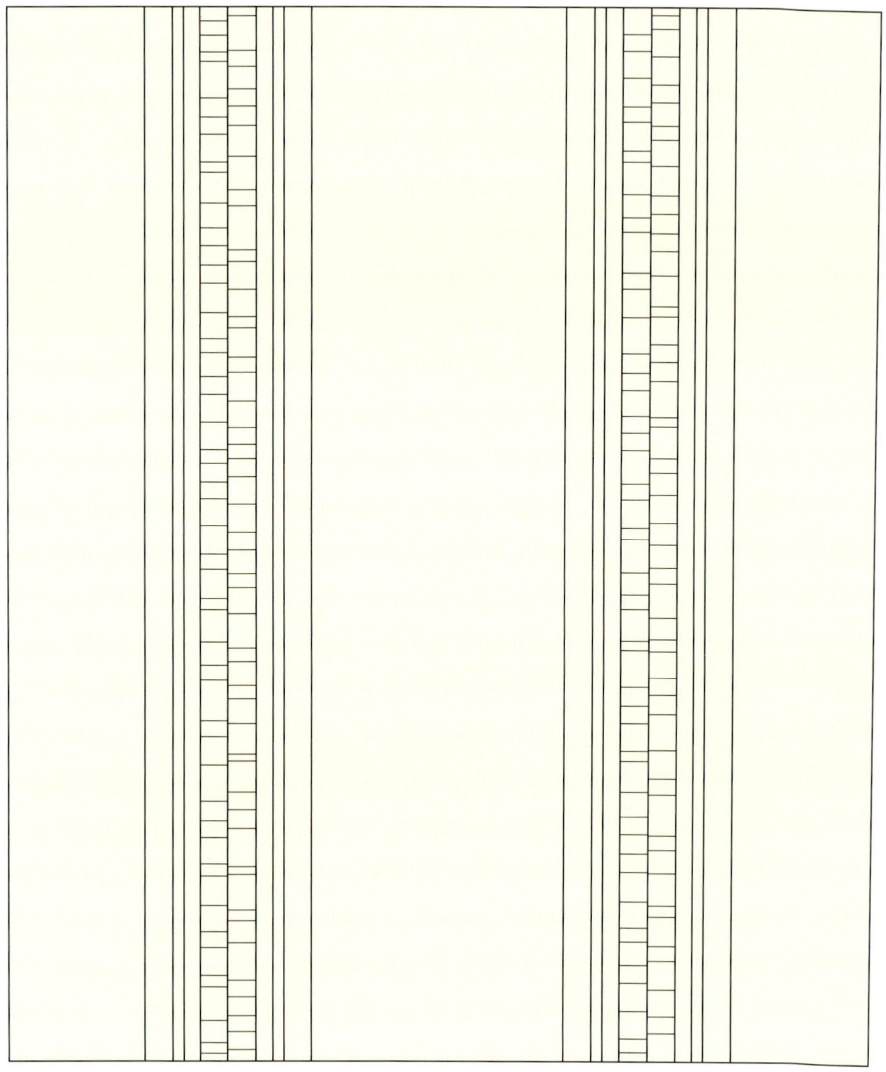

ZUSAMMENFÜGEN UND QUILTEN

1 Stellen Sie sicher, dass alle Kanten des Quilttops gerade und rechtwinklig verlaufen, und begradigen Sie bei Bedarf.

2 Nach der Anleitung von S. 137 den Stoff für die Unterseite teilen und mit 0,6 cm Nahtzugabe zusammennähen. Die Nahtzugaben zur selben Seite hin flach bügeln. Den Stoff für die Unterseite mit der rechten Seite nach oben auf der Arbeitsfläche ausbreiten, das Quilttop mit der rechten Seite nach unten kantengerade darauf legen. Beides zusammen abstecken und heften, dann den Stoff des Unterteils entsprechend den Maßen des Tops zurückschneiden. Die Vlieseinlage auf das Top legen, die drei Lagen zusammen abstecken und heften, dann das Vlies entsprechend den Maßen der übrigen Lagen zurückschneiden.

3 Den Allzweckfuß der Nähmaschine durch einen Nähfuß für Dualtransport ersetzen und mit 2,5 cm Nahtzugabe die drei Lagen zusammen absteppen, das Vlies liegt oben. An der Unterkante 50 cm offen lassen. Die Kanten und Ecken zurückschneiden, die Heftfäden herausziehen.

4 Den Quilt wenden und die Ecken herausdrücken. Die Ränder bügeln. Die offene Naht abstecken, heften und dann mit Saumstichen versäubern (S. 112). Die Heftfäden entfernen und den Quilt bügeln.

PFLEGE

Dieser Quilt besteht aus zu vielen verschiedenen Geweben, als dass man ihn in der Maschine waschen könnte. Vertrauen Sie die Reinigung lieber einem Fachbetrieb an.

ABWANDLUNGEN

Wenn Sie über genügend bestickte Stoffe verfügen, fertigen Sie doch zum Quilt passende Kissenbezüge an.

«Ich habe mich in die Wüste verliebt, als ich quer durch Westaustralien gefahren bin. Die Stoffteile dieses Quilts geben genau das Licht wieder, wie es frühmorgens, mittags und in der Abenddämmerung auf den Sanddünen spielt. Die zauseligen Nähte erinnern an die unglaubliche Hitze, wenn die Luft flirrt und die Konturen der Insekten und Vögel, die in den sonnenverbrannten Landschaften zu Hause sind, verschwimmen. Die Tiere erwachen hier in den Nähten zum Leben.»

Diane Groenewegen («Desert dreaming»)

Wüstenflimmern

Maße

Fertiger Quilt: 83 x 120 cm

Material

- Dupionseide in verschiedenen Farben (für 30 cm breite Streifen unterschiedlicher Höhe)
- In 130 cm Breite:
  - 90 cm Baumwoll-Voile (als Einlage zwischen Vlieseinlage und Seide)
  - 90 cm Dupionseide (für die Unterseite)
- 90 x 130 cm Woll-Vlieseinlage
- Kontrastfarbenes Heftgarn
- Farblich passendes Baumwoll-Perlgarn
- Flochéseide zum Besticken in Dunkelrot
- Transparentes Maschinennähgarn

WAHL DER STOFFE

Versuchen Sie nicht, Seidenstoffe in exakt denselben Farben wie hier abgebildet zu bekommen. Wählen Sie vielmehr Stoffe, deren Nuancen diesen Farbstellungen nahe kommen und ihre Atmosphäre aufgreifen. Der linke Teil ist aus Streifen in Natur bis Beige zusammengesetzt und enthält blassgoldene und apricotfarbene Elemente. Der mittlere Teil wirkt lebhafter durch Goldgelb und Dunkelorange, die mit etwas Gold und Lindgrün abgesetzt sind. Der rechte Streifen ist braun und bronzefarben mit Streifen in Pfirsich und Kupfer. Obwohl die Teile so unterschiedliche Farbstellungen aufweisen, können Sie ohne weiteres das Ganze auflockern, indem Sie Stoffstücke, die eigentlich für einen anderen Streifen gedacht sind, ins Nachbarteil verschieben.

ZUSCHNITT

◆ Die Streifen für das Quilttop so belassen, wie sie sind, und erst beim Zusammensetzen einen Streifen in passender Höhe wählen.

◆ Den Baumwoll-Voile und das Vlies in drei Streifen zu je 30 cm Breite zerschneiden.

PATCHWORK

1 Die Vliesstreifen Kante an Kante nebeneinander auf die Arbeitsfläche legen. Die Voilestreifen darauf legen und die beiden Lagen jedes Streifens zusammenheften. (Bereiten Sie gleichzeitig alle drei Teile vor, dann können Sie die Farben der Seide harmonisch verteilen).

2 Wählen Sie die unterste Farbe für den ersten Seidenstreifen und legen Sie das Teil darauf. Nun die Höhe des Streifens festlegen, den Streifen mit Schere oder Rollschneider entsprechend horizontal zuschneiden und wieder auf den Grundstoff legen.

3 Wählen Sie den nächsten Stoff, der etwas überlappend auf den ersten genäht werden soll. Den unteren Rand vorsichtig ein wenig auszupfen. Die Fransen mit einem Kämmchen glätten, mit Sprühstärke einsprühen und sofort noch feucht kämmen. Den Stoff auf die Grundfläche stecken. Der hier gezeigte Quilt wird durch gestärkte und ungestärkte Fransen

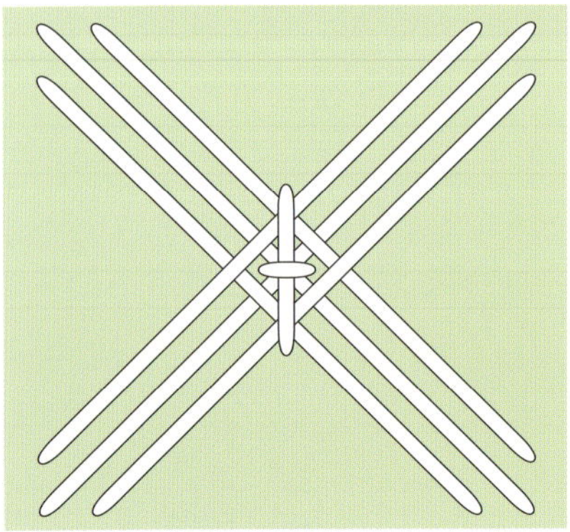

Großes gesticktes Kreuz

aufgelockert, die an Steppengräser erinnern: Manche von ihnen stehen unbeugsam mannshoch, andere dagegen biegen sich geschmeidig im Wind.

4 Die übrigen Stoffe ebenso schneiden und auf die anderen beiden Grundstreifen aufstecken, dabei die Stoffränder wieder etwas überlappen lassen und ausfransen. Vergessen Sie nicht, in jeden großen Streifen ein wenig von den Farben der anderen beiden Teile zu integrieren. Jeden Stoffstreifen am vorigen feststecken.

5 Sie können die Streifen sehr hoch lassen und mit ein oder zwei schmaleren, teils beidseitig ausgefransten, teils glatt eingeschlagenen Streifen besetzen. Dazu die Stoffkanten 0,6 cm nach links einschlagen, den Bruch bügeln und die Streifen abstecken.

6 Sobald Sie mit der Komposition der drei Streifen zufrieden sind, heften Sie die Stoffteile, das Vlies und den Voile jedes Streifens zusammen.

QUILTEN

1 Spannen Sie die Teile mit den aufgehefteten Streifen möglichst nicht in einen Quiltrahmen, denn dabei könnten die Fransen oder das Vlies beschädigt werden. Aufgrund der geringen Breite lassen sich die Teile beim Quilten gut von Hand spannen. Steppen Sie die Teile mit Perlgarn in unterschiedlichen Farben durch Seide, Voile und Vlies hindurch ab. Welche Farben und Stiche Sie dafür verwenden, bleibt Ihrem persönlichen Geschmack überlassen. Wichtig ist nur, dass Sie zuerst die Kanten und dann erst die Fläche der Streifen absteppen. Das hier gezeigte Exemplar wurde mit jeweils farblich zum Stoff oder zum Nachbarstreifen passenden Garnen gequiltet.

2 Versäubern Sie die Einschlagsäume mit Staffierstichen (S. 112) und die ausgefransten Kanten mit ein oder zwei Reihen Vorstichen (S. 110 + 111). Verzieren Sie einige der breiteren Streifen mit parallelen, diagonalen, horizontalen oder leicht gebogenen Linien. Belassen Sie einige benachbarte breite Streifen so, wie sie sind, denn nach dem Zusammensetzen der drei Teile werden sie ohnehin horizontal abgesteppt, damit ein einheitliches Bild entsteht.

3 Besticken Sie einige Streifen mit Reihen von Hexenstichen (S. 113) und großen Kreuzen (oben links). Machen Sie dazu einen großen Kreuzstich (S. 112), fügen Sie auf beiden Seiten je einen langen Spannstich hinzu und einen kleinen senkrechten Spannstich über den Mittelpunkt hinweg. Einen kleinen Stich quer über den letzten Stich und die Mitte des ersten Kreuzstichs ausführen.

4 Zum Schluss aus der Seide kleine Quadrate ausschneiden, an den Kanten ausfransen und hier und da auf dem Quilt festnähen.

5 Alle Heftfäden entfernen, diesen Quiltteil ohne Druck mit Bügeltuch bügeln. Die beiden übrigen Teile ebenso quilten und dabei darauf achten, benachbarte breite Streifen freizulassen, die später in einem Zug abgesteppt werden sollen.

ZUSAMMENFÜGEN DER QUILTLAGEN

1 Die Längsseiten der drei Teile mit 1,2 cm Nahtzugabe zusammenstecken und -heften, dabei alle drei Lagen erfassen. Achten Sie darauf, dass sich keine Fransen in der Naht verheddern, und zupfen Sie alles falls nötig heraus. Die Teile mit der Maschine zusammennähen und die Nahtzugaben auseinander bügeln. Den Quilt von rechts mit Bügeltuch bügeln.

2 Prüfen Sie sorgfältig alle Nähte und Stickereien auf dem Quilttop und entscheiden Sie, wo die Verbindungsnähte über alle drei Teile hinweg verlaufen sollen. In diesem Fall sind es leicht gewellte Linien, die an die Höhenunterschiede einer Landschaft erinnern. Sie werden über einige der breitesten Streifen gesteppt und sorgen für eine einheitliche Gesamtwirkung.

3 Den Stoff für die Unterseite auf der Arbeitsfläche ausbreiten und das Quilttop rechts auf rechts darauf zentrieren. Die Kanten begradigen. Alle Lagen abstecken und heften.

4 Mit 1,2 cm Nahtzugabe den Quilt ringsum absteppen, dabei an der Unterkante 50 cm Naht offen lassen. Die Heftfäden herausziehen und in den Ecken Stoff und Vlies zurückschneiden. Den Quilt wenden und die Ecken herausdrücken. Die Heftfäden entfernen und die Ränder mit Bügeltuch bügeln. Die offene Naht abstecken, heften und mit Staffierstichen versäubern.

5 Alle Lagen des Quilts mit Sicherheitsnadeln abstecken und mit transparentem Garn in den vertikalen Nähten absteppen, dabei die Sicherheitsnadeln nach und nach entfernen.

6 Dieser Quilt sollte möglichst nicht als Bettüberwurf benutzt werden, da man sonst leicht mit einem Fingernagel oder Schmuckstück an Fransen und Stickereien hängen bleibt. Soll das Stück als Wandbehang dienen, bringen Sie eine Aufhängung an (S. 145).

PFLEGE

Das Modell ist ziemlich empfindlich und sollte nicht in der Maschine gewaschen werden. Vertrauen Sie die Reinigung lieber einem Fachbetrieb an.

ABWANDLUNGEN

Wählen Sie Stoffe und Seidengarne in Farben, die Ihre eigenen Impressionen von einer beeindruckenden Landschaft zu verschiedenen Tageszeiten wiedergeben.

«Dieser Quilt ist für mich wie ein modernes Kunstwerk, das einer Couch einen grafischen Touch verleiht. Das Quilttop besteht aus Biesen, die in entgegengesetzter Richtung umgeklappt wurden. Die Abfolge plastischer Wellen und Wirbel erinnert an einen gut aufgeschäumten Cappuccino – deshalb habe ich mich auch für weiches Wildlederimitat in Beige entschieden.»

Angelina Pieroni («Cappuccino waves»)

Cappuccino

Maße
Fertiger Quilt: 120 x 120 cm

Material
- 550 x 154 cm Wildlederimitat in Beige
- 150 x 154 cm Wildlederimitat in Dunkelbraun (für Unterseite und Einfassung)
- 130 x 130 cm Baumwoll-Vlieseinlage
- Kontrastfarbenes Heftgarn
- Farblich auf das Wildlederimitat abgestimmtes Maschinennähgarn

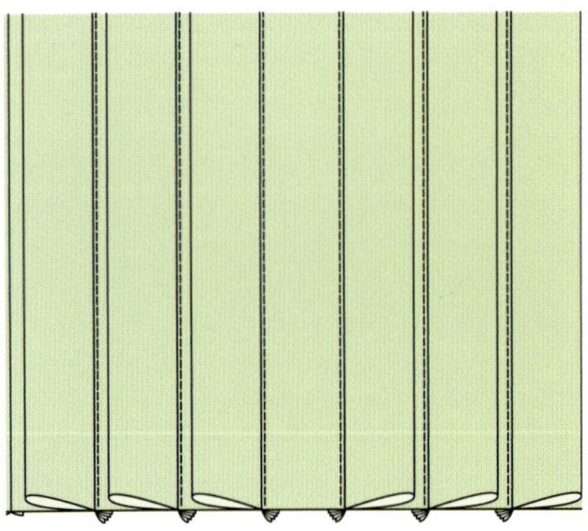

So liegen die Falten auf der Grundfläche

ZUSCHNITT

◆ Aus dem dunkelbraunen Wildlederimitat ein Quadrat von 130 cm Kantenlänge für die Quiltunterseite und für die Einfassung 5 cm breite Streifen in der Stoffbreite zuschneiden.
◆ Aus dem beigen Wildlederimitat mit Schere oder Rollschneider 42 Streifen von 5 x 130 cm fadengerade für das Quilttop zuschneiden.
◆ Ebenfalls für das Quilttop aus dem beigen Wildlederimitat 36 Streifen von 7 x 130 cm schräg zuschneiden. Dazu das Material auf der Arbeitsfläche ausbreiten und die Schnittkante mit einer angrenzenden Längsseite zusammenlegen und den Stoffbruch bügeln. Die Linie dient als Anhaltspunkt beim Zuschnitt der schrägen Streifen.

PATCHWORK

Der Quilt besteht aus 6 horizontalen Teilstücken mit je 7 fadengerade und 6 schräg geschnittenen Streifen Wildlederimitat in Beige.

1 Jeden schräg geschnittenen Streifen links auf links längs in der Mitte falten und den Stoffbruch bügeln. Die Längskanten jedes Streifens abstecken und heften. Die Nähmaschine mit einem Nähfuß für Dualtransport ausstatten und mit beigefarbenem Garn in 0,6 cm Abstand die Längskanten jedes Streifens zusammennähen. Die Heftfäden herausziehen.

2 Für das erste Teilstück zunächst einen fadengerade und einen schräg geschnittenen (und halbiert zusammengenähten) Streifen rechts auf rechts zusammenlegen und die Längskanten des Schrägstreifens mit einer Längskante des anderen Streifens ausrichten, abstecken, heften und mit 1 cm Nahtzugabe absteppen. Einen zweiten fadengeraden Streifen an der anderen Seite rechts auf rechts an den Schrägstreifen anlegen.

3 Die drei Streifen so zusammenheften, dass der Schrägstreifen zwischen den beiden fadengeraden Streifen sitzt, und alles zusammen absteppen, dabei die erste Naht übernähen. Die Heftfäden herausziehen und die Streifen ausbreiten. Schauen Sie, in welche Richtung der Schrägstreifen sich legt, und bügeln Sie die Nahtzugaben in die entgegengesetzte Richtung um.

4 Einen weiteren Schrägstreifen an der anderen Seite des zweiten fadengeraden Streifens rechts auf rechts abstecken, heften und festnähen. Wie beschrieben verfahren, so dass auch der zweite Schrägstreifen zwischen zwei fadengeraden Streifen sitzt. Auf dieselbe Weise weiterarbeiten, bis das Teilstück aus je sechs Streifen beider Sorten besteht, und mit einem fadengeraden Streifen abschließen. Alle Heftfäden entfernen.

5 Die Nahtzugaben von beiden Seiten aus zum fadengeraden Mittelstreifen hin umbügeln, so dass sich drei der Reliefstreifen nach oben und drei nach unten legen. Mit beigem Garn dicht an jeder Naht entlangnähen, damit die Nahtzugaben so liegen bleiben. Das Teilstück mit Bügeltuch und Dampf bügeln.

6 Fünf weitere Teilstücke auf die gleiche Weise anfertigen. Die Ränder exakt rechteckig zurückschneiden und die Teile mit 1 cm Nahtzugabe an den Längskanten zusammennähen. Die Nähte bügeln und die Nahtzugaben zu einer Seite hin flach bügeln.

QUILTEN

1 Den Stoff für die Unterseite, die Vlieseinlage und das Quilttop zum Maschinenquilten abstecken (S. 139). Nehmen Sie viele Sicherheitsnadeln, denn Wildlederimitat verrutscht leicht. Achten Sie darauf, dass die Biesen in der richtigen Richtung liegen bleiben.

2 Beiges Nähgarn als Oberfaden und dunkelbraunes als Unterfaden einfädeln. Die Nähte auf beiden Seiten des mittleren Streifens in jedem Teilstück, dann alle Nähte zwischen den Teilen absteppen.

3 Den Quilt im rechten Winkel zu den gerade ausgeführten Nähten falten und die Mitte der beiden Seiten mit Stecknadeln markieren. Zwei Linien zu beiden Seiten der Mittelnaht sowie weitere alle 30 cm vorzeichnen und absteppen.

4 Damit die Biesen ein Wellenmuster bilden, von der linken Kante des obersten Teilstücks aus die drei unteren Biesen nach oben und die drei oberen nach unten legen und abstecken, so dass die beiden mittleren sich überlappen. Bei jedem zweiten Teilstück weiter unten ebenso verfahren. In gleichem Abstand zu den zuvor angelegten vertikalen Nähten eine vertikale Linie vorzeichnen und an dieser Linie entlang absteppen, dabei die Sicherheitsnadeln nach und nach entfernen.

5 Beim nächsten Teilstück ebenso vorgehen, jedoch ein Karo nach unten versetzt. So entsteht ein schachbrettartiges Wellenmuster.

FERTIGSTELLEN

Stellen Sie sicher, dass die Ränder des Quilts gerade und rechtwinklig verlaufen, und begradigen Sie diese bei Bedarf. Den Stoff der Unterseite und die Vlieseinlage auf die passende Größe zuschneiden. Die braunen Streifen an den Schmalkanten zu einem ausreichend langen Streifen zusammennähen, der einmal um den ganzen Quilt herumreicht, und diesen als doppelte Einfassung anbringen (S. 143 + 144). Den Quilt mit einem feuchten Bügeltuch und Dampf bügeln.

PFLEGE

Entfernen Sie kleine Verschmutzungen mit einem trockenen Fleckenmittel. Geben Sie den Quilt zum Säubern in die chemische Reinigung.

«Meine Mutter Machiko hat im Laufe ihres Lebens eine fantastische Sammlung von Kimonostoffen angelegt. Alle wurden seit so langer Zeit liebevoll aufbewahrt, dass ich Lust bekam, einige davon zu einem Quilt zu verarbeiten, der sie richtig zur Geltung bringt. Ich entschied mich für lebhafte Farbflächen, die schön und zugleich belebend wirken. Nach Fertigstellung des Patchworks habe ich einfarbige Stoffteile bestickt und mit winzigen Troddeln besetzt, um die prachtvolle Wirkung des Quilts noch zu unterstreichen.»

Hiroko Aono-Billson («Machiko's gift»)

Machikos Schatz

Maße

Fertiger Quilt: 240 x 250 cm

Material

- Diverse einfarbige und bedruckte Stoffe für das Quilttop
- 820 x 112 cm einfarbiger Stoff für die Unterseite
- 240 x 250 cm Vlieseinlage
- Kontrastfarbenes Heftgarn
- Farblich zu den Stoffen passende Nähmaschinenseide
- Polyesternähgarn in Rot
- Sticktwist in zwei Farben passend zu den Stoffen

***Tipp:** Legen Sie die Reihenfolge der Stoffstücke fest und übertragen Sie das Schema auf Millimeterpapier. So können Sie die Blöcke mit Nahtzugabe zuschneiden.*

ENTWERFEN DES QUILTTOPS

1 Mehrere Blätter Papier mit Klebeband zu einem Bogen von 240 x 250 cm zusammenfügen. Dieses Schnittmuster auf die Arbeitsfläche legen und in 10 cm Abstand zu jeder Kante einen Strich ziehen. Das Mittelteil horizontal in vier gleich oder unterschiedlich hohe Streifen unterteilen.

2 Übertragen Sie nun das Patchworkmuster gemäß Diagramm (S. 97) auf Ihr Schnittmuster oder stellen Sie ein eigenes zusammen, das Sie zuvor auf Millimeterpapier vorzeichnen. Belassen Sie den unteren Streifen einfarbig. Bei dem hier abgebildeten Quilt besteht er aus leuchtend rotem Stoff, der die Wirkung des ganzen Stücks beeinflusst.

3 Unterteilen Sie die drei oberen Streifen in Rechtecke und Quadrate. Größe und Form der Teile sind Geschmackssache. Ordnen Sie sie jedoch möglichst so an, dass Sie sie nach und nach zu größeren Blöcken zusammenfügen können. Sie sind dann leichter zu nähen, und die durchgehenden Nähte machen die Komposition insgesamt einheitlicher.

4 Legen Sie die Anordnung der Stoffe fest, und verteilen Sie sie gleichmäßig, damit die Wirkung harmonisch bleibt. Nummerieren oder kolorieren Sie die Kästchen in Ihrem Schnittmuster entsprechend den gewählten Stoffen.

5 Sind Sie mit dem Arrangement zufrieden, nummerieren Sie jedes Teil und fertigen Sie eine Schablone dafür an. Nummerieren Sie wiederum die Schablonen entsprechend dem Schema und vermerken Sie darauf, zu welchem Stoff sie gehören.

ZUSCHNITT

- Die Teile für das Quilttop mit 0,6 cm Nahtzugabe zuschneiden.
- Aus dem Stoff für die Unterseite drei Streifen von 273 cm Länge zuschneiden.

PATCHWORK

1 Setzen Sie das Patchwork aus den einzelnen Teilen sorgfältig zusammen. Beginnen Sie mit den Kleinteilen und fügen Sie diese mit möglichst wenigen Nähten zu immer größeren Blöcken zusammen. Stellen Sie das Bügeleisen entsprechend der Stoffart ein und bügeln Sie die Nähte jeweils zu den dunkleren Stoffen hin flach. Nähen Sie nun die vier kompletten Streifen mit 0,6 cm Nahtzugabe zum Quilttop zusammen und bügeln Sie die ganze Fläche.

2 Übertragen Sie die Stickmotive auf die einfarbigen Stoffstücke (S. 129). Vergrößern Sie dazu die Vorlagen von S. 152–155 mit dem Fotokopierer, notfalls auf mehrere Bögen verteilt. Setzen Sie die Motive wieder zusammen. Die Linien mit wasserfestem schwarzem Filzstift nachzeichnen, den Quilt über eine Lichtquelle legen und die Motive mit Schneiderkreide auf den Stoff übertragen.

QUILTEN

1 Die drei Streifen der Quiltunterseite mit 0,6 cm Nahtzugabe an den Längskanten zusammennähen und die Nahtzugaben flach bügeln. Die Fläche auf 264 x 273 cm zurückschneiden und ringsum einen 2,5 cm breiten Einschlagsaum abstecken und heften.

2 Die Unterseite mit der rechten Seite nach unten auf die Arbeitsfläche legen und die Vlieseinlage darauf so zentrieren, dass der Stoff ringsum 10 cm übersteht. Das Quilttop mit der rechten Seite nach oben darauf legen und ringsum 10 cm über die Vlieseinlage hinausragen lassen. Die drei Lagen zusammenheften (S. 138 + 139).

3 Wie bei japanischen Futons, die traditionell mit Knoten gequiltet werden, machen Sie aus Stickgarn Knoten in jedem Schnittpunkt zwischen den Patchworkteilen (S. 141). Verknoten Sie auch das einfarbige Stoffstück am unteren Rand mit 10 cm langen, farblich passenden Fäden, sparen Sie jedoch die Stellen für die Stickereien aus. Die Fäden so verknoten, dass der Quilt 0,5 bis 1 cm dick bleibt, und die Enden in der gewünschten Länge abschneiden.

FERTIGSTELLEN

1 Die Längskanten der Unterseite über die Ränder der Vlieseinlage schlagen und auf dem Quilttop abstecken und heften. An der Ober- und Unterkante ebenso vorgehen. Die Ecken mit Staffierstichen annähen (S. 112). Die Innenkante der so entstandenen breiten Bordüre mit dekorativen Stichen abnähen. Mit Ausnahme der Einfassung der Unterkante alle Heftfäden entfernen.

2 Ein farblich zum Stoff passendes Garn in die Maschine einfädeln, den Allzweckfuß durch einen Stick- und Stopffuß ersetzen und die Transportgreifer zum Freihandsticken absenken. Eine der zu bestickenden Stellen in einen Rahmen spannen oder den Stoff mit den Händen straff halten. Die Motive freihändig sticken, dabei aufpassen, dass Sie nicht die Knoten übersticken. Kommt Ihnen ein Bereich leer vor, sticken Sie ein paar Wellenlinien hinein. Die Heftfäden aus der Unterkante des Quilts herausziehen und diese ebenso wie die übrigen einfarbigen Teile besticken.

3 In die Mitte jeder Blüte von Hand mehrere Knötchenstiche machen. Den Faden dazu rund ein Dutzend Mal um die Nadel wickeln (S. 112).

4 Zum Schluss eine Reihe kleiner Troddeln aus Stoffstreifchen flechten. Dazu 1,5 bis 2 cm breite Streifen aus verschiedenen Stoffen zuschneiden, ohne die Ränder zu versäubern. Je drei Bänder an einem Ende zusammenknoten und in der gewünschten Länge flechten. Am anderen Ende verknoten und die Enden zurückschneiden. Die übrigen Troddeln genauso anfertigen, sei es aus denselben oder anderen Stoffen. Die Troddeln einzeln auf den Quilt nähen und dabei darauf achten, dass Sie nur den Stoff des Tops erfassen. Der hier gezeigte Quilt ist mit 13 geflochtenen Troddeln verziert.

PFLEGE

Dieser Quilt eignet sich nicht für Maschinenwäsche. Lassen Sie ihn vom Fachmann reinigen.

«Dieser Quilt spiegelt meine Liebe zu Blumen und zu leuchtenden Farben wider. Er ist mein persönlicher Tribut an die friedliebenden Blumenkinder der sechziger Jahre. Mohnblüten wie diese findet man im Frühling in der Toskana in Hülle und Fülle. Ich wünsche mir, dass die fröhliche Stimmung sich auch auf den Betrachter überträgt.»

Terry Pryke («Poppy fields»)

Klatschmohnwiese

Maße

Fertiger Quilt: 154 x 188 cm

Material

- In 112 cm Breite:
  - 750 cm Baumwolle in Weiß (für Mittelteil, Bordüren und Unterseite)
  - 50 cm Baumwolle in Schwarz (für die Applikationen)
  - 50 cm Baumwolle in Rot (für die Applikationen)
  - 50 cm Baumwolle in Orange (für die Applikationen)
  - 50 cm Baumwolle in Purpur (für die Applikationen)
  - 50 cm Baumwolle in Apricot (für die Applikationen)
  - 50 cm Baumwolle in Pink (für die Applikationen)
  - 200 cm Baumwolle in Dunkelgrün (für Einfassung und Schrägband)
  - 25 cm Baumwolle in Hellgrün (für die Applikationen)
  - 60 cm Baumwolle in Lindgrün (für Applikationen und Blätterbordüre)
- 165 x 200 cm Vlieseinlage
- 300 x 100 cm dünnes Bügelvlies
- Kontrastfarbenes Heftgarn
- Farblich auf die Applikationen abgestimmtes Maschinennähgarn
- Quiltgarn in Weiß und Rot
- Farblich zu den Blumen und Blättern passender Sticktwist

ZUSCHNITT

◆ Aus der weißen Baumwolle ein Rechteck von 82,2 x 117,2 cm (für das Mittelteil), zwei Streifen von 31,2 x 121,2 cm (für die seitlichen Bordüren) und zwei Streifen von 31,2 x 146,2 cm (für die obere und untere Bordüre) zuschneiden.

◆ Aus der weißen Baumwolle über die ganze Breite zwei Streifen von 175 cm Länge (für die Unterseite) zuschneiden.

◆ Aus der dunkelgrünen Baumwolle zwei Streifen von 3,2 x 121,2 cm (für die seitlichen Einfassungen des Mittelteils) und zwei Streifen von 3,2 x 86,2 cm (für die obere und untere Einfassung des Mittelteils) zuschneiden, den Rest der dunkelgrünen Baumwolle für die Schrägstreifen aufbewahren.

◆ Aus der lindgrünen Baumwolle zwei Schrägstreifen von 141,2 x 2 cm, zwei weitere von 106,2 x 2 cm (für die Blätterbordüre) und genügend Schrägstreifen von 3,5 cm Breite für 4 m Schrägband (für die Stängel) zuschneiden.

STOFFE VORBEREITEN

1 Pappe oder Papier mit Klebestreifen zu einem Schnittmuster von 170 x 200 cm zusammenfügen. Das Motiv von S. 147 mit einem Gitternetz vergrößern (S. 128) und darauf übertragen, so dass es 150 x 185 cm misst. Alle erforderlichen Angaben ebenfalls auf dem Schnittmuster vermerken.

2 Das Schnittmuster auf der Arbeitsfläche ausbreiten und ein Stück Vlies mit der Klebeseite nach unten auf eine der Blüten legen. Das Vlies festhalten und die Konturen der Blume mit wasserfestem Filzstift darauf abpausen. Die Form auf der nicht klebenden Seite nummerieren. Die Konturen der Blütenmitte auf ein anderes Stück Vlies zeichnen und nummerieren, denn daraus wird eine separate Schablone gefertigt. Bei allen übrigen Blüten ebenso verfahren. Anschließend alle Schablonen aus dem Vlies ausschneiden.

3 Legen Sie anhand des Diagramms (S. 102) fest, welche Form Sie aus welchem Stoff zuschneiden wollen. Stellen Sie das Bügeleisen auf geringe Hitze ein und bügeln Sie

ohne Dampf. Einen Stoff und die entsprechenden Schablonen bereitlegen. Den Stoff mit der rechten Seite nach oben auf dem Bügelbrett ausbreiten und die Vliesstücke mit der Klebeseite nach unten darauf legen, dabei jeweils Platz für 0,6 cm Nahtzugabe lassen. Ein Blatt normales Papier auf das Vlies legen und mit geringer Hitze das Vlies vorläufig auf die rechte Stoffseite aufbügeln. Bei den übrigen Formen für diesen Stoff genauso vorgehen. (Anstatt Bügelvlies eignet sich hierfür auch Freezer Paper.)

4 Alle Formen mit 0,6 cm Nahtzugabe aus dem Stoff ausschneiden, die Ränder einschneiden, 0,6 cm breit einschlagen und umbügeln.

5 Auf dem weißen Stoff des Mittelteils mit pastellfarbener Schneiderkreide die Positionen der Motive aufzeichnen (S. 129) oder aber das Diagramm zum Applizieren bereithalten.

MITTELTEIL

1 Vorsichtig das Vlies von den Blütenmitten abziehen. Die kleineren Kreise links auf rechts auf die größeren schwarzen Kreise stecken, heften und mit passendem Garn mit Staffierstichen applizieren (S. 112). Die Heftfäden entfernen. Die Kreise umdrehen und von links den schwarzen Stoff unter dem roten bis auf 0,6 cm ab Kante zurückschneiden, damit die mittleren Kreise nach Fertigstellung etwas erhaben sind.

2 Das Vlies von den Mohnblüten des Mittelteils abziehen. Die Blütenmitten links auf rechts auf die entsprechenden Blüten stecken, heften und mit Staffierstichen applizieren. Die Heftfäden herausziehen und wieder den Stoff der Blüten im Innern des applizierten Kreises zurückschneiden.

3 Für die Stängel beide Längsseiten der lindgrünen Schrägstreifen 0,6 cm breit umsäumen. Die Streifen auf die gewünschte Länge plus zwei Mal 0,6 cm Nahtzugabe zuschneiden.

4 Den weißen Stoff des Mittelteils mit der rechten Seite nach oben auf der Arbeitsfläche ausbreiten. Die Blumen gemäß Diagramm aufstecken und heften. Zuerst die Stängel und dann die Blüten mit Staffierstichen und passendem Garn applizieren. Die Blütenblätter der ersten Blume in weniger als 1,2 cm Abstand zur Nahtzugabe des Mittelteils ansetzen, damit sie später über die dünne grüne Umrandung gelegt werden können. Die Heftfäden entfernen.

MOHNBLÜTENBORDÜRE

1 Mit einer Stecknadel die Mitte jeder Seite des Mittelteils markieren. Auf den dunkelgrünen Streifen für die dünne Umrandung des Mittelteils ebenfalls die Mitten markieren. Die dunkelgrünen Streifen rechts auf rechts auf die Kanten des Mittelteils stecken und heften, dabei genau mittig ausrichten. Die Streifen mit passendem Garn aufnähen und Briefecken formen (S. 126 + 127). Die Heftfäden herausziehen und die Nähte bügeln, dabei die Nahtzugaben zum grünen Stoff hin flach bügeln.

2 Mit Stecknadeln die Mitte der Ränder des Mittelteils und der Streifen für die breite weiße Einfassung markieren. Die seitlichen weißen Bordüren abstecken, heften und annähen. Die obere und untere Bordüre am Mittelteil und an den Oberkanten der seitlichen Bordüren abstecken, heften und annähen. Die Heftfäden herausziehen und die Nahtzugaben zum grünen Stoff hin flach bügeln.

3 Die Blütenblätter am oberen Rand der ersten Blüte über die grüne und weiße Bordüre hinweg abstecken, heften und mit Staffierstichen aufnähen. Die Blumen der weißen Bordüre und ihre Mitten zusammensetzen und die Kanten 0,6 cm breit einschlagen, damit sie ebenso wie die übrigen Blüten appliziert werden können.

BLÄTTERBORDÜRE

1 Mit wasserfestem Filzstift das Blattmotiv von S. 146 auf Schablonenfolie übertragen und eine Plastikschablone daraus schneiden. Mit der rechten Seite nach unten auf die linke Seite des hellgrünen Stoffs legen und die Konturen mit Bleistift darauf übertragen. Mit dieser Schablone weitere 64 Blätter jeweils mit 0,6 cm Nahtzugaben vorzeichnen.

2 Den lindgrünen Stoff auf der Arbeitsfläche ausbreiten und den hellgrünen Stoff rechts auf rechts darauf legen. In der Mitte jedes aufgezeichneten Blatts beide Lagen zusammenstecken und mit ringsum 0,6 cm Nahtzugabe zuschneiden, dabei die Nadeln stecken lassen.

3 Die Ränder jedes Blatts mit passendem Garn absteppen. Den Stoff bis auf 0,3 cm zurückschneiden. In der Mitte der lindgrünen Seite einen 1 cm langen Einschnitt machen und die Blätter vorsichtig mit einer Stricknadel wenden, dabei die Spitzen herausdrücken. Die Nähte mit dem Fingernagel ausstreichen, damit die Blätter flach liegen.

4 Das Quilttop auf der Arbeitsfläche ausbreiten. Mit Schneiderkreidestift und Lineal den Rahmen der Blätterbordüre in 10 cm Abstand zur dunkelgrünen Einfassung vorzeichnen. Die lindgrünen Streifen für die Bordüre längs in der Mitte falten und den Bruch bügeln. Mit Stecknadeln die Mitte der Stoffstreifen und des aufgezeichneten Rahmens markieren.

5 Einen der langen lindgrünen Streifen rechts auf rechts auf den weißen Stoff legen, so dass er an einer der Längsseiten des vorgezeichneten Rahmens entlangläuft, und die Mittelpunkte ausrichten. Den Streifen abstecken, heften und in 0,3 cm Abstand zur Kante des lindgrünen Streifens mit Vorstichen aufnähen. Dabei 0,6 cm vor den Enden der vorgezeichneten Linien anfangen und enden. Die Heftfäden herausziehen. Den Streifen über die Naht hinweg einschlagen, ohne Druck bügeln und auf dem weißen Stoff abstecken, dann den eingeschlagenen Rand mit Staffierstichen versäubern. Auf der gegenüberliegenden Seite des Rahmens ebenso verfahren, dann an der Ober- und Unterseite des Rahmens, dabei rechtwinklige Ecken formen.

6 Gemäß Diagramm in jede Ecke ein Blatt setzen, um die Nahtlinie zu kaschieren, dann die übrigen Blätter mit rund 7 cm Abstand zueinander am Rahmen entlang verteilen. Die Blätter aufstecken und an der Mittellinie heften. Die Kanten nicht befestigen, damit die Blattränder später etwas hochstehen.

7 Zweifädigen Sticktwist in Grün einfädeln und die mittigen Blattadern mit umschlungenen Steppstichen aufsticken (S. 113), dabei an der Basis jedes Blattes beginnen und 0,6 cm vor der Spitze enden. Die Heftfäden herausziehen und die Rückstiche mit demselben Garn nachsticken, mit dem sie aufgenäht wurden, ohne in den Unterstoff zu stechen.

FERTIGSTELLEN DER BORDÜREN

1 Mit zweifädigem Sticktwist in Rot und einfädigem Sticktwist in Orangerot jeweils fünf oder sieben Spinnwebstiche (S. 133) in die Mitte der kleinen Mohnblumen der Bordüre sticken.

2 Gemäß Diagramm die Blüten der Bordüre auf den Grundstoff stecken und heften, dann mit Staffierstichen und farblich passendem Garn applizieren. Die Heftfäden herausziehen.

QUILTEN

1 Das Quilttop von links ohne Druck bügeln, dabei darauf achten, dass die Blüten nicht zerknautscht werden. Die Teile für die Quiltunterseite zusammenfügen (S. 137). Die Lagen des Quilts aufeinander legen und mit Sicherheitsnadeln zusammenstecken (S. 139).

2 Die ganze Fläche von der Mitte zu den Rändern hin mit farblich passendem Garn absteppen. Die Nähte rings um jede Applikation des Mittelteils nachsteppen, auch die Stängel und die beiden «Herzen» jeder Blüte, ohne die Naht zwischen Blütenblättern und -mitte abzusetzen.

3 Mit weißem Garn mit 2 cm Abstand parallel zu den Stängelkanten Linien quilten. Dort, wo sich mehrere Linien begegnen, steppen Sie die Linien einer Gruppe bis zur äußeren Linie der nächsten Gruppe ab.

4 Mit weißem Garn am Außenrand der dunkelgrünen Einfassung entlang steppen, dann mit farblich passendem Garn an den Blütenmitten und den Blütenblättern entlang. Zum Schluss die weiße Bordüre mit einem diagonalen Gitternetz mit 3,5 cm Abstand zwischen den Steppnähten überziehen.

FERTIGSTELLEN

Alle Fadenenden vernähen. Sicherstellen, dass alle Kanten und Ecken des Quilts gerade und rechtwinklig sind, und bei Bedarf begradigen. Die Quiltfläche zwischen den gegenüberliegenden Mittelpunkten ausmessen und aus dem dunkelgrünen Stoff vier 9 cm breite Streifen in passender Länge zuschneiden und eine Einfassung mit geraden Ecken anfertigen (S. 143).

PFLEGE

Wenn Sie diesen Quilt aus Baumwolle arbeiten, kann er mit lauwarmem Wasser von Hand gewaschen werden. Anschließend das Wasser herausdrücken und den Quilt flach ausgebreitet trocknen lassen, möglichst an einem schattigen Ort im Freien.

ABWANDLUNGEN

- Verwenden Sie andere Farben für andersartige Blüten.
- Applizieren Sie diese Mohnblumen auf einen dunklen Untergrund.
- Applizieren Sie diese Motive mit der Maschine mit kleinen Zickzackstichen. Denken Sie daran, die Kanten 0,6 cm breit einzuschlagen.

Techniken und Schablonen

Berechnen der Stoffmenge

Viele Quilterinnen kaufen ihre Materialien nach Lust und Laune und besitzen irgendwann regelrechte Vorratslager, aus denen sie ihre Stoffe auswählen, wie ein Maler die Farben von seiner Palette. Diese Methode ist verlockend, oft jedoch kostspielig. Für Anfängerinnen ist es sinnvoller, die benötigten Stoffmengen berechnen zu lernen, damit ihnen nicht mittendrin der Stoff ausgeht.

GRUNDSTRUKTUR EINES QUILTS

Traditionell sind Quilts dreilagig. Die oberste Lage kann mit verschiedenen Techniken verziert werden, etwa mit Patchwork, Applikationen oder dekorativen Steppnähten. Patchworkquilts sind überwiegend in Blöcke aufgeteilt (sogenannte «blocks»), zwischen denen Streifen verlaufen. Die meisten Quilts bestehen aus einem Mittelfeld mit einer breiten Bordüre ringsherum. Beim Vorgang des eigentlichen Quiltens werden die drei Lagen, also die dekorative Oberseite (das «Top»), die schlichtere Unterseite und die Vlieseinlage, mit Steppnähten zusammengefügt. Anschließend werden die Ränder mit einer aufwändigen Bordüre und/oder einer kleinen Einfassung versehen.

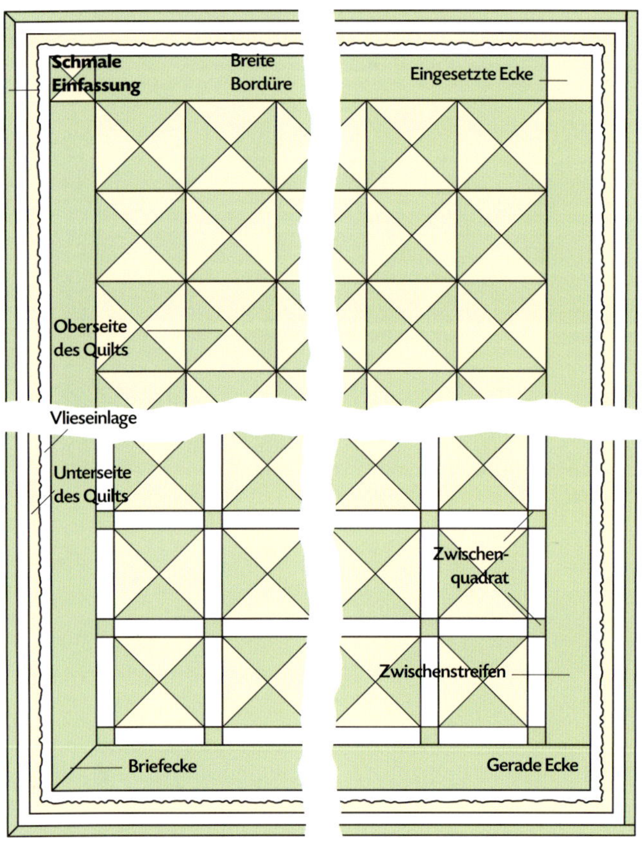

Klassische Quiltaufteilung

QUILTGRÖSSEN

In diesem Buch finden Sie die ungefähre Größe jedes Quilts zu Beginn der einzelnen Anleitungen. Die meisten Modelle lassen sich jedoch ohne weiteres für eine andere Größe oder einen anderen Verwendungszweck abändern, vor allem dann, wenn sie aus gleichartigen Blöcken bestehen. Bevor Sie ein Stück für ein Bett anfertigen, müssen Sie sich gut überlegen, ob Sie einen hübschen kleinen Bettüberwurf oder eine große Tagesdecke haben wollen, ob die Decke über oder unter den Kopfkissen liegen und ob sie bis zum Boden reichen soll. Messen Sie das Bett mitsamt Bettzeug und achten Sie auf die Dicke der Kissen.

***Tipp:** Wenn Sie sich die Größe Ihrer Tagesdecke nicht recht vorstellen können, decken Sie das Bett mit einem Laken ab und stecken Sie die Kanten ringsum in der gewünschten Höhe mit Stecknadeln ab.*

OBERSEITE MIT PATCHWORK

Besteht die Oberseite Ihres Quilts aus einem großen Stoffstück, vielleicht mit einer oder mehreren Applikationen, berechnen Sie die Stoffgröße einfach ebenso wie bei der Unterseite (S. 107). Zum Berechnen, wie viel Stoff man für eine Patchworkarbeit benötigt, braucht man Stift, Papier – und ein bisschen Geduld. Gehen Sie beim Berechnen von einer etwas kleineren Stoffbreite aus, als sie der neue Stoff tatsächlich aufweist, denn er läuft möglicherweise ein und Sie müssen zudem die Webkanten abschneiden. (Liegt Ihr Stoff 112 cm breit, setzen Sie die Breite in der Berechnung mit nur 100 cm an.)

1 Zeichnen Sie Ihr Patchworkmotiv maßstabsgerecht auf Millimeterpapier auf und berücksichtigen Sie dabei die Zwischenstreifen und Bordüren. Kolorieren Sie das Motiv mit je einer Farbe pro Stoff. Zählen Sie ab, wie viele Stücke Sie von jeder Farbe zuschneiden müssen. Nehmen wir an, Ihr Muster umfasst zwanzig Blöcke, von denen jeder aus acht Dreiecken in zwei verschiedenen Stoffen besteht. Dieses Schema leistet Ihnen auch beim Zusammensetzen des Patchworks gute Dienste.

2 Nehmen Sie ein Patchworkelement und zählen Sie, wie oft Sie es mit jeweils 0,6 cm Nahtzugabe auf die Breite des gewünschten Stoffs legen können. Teilen Sie die Gesamtzahl der aus diesem Stoff benötigten Teile durch die Zahl der Teile, die auf eine Stoffbreite passen. (Wenn Sie 160 Dreiecke benötigen und 12 auf eine Stoffbreite passen, dann benötigen Sie 14 Reihen Dreiecke plus Nahtzugaben.) Berechnen Sie die Summe auf Papier und legen Sie die Schablonen in realer Größe auf den Stoff. Wiederholen Sie dies für jedes aus diesem Stoff benötigte Teil und berechnen Sie den Stoffbedarf. Gehen Sie bei den Elementen, die aus anderen Stoffen zugeschnitten werden sollen, genauso vor.

ZWISCHENSTREIFEN UND BORDÜREN

1 Die für die Streifen benötigten Stoffmengen sind wegen ihrer geraden Form leicht zu berechnen. Messen Sie Länge und Breite jedes Streifens, zählen Sie beidseits die Nahtzugaben hinzu sowie 5 cm extra in der Länge.

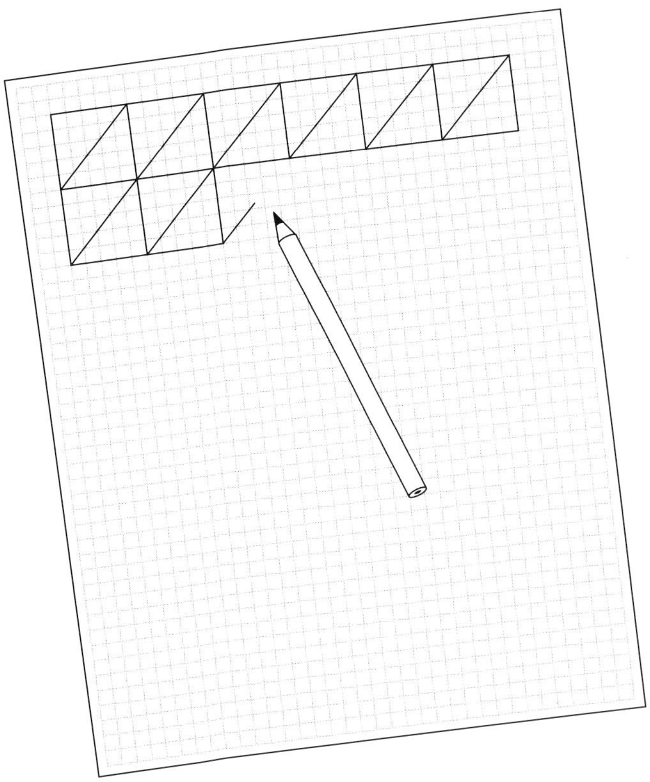

Berechnung der Anzahl der Formen, die auf eine Stoffbreite passen

2 Zeichnen Sie sich ein Schnittmuster auf Millimeterpapier, so dass alle Streifen in Fadenrichtung der Kettfäden liegen. (Kleine Zwischenstreifen lassen sich manchmal quer zum Fadenlauf schneiden, doch meist geht das nicht, so dass man am besten alle gleich ausrichtet.)

3 Fangen Sie mit den längsten Streifen an und fügen Sie die kürzeren nach Bedarf hinzu. Bewahren Sie Stoffreste auf, um sie bei anderen Patchworkarbeiten oder Applikationen wiederzuverwenden.

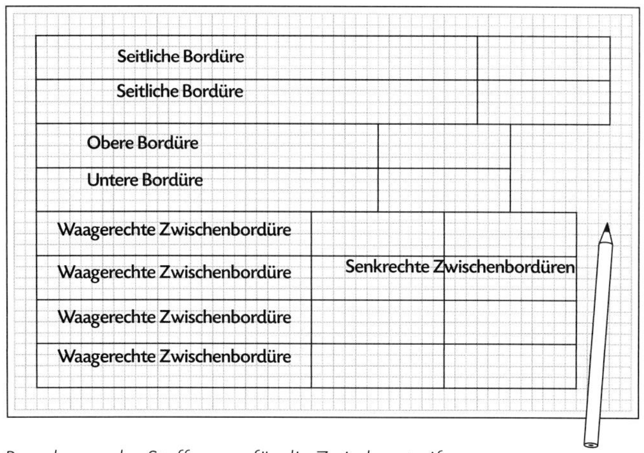

Berechnung der Stoffmenge für die Zwischenstreifen und die Randbordüre

4 Manchmal muss man kurze Zwischenstreifen und die obere und untere Randbordüre quer zur Fadenrichtung zuschneiden, beispielsweise, wenn das Muster es erfordert oder die Bordüre ein eigenes Motiv rings um das Mittelfeld bildet. Schneiden Sie Zwischenstreifen oder Bordüren jedoch niemals schräg zum Fadenlauf.

UNTERSEITE

Rechnen Sie in Länge und Breite des fertigen Quilts eine Nahtzugabe von je 10 cm hinzu. Soll die Decke breiter als der Stoff werden, rechnen Sie aus, wie viele Stoffbreiten Sie benötigen, um die Symmetrie zu wahren. Für einen großen Quilt braucht man manchmal zwei oder drei Stoffbreiten. Durch Multiplizieren der Länge des Quilts plus Nahtzugabe mit der Anzahl Breiten ermittelt man die erforderliche Stoffmenge.

SCHMALE EINFASSUNGEN

1 Addieren Sie die Länge und Breite des fertigen Quilts, multiplizieren Sie die Summe mit zwei und rechnen Sie 50 cm für die Einschläge an den Bordürenrändern und die Briefecken hinzu.

2 Die schmalen Ränder sind meist 6,5 cm breit und können mit dem Fadenlauf, quer oder schräg dazu zugeschnitten werden. Ein 112 cm breit liegender Stoff von einem Meter Länge ergibt rund 12 m schräg zugeschnittene oder 14 m fadengerade Bordüre.

APPLIKATIONEN

Sortieren Sie die Schablonen nach den Stoffen, aus denen sie zugeschnitten werden sollen. Zeichnen Sie die Konturen Kante an Kante auf Papier oder Stoff und richten Sie dabei die längsten Kanten aneinander aus. Sehen Sie eine Nahtzugabe von 0,6 cm vor. Berechnen Sie den Stoffbedarf ebenso wie für die Patchworkteile.

VLIESEINLAGE

Rechnen Sie je 5 cm zur Länge und Breite des fertigen Quilts hinzu. Ist der Quilt breiter als die Vlieseinlage, berechnen Sie die Menge genauso wie für die Unterseite des Quilts.

Vorbereiten des Stoffes

Gewebe bestehen üblicherweise aus Kettfäden (in Längsrichtung) und Schussfäden (in Querrichtung). Die Stoffränder, die sogenannten Webkanten, sind dichter gewebt und starrer als der Rest der Stoffoberfläche. Ein Gewebe dehnt sich niemals im Fadenlauf (in Längsrichtung), sondern ist immer ein wenig dehnbarer in Querrichtung und erheblich elastischer in Schrägrichtung, also im Winkel von 45° zum Fadenlauf.

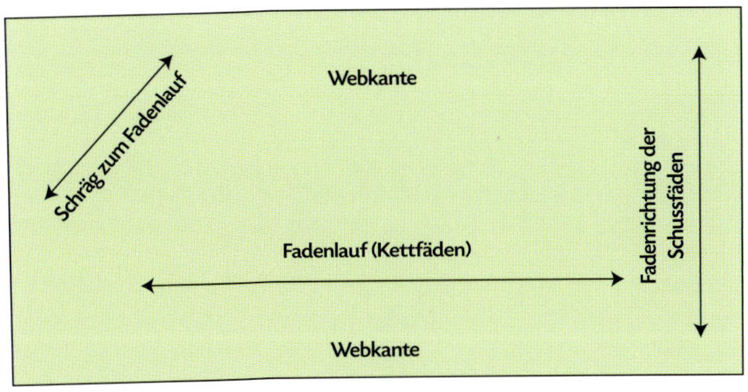

Die verschiedenen Richtungen im Stoff

VORWÄSCHE

Wenn Sie Ihren Quilt später in der Maschine waschen wollen, sollten Sie unbedingt die dafür vorgesehenen Stoffe waschen. Die Vorwäsche zeigt, ob die Gewebe farbecht sind und nicht einlaufen, etwa bei Baumwolle. Wenn Sie schon im Voraus wissen, dass Sie das Stück nur chemisch reinigen werden, beispielsweise, weil die Stoffe empfindlich sind, ist keine Vorwäsche erforderlich. Gerade wegen der Stoffeigenschaften ist sogar davon abzuraten.

1 Prüfen Sie zunächst, ob die Stoffe farbecht sind. Legen Sie sie eine Stunde lang in lauwarmes Wasser. Färben sie aus, sollten sie in folgender Mischung fixiert werden: ein Teil Weißweinessig mit drei Teilen kalten Wassers mischen. Verzichten Sie auf Stoffe, die weiterhin ausfärben, es sei denn, Sie wollen das Stück später ohnehin in die Reinigung geben.

2 Waschen Sie die Stoffe mit kaltem Wasser ohne Waschmittel, damit sie später nicht einlaufen. Abgesehen davon, dass man dabei eventuelle Verschmutzungen entfernt, wäscht man auch die Appretur und schlecht haftende Farbreste aus.

3 Bevor der Stoff ganz trocken ist, zieht man ihn vorsichtig in Längs- und Querrichtung in Form und bügelt mit dem Dampfbügeleisen etwaige Falten heraus. Sie können den Stoff stärken, dann wird er griffiger und ist leichter mit dem Cutter zuzuschneiden. Auf der Wäscheleine ganz trocken werden lassen.

ZUSCHNITT UND AUFBEWAHRUNG

1 Den Stoff auf einer glatten Fläche ausbreiten, ein Winkeldreieck darauf legen und eine der Schmalseiten an der Webkante anlegen, so dass die andere Schmalseite quer zum Fadenlauf liegt. Ein Metalllineal an das Dreieck anlegen und von Webkante zu Webkante einen Strich ziehen oder den Stoff schneiden (S. 121). Schneiden Sie an der Geraden entlang. Zeichnen Sie dann im rechten Winkel zur Schnittkante am rechten und linken Rand je einen Strich und schneiden Sie die Webkanten ab.

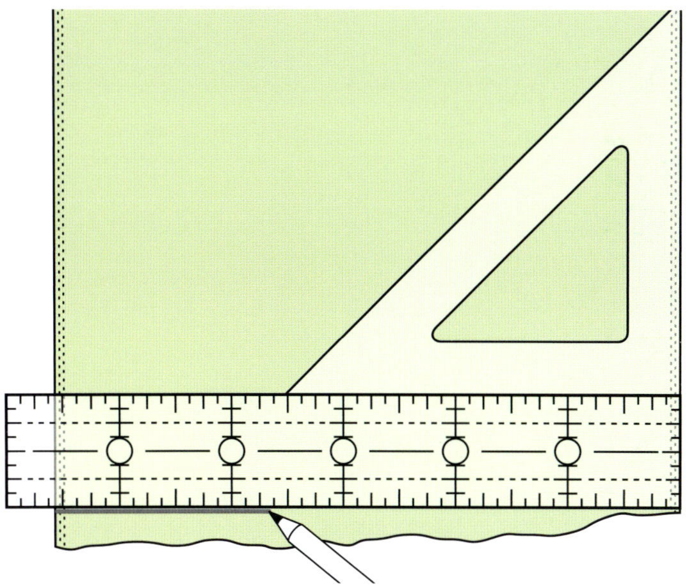

Eine Gerade senkrecht zum Fadenlauf vorzeichnen

2 Falten Sie den Stoff sorgfältig oder rollen Sie ihn auf und bewahren Sie ihn trocken und sauber auf, bis er benötigt wird. Wächst Ihr Stoffvorrat zu einer Sammlung heran, sortieren Sie die Stoffe nach Farben.

Nähte und Stickstiche

Quilts kann man ganz nach persönlichem Geschmack von Hand oder mit der Nähmaschine nähen. Heutzutage benutzen viele Quilterinnen die Nähmaschine, während andere den ruhigen Rhythmus und die traditionellere Wirkung von Handnähten bevorzugen. Das Nähen mit der Maschine geht schneller, dafür kann man beim Handnähen in der Gruppe arbeiten und das Stück überallhin mitnehmen. Sie können natürlich beide Methoden für verschiedene Teile eines Quilts ohne weiteres kombinieren.

Dieses Kapitel gibt Ihnen grundsätzliche Tipps zu Hand- und Maschinennähten. Sie finden hier Erklärungen zu den Stichen, zu denen hier nicht nur Näh-, sondern auch einige Stickstiche zählen, weil sie in manchen der hier vorgestellten Modelle verwendet werden. Empfehlungen zur Verwendung der Nähte beim Zusammensetzen von Patchworkmustern, beim Applizieren eines Motivs oder beim Absteppen eines Quilts finden Sie bei den Anleitungen für die Modelle. Ganz gleich, für welche Naht Sie sich entscheiden: Achten Sie stets auf ausreichendes Licht!

VON HAND NÄHEN

1 Mit Ausnahme von Heftfäden sollte der Nähfaden nur etwa 45 cm lang sein. Ist er länger, verheddert er leicht oder wird bei der Arbeit dünner. Schneiden Sie das Fadenende stets schräg an, damit es sich leichter einfädeln lässt, und verwenden Sie spitze Nähnadeln. Falls Ihnen das Einfädeln schwer fällt, feuchten Sie Nadelöhr oder Fadenende an, damit es nicht ausfranst, oder verwenden Sie einen Einfädler.

2 Damit der Faden sich nicht verknotet oder verdreht, kann man ihn ein paar Mal über einen Block Bienenwachs ziehen. Verdrillt sich der Faden, lässt man die Nadel einfach herunterhängen, bis der Faden sich wieder glättet.

3 Halten Sie die Nadel fest zwischen Daumen und Zeigefinger, aber nicht krampfhaft, so dass die Spitze des Öhrs am Fingerhut auf dem Mittelfinger liegt.

4 Vernähen Sie das Fadenende mit drei kleinen Rückstichen an derselben Stelle. Halten Sie den Stoff so, dass Sie die Naht gut verfolgen können (beim Zusammensetzen von Patchworkteilen so, dass Sie beide Seiten sehen). Führen Sie möglichst gleichmäßige Stiche bei stets gleicher Fadenspannung über die ganze Nahtlänge aus. Liegen die Stiche zu weit voneinander entfernt oder ist der Faden zu locker, klafft die Naht auseinander und reißt schließlich. Ist die Fadenspannung dagegen zu stark, kräuselt sich das Gewebe. Mit ein wenig Übung haben Sie schnell einen gleichmäßigen Rhythmus heraus, um gleich lange Stiche bei gleicher Fadenspannung auszuführen.

5 Am Ende der Naht vernähen Sie den Faden mit einem Knoten in einen Rückstich.

KNOTEN IN EINEM RÜCKSTICH

Am Nahtende muss der Faden stets gut gesichert werden. Eine gute Methode ist ein Knoten, den man in den letzten Rückstich macht. (1) Einen Rückstich machen und die Nadel an dessen Ende ausstechen. (2) Den Faden nur so straff ziehen, dass er eine kleine Schlinge bildet. (3) Die Nadel zunächst durch diese Schlinge, dann durch die Schlinge stechen, wo der Faden aus dem Gewebe kommt.
(4) Den Knoten anziehen und den Faden abschneiden.

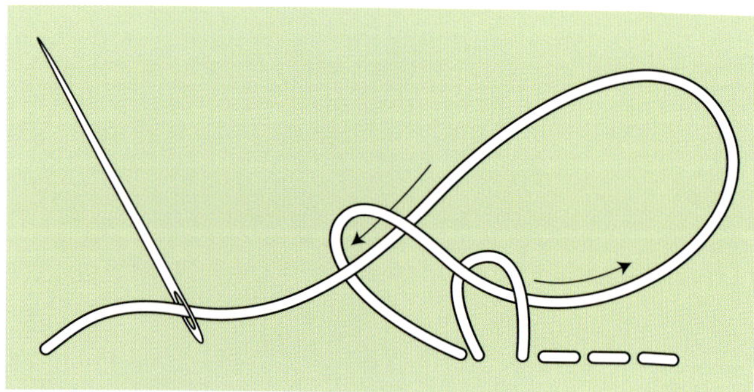

So macht man einen Knoten in einen Rückstich

HANDNÄHTE

Vorstich

Der Vorstich ist für Näh- und Quiltarbeiten am gängigsten. Verwenden Sie dazu ein farblich auf den Stoff abgestimmtes oder notfalls etwas dunkleres Nähgarn. Die Nadel wird gleichmäßig alle 1 bis 2 mm entlang der Nahtlinie eingestochen. Machen Sie mehrere Stiche und ziehen Sie dann erst die Nadel durch. Die Stiche müssen auf der rechten und linken Stoffseite gleich lang sein.

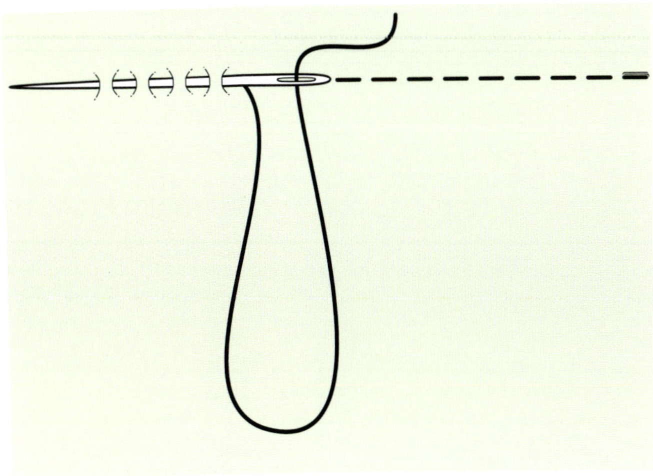

Vorstich

Tipp: *Wenn Sie zwei Stoffe von Hand mit Vorstichen verbinden, können Sie die Naht alle paar Zentimeter mit einem Rückstich verstärken.*

HEFTSTICH

Heftstiche dienen zum provisorischen Zusammenfügen von Stoffstücken bis zum endgültigen Nähen.

Zum Heften benötigt man eine längere Nähnadel und Heftgarn in einer Farbe, die sich vom Stoff gut sichtbar abhebt. In das Fadenende einen Knoten machen und mehrere rund 0,6 cm lange Stiche ausführen, bevor der Faden durchgezogen wird.

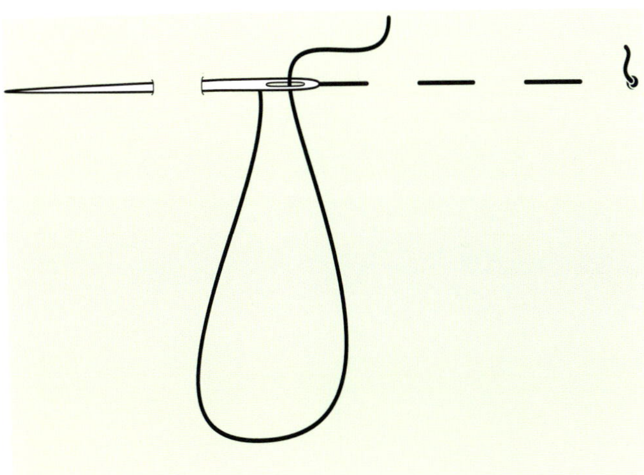

Heftstich

STEHSTICH

Diesen Stich setzt man immer dann ein, wenn Vorstiche schwer möglich sind, beispielsweise weil die Stofflagen zu starr sind, als dass man mehrere Stiche in einem Rutsch ausführen könnte. Die Nadel im rechten Winkel zum Gewebe aufsetzen und abwechselnd von oben und von unten durchstechen.

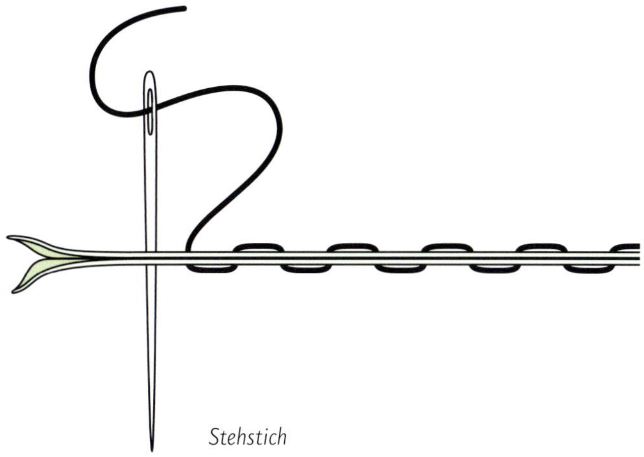

Stehstich

STEPPSTICH

Steppstiche ergeben eine dicke, robuste Naht und eignen sich bestens für Anfang und Ende einer Naht. (1) Die Nadel auf der Nahtlinie ca. 0,3 cm ab Beginn ausstechen. (2) Am Beginn der Nahtlinie 0,3 cm vor der Ausstichstelle einstechen und 0,3 cm dahinter wieder ausstechen. (3) Mit gleichmäßigen Rückstichen weiternähen. Auf der rechten Seite sieht man eine durchgehende Naht, auf der Rückseite überlappen sich die Stiche.

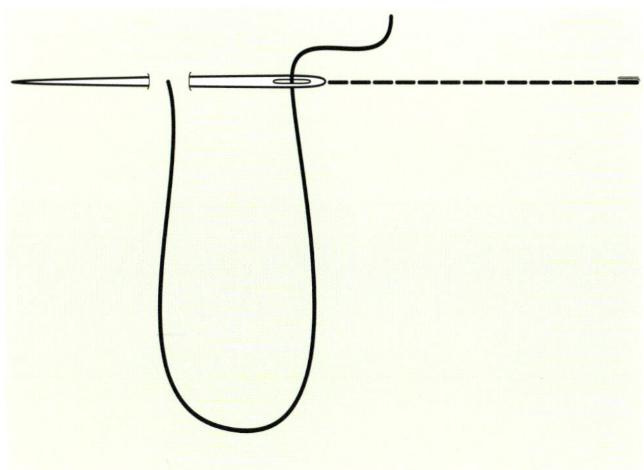

Steppstich

STAFFIERSTICH

Dieser Stich dient zum nahezu unsichtbaren Annähen und Versäubern der eingeschlagenen Stoffkanten von Bordüren und Applikationen. (1) Die Nadel auf der rechten Stoffseite ausstechen, dabei die Bruchkante des oben liegenden Stoffs erfassen. (2) Dicht neben der Ausstichstelle wieder einstechen, diesmal in den unten liegenden Stoff. (3) Die Nadel etwa 0,3 bis 0,6 cm weiter links in der oben liegenden Bruchkante ausstechen. (4) Wiederholen, dabei auf gleichmäßige Abstände achten.

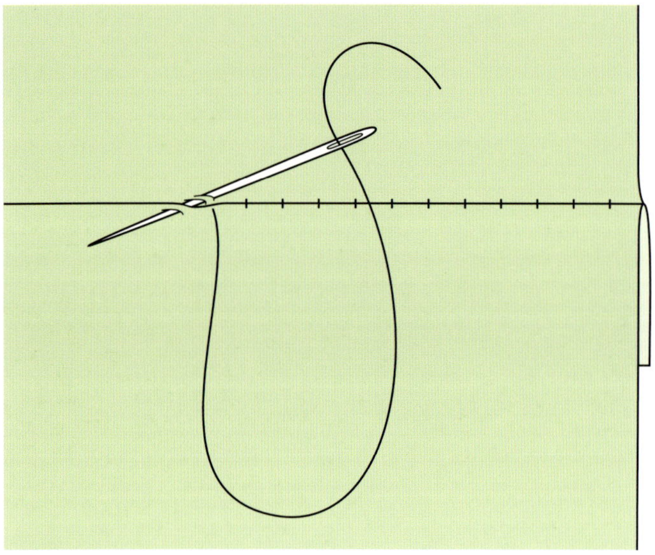

Staffierstich

STICKSTICHE

Kreuzstich

Die Nadel in Punkt A ausstechen und in B einstechen. In C wieder ausstechen und quer über den schrägen Stich hinweg in D oberhalb von A wieder einstechen.

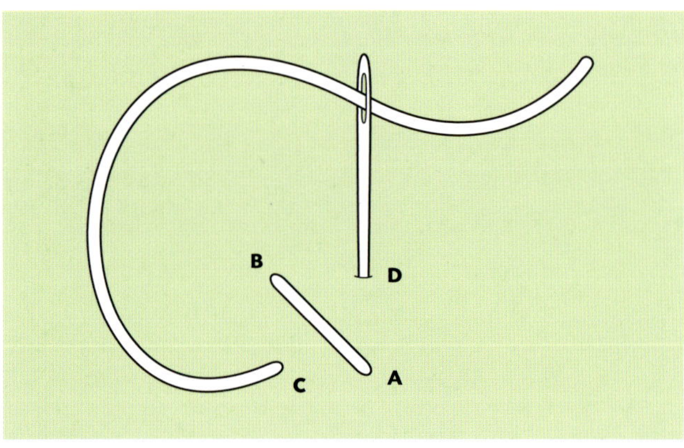

Kreuzstich

FLIEGENSTICH

Die Nadel bei A aus- und weiter rechts bei B wieder einstechen. Den Faden locker lassen und die Nadel bei C auf halber Strecke zwischen A und B, jedoch etwas weiter unten, wieder einstechen. Die Nadel durch die Schlinge A–B führen, den Faden anziehen und die Nadel bei D unterhalb von C wieder einstechen, so dass ein «V» entsteht. Variiert man die Höhe der Stiche, wirken sie wie zufällig verteilt.

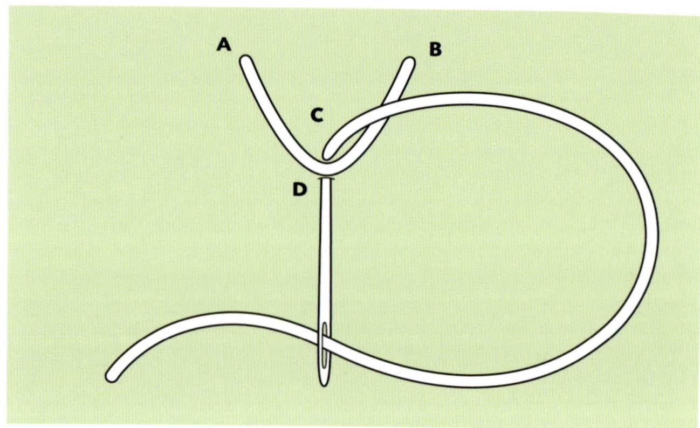

Fliegenstich

Knötchenstich

Die Nadel auf der rechten Seite dort ausstechen, wo der Knoten liegen soll. Die Nadel mit einer Hand festhalten, mit der anderen den Faden spannen und einige Male um die Nadel wickeln (je mehr Schlingen, desto dicker wird der Knoten). Die Nadelspitze dicht neben der Ausstichstelle wieder einstechen und vorsichtig durchziehen, damit der Faden einen Knoten bildet. Mit einem kleinen Rückstich sichern.

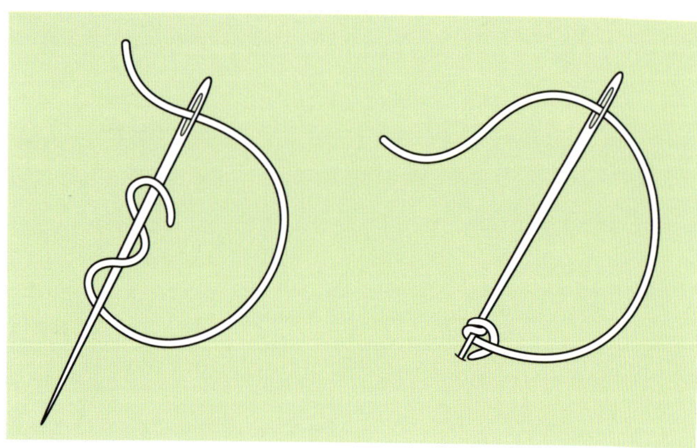

Knötchenstich

HEXENSTICH

Dieser Stich wird von links nach rechts gearbeitet. Die Nadel bei A auf der rechten Stoffseite ausstechen, in B einstechen und in C wieder ausstechen. Quer über den ersten Stich hinweg rechts von A wieder einstechen, so dass der zweite Stich genauso lang ist wie der erste. Die Nadel in E links von D ausstechen; der Abstand muss genauso groß sein wie zwischen C und B. Fortfahren, so dass eine Reihe Stiche entsteht.

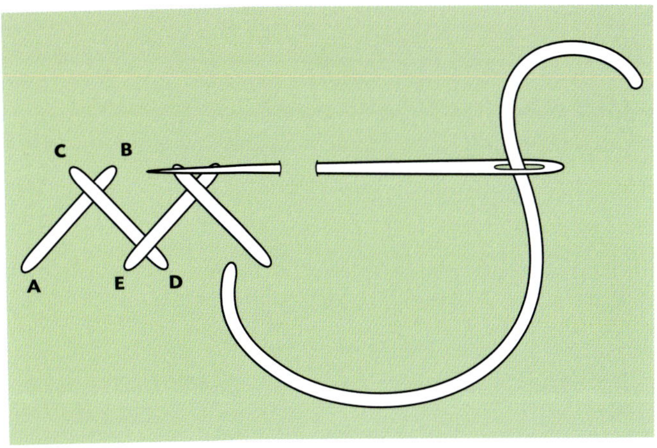

Hexenstich

UMSCHLUNGENER STEPPSTICH

Eine gerade Naht aus Steppstichen nähen und den Faden sichern. Mit einem Faden in derselben oder einer Kontrastfarbe weiterarbeiten. Die Nadel unter dem ersten Steppstich ausstechen und von oben nach unten durch den folgenden Stich stechen. Den Faden durch jeden Stich der Reihe schlingen.

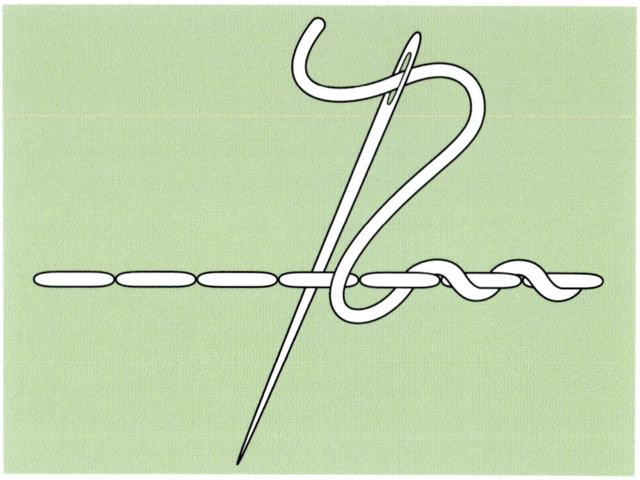

Umschlungener Steppstich

SPANNSTICH IN STERNFORM

Dieses Sternmotiv besteht aus Spann- oder Geradstichen. Die Nadel in der Sternmitte ausstechen und einen langen Spannstich ausführen. Die übrigen Stiche von der Mitte aus ebenso ausführen, bis der achtarmige Stern fertig ist.

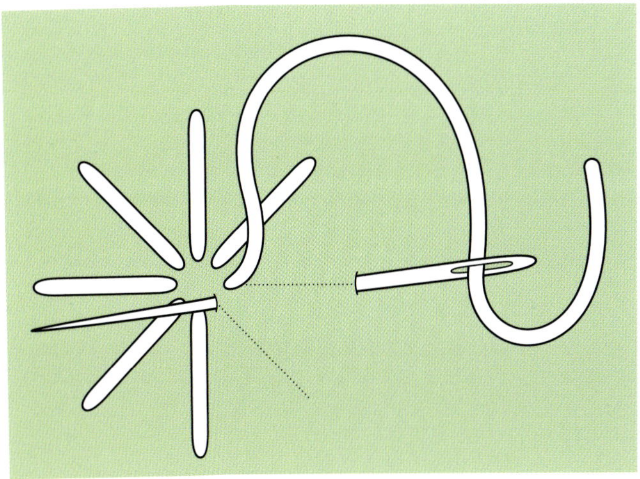

Spannstiche in Sternform

SPINNWEBSTICH

Die Nadel in A ausstechen und in X wieder einstechen. Sternförmig vier kleine Stiche mit gleichmäßigen Abständen in der angegebenen Reihenfolge von B bis E ausführen. Die Nadel zwischen den

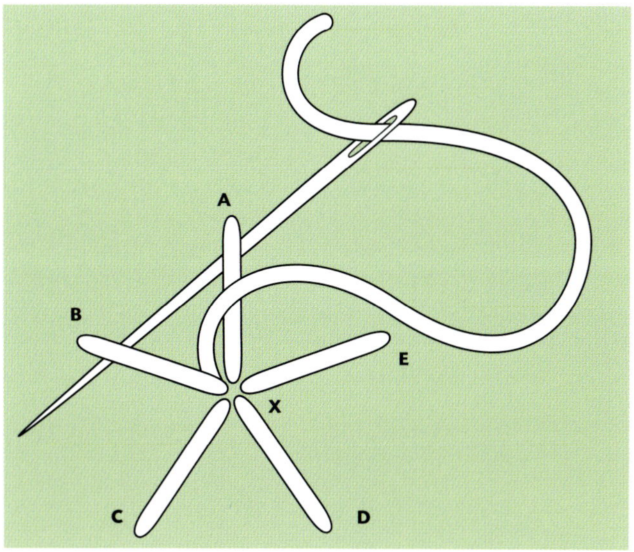

Spinnwebstich

Enden von A und B ausstechen, unter den Stichen A und B herführen und den Faden spannen, so dass er sich um Stich A wickelt. Die Nadel unter den Stichen B und C herführen, den Faden um Punkt B wickeln. Auf dieselbe Weise fortfahren, bis der Stern zu einer Spirale geworden ist, unter der die ersten Stiche verschwinden.

VORBEREITEN DER NÄHMASCHINE

1 Fädeln Sie den Ober- und Unterfaden der Nähmaschine gemäß der Anleitung des Herstellers ein.

2 Prüfen Sie vor dem Nähen, ob Sie mit Ihrer Maschine Nähte in einem bestimmten Abstand vom Stoffrand nähen können (bei den hier vorgestellten Modellen meist 0,6 cm). Vielleicht besitzen Sie einen speziellen Quiltfuß oder können sich an der Kante Ihres normalen Allzweckfußes orientieren, wenn dieser den richtigen Abstand zur Nadel aufweist (füßchenbreit nähen). Hat Ihr Nähfuß nicht die richtigen Maße, behelfen Sie sich mit einer Hilfskonstruktion aus Millimeterpapier. Schneiden Sie einen geraden Papierstreifen ab und zeichnen Sie 0,6 cm von der Schnittkante entfernt eine Linie auf. Stellen Sie die Nadel in Mittelstellung, schieben Sie den Papierstreifen unter den Fuß und senken Sie die Nadel auf die Linie ab. Prüfen Sie, ob der Streifen gerade liegt, und fixieren Sie ihn mit Klebeband auf der Arbeitsfläche der Nähmaschine. Schneiden Sie das Papier um die Nadel herum ab.

3 Prüfen Sie, ob die Maschine genau arbeitet. Schneiden Sie drei Stoffstreifen von je 4,2 x 10 cm zu und nähen Sie diese an den Längskanten zu einem dreifarbigen Block zusammen. Die Nähte umbügeln und die Breite des mittleren Streifens messen. Misst er nicht exakt 2,5 cm, muss Ihre Nahtführung anders eingestellt werden.

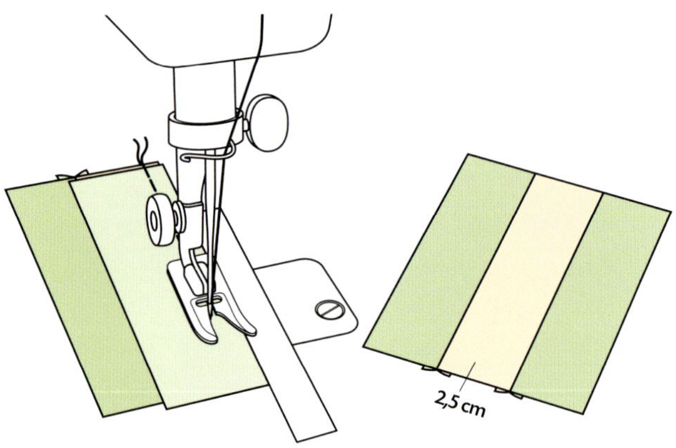

Einen dritten Streifen mit Hilfe einer Führschiene annähen, nachdem die ersten beiden Streifen bereits zusammengenäht sind

4 Prüfen Sie vor dem Nähen die Fadenspannung. Stellen Sie die Maschine auf Geradstich und die Stichlänge auf 2 bis 3 ein. Schneiden Sie aus Stoffresten zwei gleich große Dreiecke so zu, dass die Längsseiten schräg zum Fadenlauf liegen. Der Stoff muss genauso schwer sein wie Ihr späteres Quiltmaterial. Legen Sie die Dreiecke aufeinander und nähen Sie sie an der Längsseite zusammen. Ziehen Sie kräftig an den Spitzen des Dreiecks. Reißt der Oberfaden, ist die Spannung zu hoch; reißt der Unterfaden, ist sie zu gering. Stellen Sie die Fadenspannung wie vom Hersteller angegeben richtig ein und versuchen Sie es erneut.

NÄHEN MIT DER MASCHINE

1 Den Stoff unter den Nähfuß schieben und dabei die Schnittkante an der Führung ausrichten. Die Stichlänge auf 2 bis 3 einstellen. Kann Ihre Maschine rückwärts nähen, machen Sie am Nahtbeginn zunächst einige Rückstiche und kehren dann zum Nahtbeginn zurück. Sie können auch mit mehreren Stichen auf der Stelle beginnen.

2 Zunächst langsam nähen. Legen Sie die Hände beiderseits der Nadel unmittelbar vor dem Nähfuß auf den Stoff und spannen Sie ihn ein wenig. Führen Sie den Stoff so, dass die Nadel genau die vorgesehene Nahtlinie absteppt. Ziehen Sie Stecknadeln rechtzeitig heraus, damit die Nadel sie nicht übernäht (dadurch wird die Nadelspitze stumpf und sie kann den Stoff beschädigen).

3 Am Ende der Naht den Faden mit ein paar Rückstichen oder Stichen auf der Stelle sichern.

4 Alternativ können Sie den Faden an Anfang und Ende der Naht auch lang hängen lassen und verknoten. Ziehen Sie dazu vorsichtig am Oberfaden, bis eine Schlinge des Unterfadens auf der Stoffoberseite erscheint. Mit einer Stecknadel das Ende durchziehen und beide Fäden in eine Nadel einfädeln. Durchstechen, auf der linken Seite einen Knoten machen und den überstehenden Faden abschneiden. Diese Methode ist ideal für Applikationen und Steppnähte, die auf der Quiltoberseite anfangen oder enden und möglichst unsichtbar vernäht werden sollen.

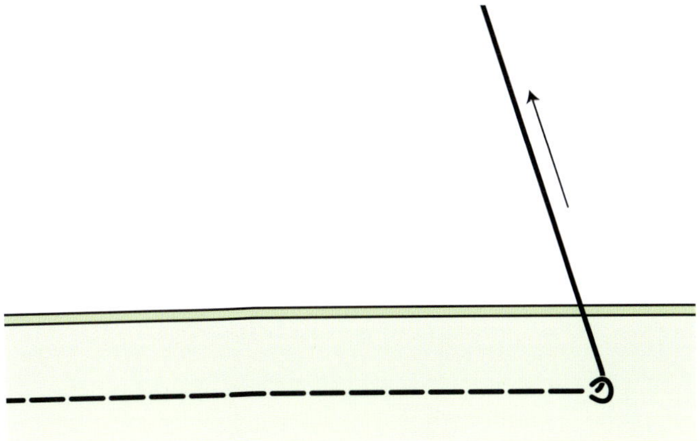

Den Unterfaden auf die rechte Stoffseite holen

5 An Ecken und Spitzen näht man bis 2 cm vor die Ecke. Die Stichlänge kleiner stellen und bis zur Ecke weiternähen. Die Nadel im Eckpunkt stecken lassen, den Nähfuß anheben und den Stoff um die Nadel drehen. Prüfen, ob die Stoffkante genau parallel zum Nähfuß liegt, und falls nötig korrigieren. Die ersten 2 cm mit kleinen Stichen ausführen, dann wieder die normale Stichlänge einstellen.

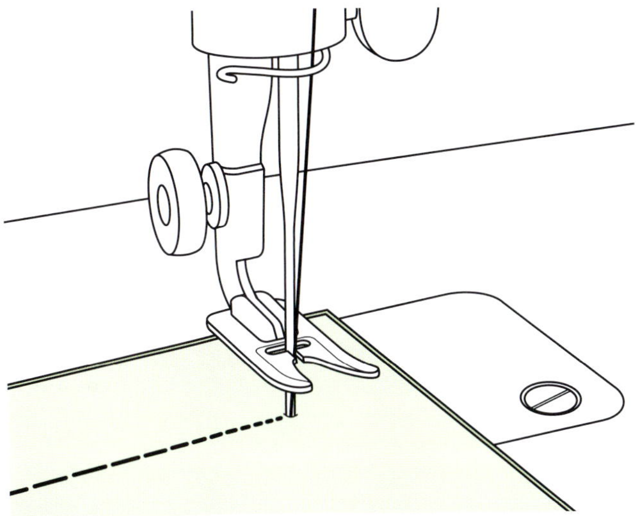

Nähen einer Ecke

MASCHINENNÄHTE

Geradstich (Steppstich)

Selbst wenn Ihre Maschine eine ganze Reihe aufwändigerer Stiche beherrscht, benötigen Sie in den allermeisten Fällen nur den Grundstich. Normale Geradstiche mit einer Stichlänge von 2 bis 3 sind zum Nähen und Absteppen von Quilts ideal. Die Stiche müssen stabile Nähte ergeben und dürfen nicht zu klein sein, damit man sie notfalls leicht wieder auftrennen kann.

Heftnaht

Für Heftnähte stellt man die Stichlänge auf die größte Zahl ein. Den Faden weder am Anfang noch am Ende der Naht sichern.

Zickzackstich

Dieser Stich dient zum Anbringen von Applikationen. Genäht wird mit dem Allzweckfuß oder einem Zickzackfuß speziell zum Applizieren, eventuell aus transparentem Kunststoff. Die Stichlänge sehr kurz einstellen, damit ein relativ dichtes Zickzackmuster entsteht. Die Nadel nach rechts stellen und den Rand des Motivs so unter den Nähfuß schieben, dass die Nadel beim Zickzackstich abwechselnd die Applikation (links) und den darunter liegenden Stoff (rechts) erfasst. Langsam über die Kante hinwegnähen.

Bei gebogenen Kanten die Nadel in den Stoff stechen, den Nähfuß anheben und den Stoff drehen. Bei konkaven Bögen die Nadel in die Applikation stechen, bei konvexen Bögen in den Grundstoff. Üben Sie diese Methode zunächst an einem Stoffrest, bevor Sie größere Bögen nähen.

Zickzackstich

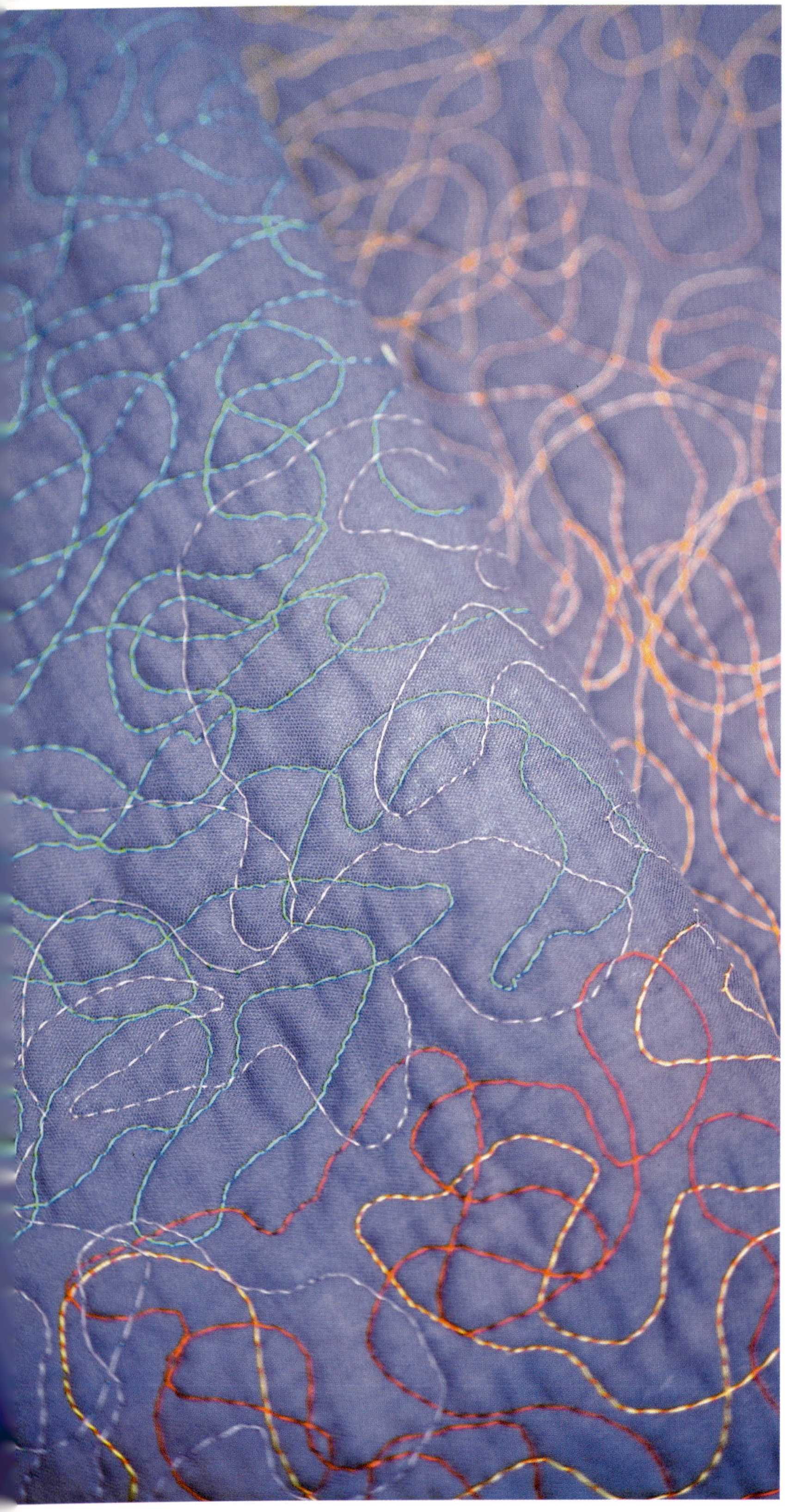

Freihandstiche

Für Freihandstiche und Maschinenstickereien sind spezielle Einstellungen erforderlich. Sie benötigen dazu eventuell einen Stick- und Stopffuß für Ihre Maschine. Die Stichlänge wird auf null gestellt. Die Greifer der Transportplatte absenken oder eine Stopfplatte auflegen, damit Sie den Stoff in jede beliebige Richtung drehen können. Den Hebel des Nähfußes absenken und die Nadel in den Stoff stechen. Nun den Unterfaden durchholen und beide Fäden festhalten, damit sie am Nahtanfang nicht mit erfasst werden. Den Stoff mit den Händen festhalten oder auf einen Stickrahmen spannen. Bewegen Sie die Arbeit kontinuierlich weiter, damit die Stiche klein und gleichmäßig werden. Die Stichlänge hängt davon ab, wie schnell Sie den Stoff bewegen. Versuchen Sie, nicht zu langsam zu sticken, denn ein einigermaßen schnelles Steppen ergibt gleichmäßigere Stiche.

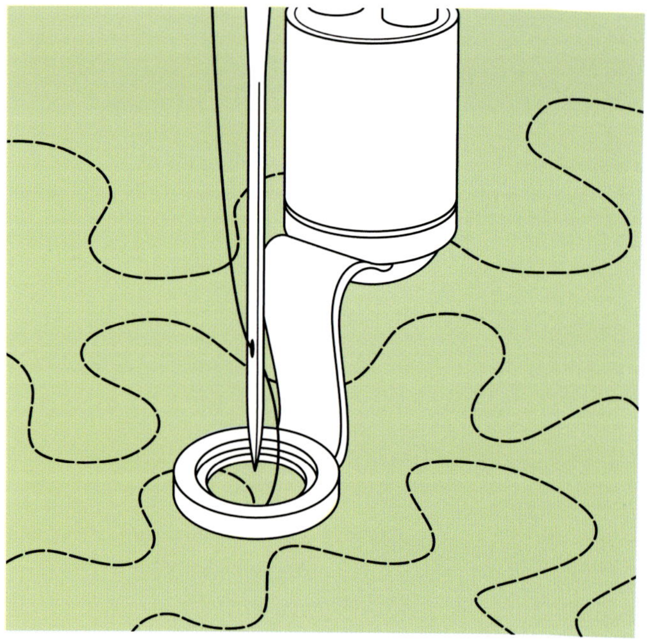

Freihandquilten

Nähte auftrennen

Ziehen Sie niemals an den Fäden einer Naht, denn sonst reißt womöglich der Stoff oder verformt sich vollkommen. Zum Auftrennen einer Naht schneidet man in gleichmäßigen Abständen einzelne Stiche mit dem Trennmesser auf. Notfalls hebt man den Faden mit einer Stecknadel an, damit man die Klinge darunterschieben kann. Von der linken Seite den Unterfaden vorsichtig herausziehen und die Fadenenden auf der rechten Seite herauszupfen.

Bügeln

ALLGEMEINES

Das Bügeln ist für eine schöne Gesamtwirkung unerlässlich. Benutzen Sie zum Glätten von Falten und zum Ausbügeln der Nähte ein sauberes, heißes Dampfbügeleisen. Das Bügeleisen wird nicht wie sonst hin- und hergeschoben, sondern auf die entsprechende Stoffstelle gedrückt und wieder angehoben, deshalb spricht man auch von «Pressen».

NAHTZUGABEN BÜGELN

Machen Sie es sich zur Gewohnheit, wenn Sie ein Patchwork zusammensetzen, die Nahtzugaben immer gleich nach dem Nähen zu bügeln. Dadurch erleichtern Sie sich das Zusammensetzen und die Nähte lassen sich akkurater ausrichten. Die Stoffkanten werden jeweils zu einer Seite umgelegt, um die Naht zu verstärken und zu verhindern, dass die Vlieseinlage sich zwischen den Stichen durchdrückt. Bei Kontrastfarben schlägt man die Zugaben unter den dunkleren Stoff, damit sie nicht durchscheinen; aufeinander folgende Nahtzugaben abwechselnd nach links und rechts bügeln, damit sie nicht zu sehr auftragen. Bei gebogenen Nähten lassen sich die Nahtzugaben manchmal nur zu einer Seite legen, will man ein möglichst flaches Stoffbild erzielen.

1 Nach dem Nähen die Stoffstücke auf das Bügelbrett legen. Das Stück, zu dem die Nahtzugaben hingeschlagen werden sollen, liegt oben. Von rechts die Naht umbügeln.

2 Das obere Stoffstück anheben und über die Nahtzugaben legen. Mit dem Bügeleisen über die Naht gleiten oder sie mit dem Fingernagel ausstreichen. (Einen Nagel aufsetzen und die Fingerspitze mit dem Daumen herunterdrücken, während sie über die Naht fährt.)

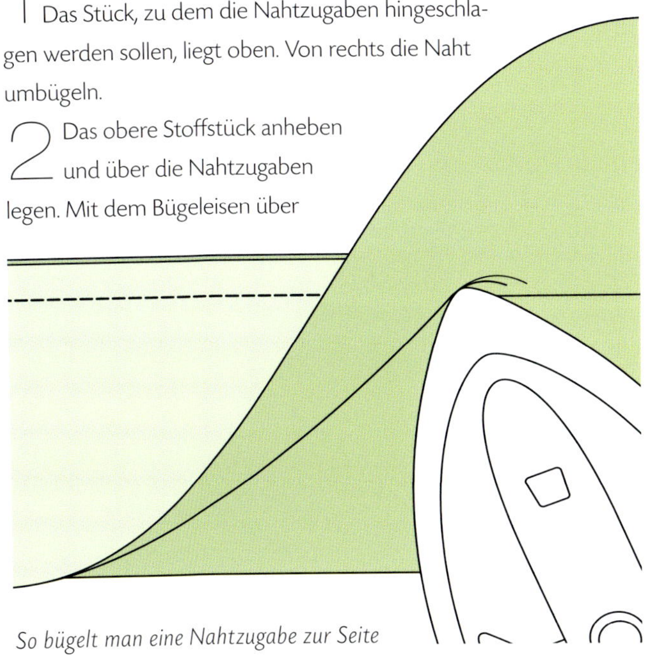

So bügelt man eine Nahtzugabe zur Seite

3 Ein Bügeltuch verhindert, dass der Stoff glänzend wird. Denken Sie daran, dass das Eisen eher aufgepresst als geschoben werden soll.

4 Falls Sie die Nahtzugabe zum helleren Stoff hin umlegen müssen, schneiden Sie den dunkleren Stoff vorsichtig bis kurz vor der Naht zurück, bevor Sie weiterarbeiten. Dadurch verhindern Sie, dass die dunkle Farbe allzu auffällig durch die hellere durchscheint.

EMPFINDLICHE STOFFE BÜGELN

Stoffe aus 100% Baumwolle sind für Patchworkarbeiten ideal. Sie verformen sich nicht, fransen nur geringfügig aus und lassen sich heiß bügeln. Manche Stoffe sind aber so dünn oder so seidig, dass sie sich nur schwer verarbeiten lassen, andere fransen leicht aus (vor allem bei ausgeschnittenen Einzelmotiven) oder vertragen keine Wärme. Empfindliche Gewebe oder Synthetikstoffe sollte man nicht mit Dampf bügeln. Das heißt natürlich nicht, dass Sie diese Stoffe völlig meiden sollten. Sie erfordern jedoch eine besondere Sorgfalt und eignen sich deshalb für Anfängerinnen nur bedingt.

Stellen Sie das Bügeleisen entsprechend dem Stoff ein und verwenden Sie für die rechte Seite möglichst ein Bügeltuch. Weist die rechte Seite Stickereien auf, legen Sie diese mit der rechten Seite auf ein Frottiertuch. Dicke Stoffe wie Samt legt man am besten mit der rechten Seite auf ein zweites Stück Samt. Bügeln Sie ohne Druck mit Dampf, damit die Veloursfasern oder die Stickereien nicht platt gedrückt werden. Im Zweifelsfall machen Sie lieber an einem Stoffrest eine Bügelprobe.

APPLIKATIONEN BÜGELN

Alle Applikationen müssen vor dem Festnähen auf dem Grundstoff gebügelt werden. Nach dem Applizieren nochmals ohne Druck mit Bügeltuch bügeln, jedoch möglichst kurz, damit die Applikationen nicht allzu sehr platt gedrückt werden und plastisch bleiben.

Patchwork

Viele verstehen unter «Patchwork» und «Quilt» weitgehend dasselbe. Patchwork deckt aber ganz unterschiedliche Stile ab. Der viereckige Block ist im traditionellen Patchwork die wichtigste Grundform. Es gibt inzwischen eine Vielzahl von Motiven, die darauf aufbauen und die sich vor allem in Nordamerika herausbildeten. Diese Techniken sind auch heute noch auf der ganzen Welt beliebt, viele Quilterinnen kreieren inzwischen aber auch Patchworks aus komplexen geometrischen Formen oder mit weich fließenden Linien. Kein Stück ist wie das andere, doch jedes für sich ein kleines Kunstwerk.

Sogenanntes Crazy Patchwork besteht aus unterschiedlich geformten Teilen, die ohne erkennbare Systematik angeordnet sind. Sie erinnern an die ersten englischen Quilts, die man aus winzigen Stoffstückchen zusammensetzte, denn das waren Kostbarkeiten, die man nicht verschwenden durfte.

Das Geheimnis eines gelungenen Patchworks ist Präzision, angefangen beim Maßnehmen, über die Schablonenherstellung und den Zuschnitt bis hin zum akkuraten Nähen.

SCHABLONEN HERSTELLEN

Schablonen sind starre Formen, die man auf den Stoff legt, um die Umrisse darauf zu übertragen. Patchworkschablonen beinhalten meist eine Nahtzugabe, Schablonen für Applikationen dagegen nicht.

Die in diesem Buch vorgestellten Stücke wurden durchweg mit Nahtzugaben von 0,6 cm genäht, doch findet man auch häufig solche mit Nahtzugaben von 0,5 cm für Handnähte oder 0,7 cm für Maschinennähte.

Wenn Sie Patchworkschablonen benötigen, gehen Sie am besten wie folgt vor:

1 Die Schablonen des gewünschten Modells falls nötig vergrößern und gemäß Anleitung abpausen.

2 Wählen Sie ein geeignetes Material für Ihre Schablonen. Wenn Sie sich für Pappe entscheiden, kleben Sie das Kopierpapier mit Haftspray darauf. Wenn Sie Kunststoff bevorzugen, legen Sie einen Bogen Schablonenfolie auf die Vorlage und pausen sie darauf ab.

3 Die Linien sorgfältig mit einer Papierschere ausschneiden und mit der Vorlage vergleichen.

4 Weisen die Schablonen gebogene oder gewellte Kanten auf, zeichnen Sie vor dem Ausschneiden beiderseits der späteren Nahtlinie Markierungen auf der Schablone ein. Mit dem Bastelcutter an diesen Stellen kleine Kerben machen oder mit einem wasserfesten Filzstift markieren.

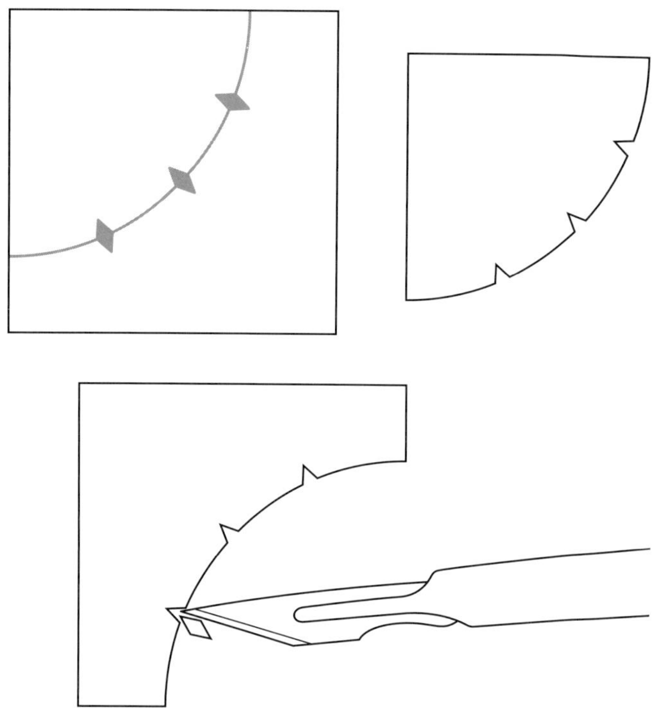

Markierungen an einer Bogenkante setzen und ausschneiden

5 Vermerken Sie auf jeder Schablone, zu welchem Modell sie gehört, wie viele Teile Sie damit zuschneiden müssen und falls nötig auch, ob die Schablone in einer bestimmten Richtung auf den Stoff gelegt wird oder vielleicht bei einem Teil der Motive spiegelverkehrt sein muss.

SCHABLONEN AUF DEN STOFF ÜBERTRAGEN

Schablonen sind praktisch unerlässlich zum Übertragen komplexerer Formen auf Stoff. Sie eignen sich auch für einfache Konturen, doch kommt man dabei mit einem Rollschneider und einem Patchworklineal weitaus schneller voran (S. 120 und 122). Bei beiden Methoden ist es üblich, die Schablonen für handgenähte Patchworks ohne Nahtzugabe auszuschneiden, für Maschinennähte jedoch von vornherein mit Nahtzugabe.

1 Breiten Sie den Stoff auf einer ebenen, möglichst nicht allzu glatten Fläche aus, damit der Stoff nicht rutscht. (Eine große Holzplatte oder ein Tisch mit Tischtuch reicht völlig aus.)

2 Schauen Sie sich Ihr Modell gut an und überlegen Sie, ob es darauf ankommt, den Stoff in einer bestimmten Richtung zuzuschneiden, oder ob der Musterverlauf zu beachten ist. Sie können beispielsweise ein Muster auf den Zwischenstreifen und Bordüren des Quilts in derselben Richtung verlaufen lassen oder ein bestimmtes Motiv in jedem Teil des Patchworks auftauchen lassen. Wichtig ist die Richtung auch bei flauschigen oder bestimmten reflektierenden Stoffen. Achten Sie schon beim Auflegen der Schablonen auf solche Fragen.

3 Legen Sie den Stoff mit der rechten Seite nach unten auf die Arbeitsfläche. Achten Sie auf gerade Stoffkanten (S. 109).

4 Mit einem wasserlöslichen Filzstift oder einem Schneiderkreidestift die Umrisse der auszuschneidenden Teile vorzeichnen. Wenn Sie das Patchwork mit der Maschine nähen wollen, verwenden Sie Schablonen mit Nahtzugabe. Übertragen Sie die Umrisse der Schablone so oft auf den Stoff, wie Sie Einzelteile benötigen. Zeichnen Sie die Teile direkt aneinander, um möglichst wenig Verschnitt und wenige Schnittlinien zu haben. Legen Sie die Schablonen mit der rechten Seite nach unten und richten Sie die darauf vorgegebene Pfeilrichtung für den Fadenlauf aus. Zeigt die Schablone keine bestimmte Richtung an, legen Sie eine gerade Seite in Fadenrichtung oder quer dazu an, gebogene Kanten stets in Schrägrichtung. Wenn Sie Formen spiegelverkehrt benötigen, legen Sie die Schablone mit der linken Seite auf die linke Stoffseite.

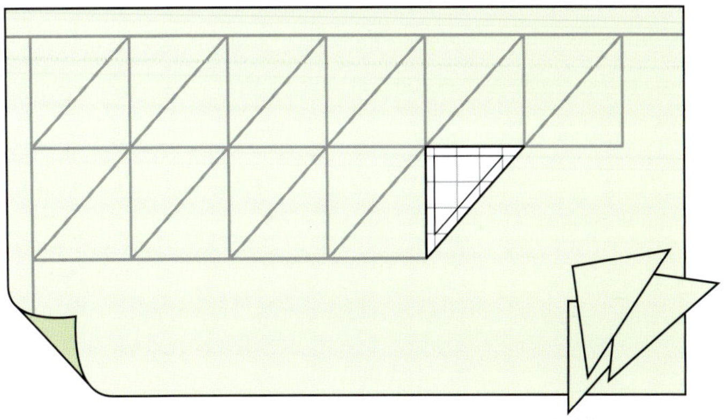

Reihen von Dreiecken auf die linke Stoffseite mit einer Schablone übertragen, in diesem Fall für Maschinennähte

5 Wollen Sie Ihr Patchwork von Hand zusammennähen, verwenden Sie Schablonen ohne Nahtzugabe. Legen Sie sie auf die linke Stoffseite und lassen Sie ringsum genügend Platz für die Nahtzugaben. Zeichnen Sie die Formen wiederum direkt aneinander und markieren Sie mit einem Punkt die Enden der Nähte. Zeichnen Sie mit Hilfe eines Nahtzugabelineals (für gerade Kanten) oder eines Kurvenlineals (für Bögen) eine Nahtzugabe von 0,6 cm rings um die Kontur. Legen Sie das Lineal an der jeweiligen Linie an und zeichnen Sie eine zweite Linie daneben. Das nächste Teil in genügend Abstand für die nächste Nahtzugabe anlegen und ebenso verfahren. Vergessen Sie nicht, dass die Formen an den Außenlinien, nicht an den Nahtlinien ausgeschnitten werden.

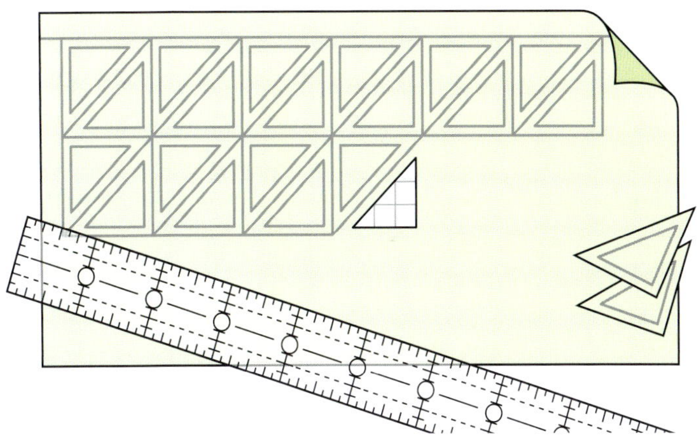

Reihen von Dreiecken mit Nahtzugaben auf den Stoff übertragen, hier für Handnähte

TEILE ZUSCHNEIDEN

Am besten schneidet man alle benötigten Teile für die Quiltoberseite auf einmal aus. Zum einen können Sie dann sicher sein, dass Sie genügend Stoff haben, zum anderen sparen Sie viel Zeit, vor allem dann, wenn Sie immer mehrere Stücke auf einmal zuschneiden. Sortieren Sie die Teile nach Form und Farbe und verwahren Sie sie in Plastiktüten. Vermerken Sie darauf, wo im Quilt die Teile hingehören. So bleibt der Stoff sauber und Sie finden alles mühelos wieder.

Einzelteile zuschneiden

Nachdem Sie alle Formen auf den Stoff übertragen haben, schneiden Sie diese mit der Stoffschere oder dem Rollschneider zu. Mit Letzterem können Sie rasch und leicht Geraden schneiden, für Applikationen und Rundungen eignet sich eine Schere besser. Achten Sie vor dem Schneiden darauf, dass jede Form die richtige Nahtzugabe aufweist.

Dreiecke mit der Schneiderschere zuschneiden

So geht's schneller mit der Stoffschere

Mit der nachfolgenden Methode lassen sich Streifen und einfache geometrische Figuren wie Quadrate, Rechtecke und Dreiecke im Nu zuschneiden. Sie können damit bis zu sechs Stofflagen in einem Arbeitsgang zuschneiden, ohne jedes Mal die Formen aufzeichnen zu müssen.

1 Zählen Sie, wie viele Stücke Sie aus jedem Stoff benötigen, und rechnen Sie aus, wie viele Stofflagen Sie gleichzeitig schneiden müssen. Wenn eine Stoffbreite beispielsweise 12 Dreiecke ergibt und Sie 36 Stück von derselben Stoffart benötigen, können Sie den Stoff längs halbieren und sechs Lagen gleichzeitig schneiden.

2 Legen Sie einen Stoff mit der rechten Seite nach unten auf Ihre Arbeitsfläche. Zeichnen Sie eine Reihe Formen über die ganze Breite. Beginnen Sie dabei an der quer zum Fadenlauf verlaufenden Schnittkante. Die übrigen Stofflagen mit der rechten Seite nach unten auf eine gut geschützte Arbeitsfläche legen, exakt ausrichten und jede Lage nach dem Auflegen bügeln. Den Abschluss bildet die Stofflage mit dem aufgezeichneten Muster.

3 Alle Lagen innerhalb jeder einzelnen Form mit Stecknadeln zusammenstecken. Zunächst an den längsten Linien entlang schneiden, so dass lange Streifen entstehen, und diese wiederum in Einzelformen zerteilen.

4 Um spiegelverkehrte Formen mit dieser Technik zu schneiden, legen Sie die Stoffe abwechselnd mit der rechten und der linken Seite nach unten auf die Fläche. Wenn Sie eine Schablone benutzen, legen Sie sie wie sonst auch auf die oberste Stofflage. Die «falsch herum» liegenden Lagen ergeben die benötigten spiegelverkehrten Formen.

SO GEHT'S SCHNELLER MIT DEM ROLLSCHNEIDER

Für den Zuschnitt mehrerer einfacher geometrischer Formen auf einmal ist der Rollschneider unschlagbar. Achten Sie darauf, dass die Klinge sehr scharf ist, und benutzen Sie eine Schneidematte.

Wenn Sie Linkshänderin sind, ist es vermutlich einfacher, wenn Sie die folgenden Zeichnungen spiegelbildlich betrachten, denn Sie schneiden am linken Linealrand entlang.

1 Den Stoff in Fadenrichtung einmal falten, die Webkanten exakt aufeinander legen und bügeln, dabei vor allem den Stoffbruch fixieren. Das Ganze wiederholen, so dass Sie vier Stofflagen haben.

2 Den gefalteten Stoff so auf die Schneidematte legen, dass die Bruchkanten oben und unten liegen. Das Patchworklineal nahe der Schnittkante anlegen und eine der horizontalen Linien darauf am oberen oder unteren Stoffbruch ausrichten, so dass die Schneidekante quer zum Fadenlauf liegt. Das Lineal mit der linken Hand weit vor der Kante fest auf den Stoff drücken und mit dem Rollschneider den Stoff an der Linealkante entlang schneiden – und zwar von der nächstgelegenen Bruchkante aus vom Körper weg.

Der Schnitt soll gleichmäßig und glatt erfolgen. Stoppen Sie den Cutter, sobald Sie über Ihre Hand hinaus sind. Verschieben Sie die Hand, ohne den Cutter zu bewegen. Das Lineal wieder festhalten und weiterschneiden, bis Sie den anderen Rand erreicht haben.

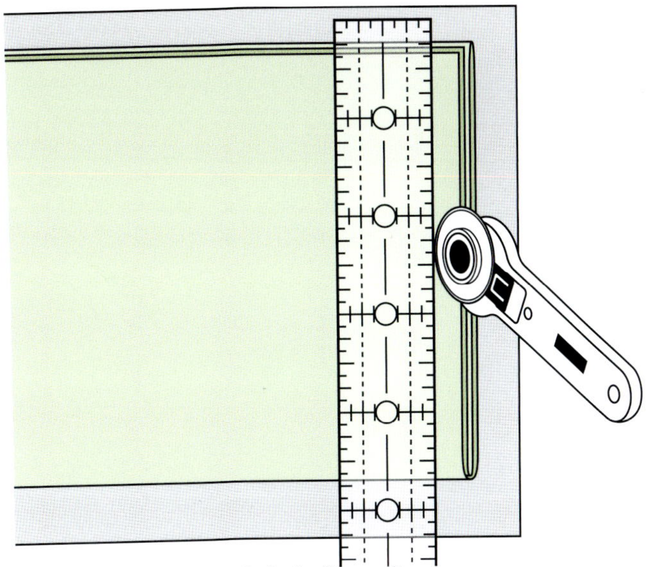

Die Stoffkante quer zum Fadenlauf begradigen

3 Die Schneidematte um 180° drehen und den Stoff von links nach rechts in Streifen schneiden. Das Lineal in der erforderlichen Streifenbreite plus beiderseitiger Nahtzugabe auf den Stoff

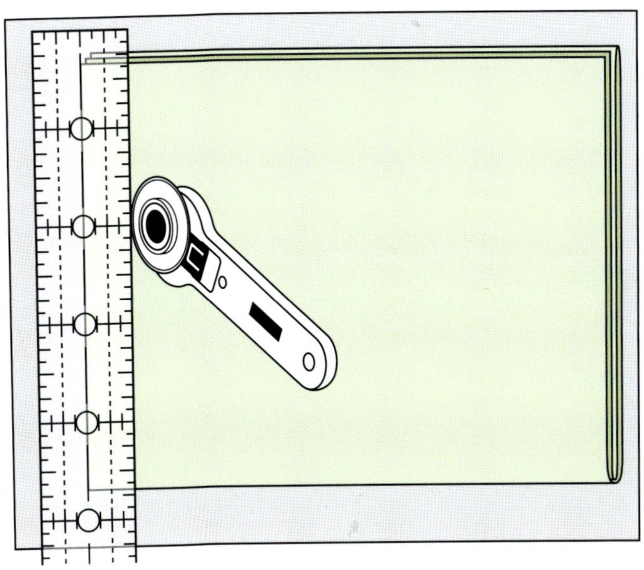

Den ersten Streifen zuschneiden

legen, so dass die Markierungslinie mit dem linken Stoffrand übereinstimmt und der rechte Rand die gewünschte Schnittlinie markiert. Das Lineal mit der Hand auf den Stoff drücken und den Rollschneider an der geraden Linealkante entlangrollen.

4 Den ersten Streifen auseinander falten und prüfen, ob die Kanten genau parallel liegen. Die restlichen benötigten Streifen ebenso zuschneiden.

5 Die Streifen aufeinander legen. Falls Sie spiegelverkehrte Teile benötigen, achten Sie darauf, dass einige Streifen rechts auf rechts liegen. Den Stoffstapel wieder auf die Schneidematte legen und den Streifen in die benötigten Einzelformen zerteilen.

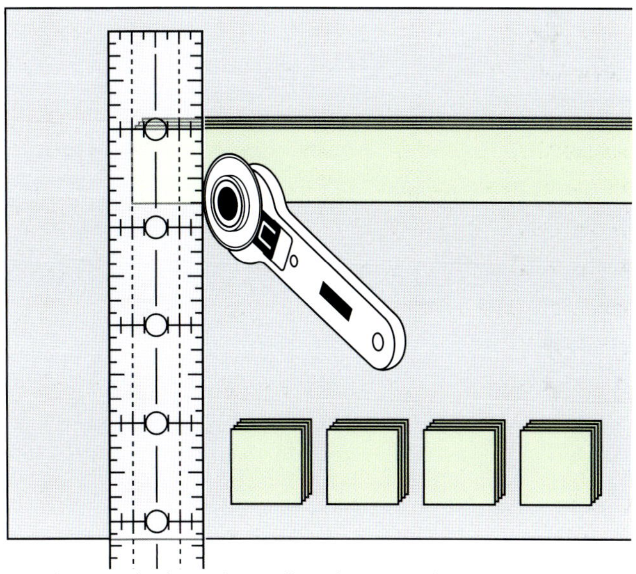

Die übereinander liegenden Stoffstreifen in Quadrate zerteilen

Tipp: *Bei der Arbeit mit dem Rollschneider schneidet man immer von sich weg. Denken Sie daran, die Klinge nach der Arbeit wieder zu sichern.*

Quadrate und Rechtecke ausschneiden

Die Stoffstreifen horizontal auf die Schneidematte legen und die rechten Kanten im rechten Winkel zu den Längskanten ebenso wie zuvor abschneiden: Die Schneidematte um 180° drehen und das Lineal am linken Rand anlegen. Quadrate oder Dreiecke in gewünschter Größe zuschneiden (dabei die Nahtzugaben nicht vergessen!). Die Streifen zerschneiden. So oft wiederholen, wie Sie Teile benötigen.

Zwei Dreiecke aus einem Quadrat schneiden

Die Dreiecke werden aus Quadraten zugeschnitten, wobei die kurzen Seiten im Fadenlauf oder quer dazu verlaufen, die lange Seite schräg zum Fadenlauf verläuft.

1 Schneiden Sie Quadrate zu, deren Seiten exakt dieselbe Länge haben wie die kurzen Seiten der Dreiecke einschließlich Nahtzugaben. Bei den meisten Modellen ist die Größe der Quadrate angegeben. Wenn Sie Ihre Modelle selbst herstellen, berechnen Sie die Länge einer Quadratseite als Länge einer der kurzen Dreiecksseiten plus 2,1 cm. So weist jedes Dreieck später eine Nahtzugabe von rundum 0,6 cm auf (siehe Zeichnung rechts).

2 Schneiden Sie jedes Quadrat diagonal durch. Um vier Dreiecke aus einem Quadrat zu erhalten, schneiden Sie dann noch einmal jedes Dreieck in der Mitte durch.

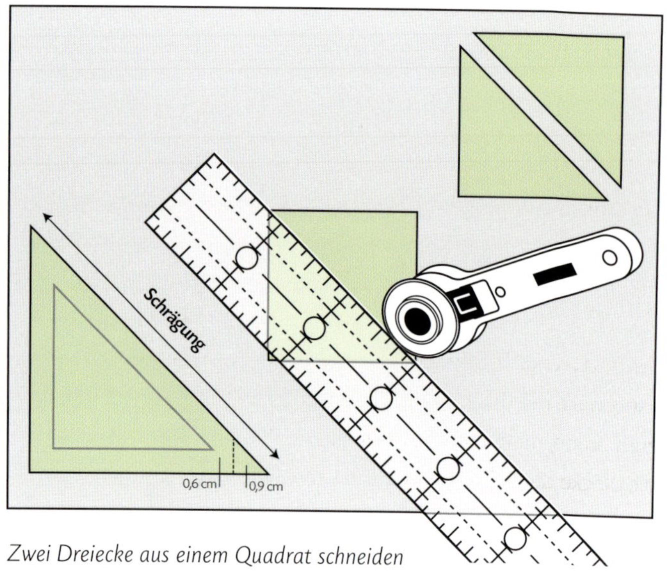

Zwei Dreiecke aus einem Quadrat schneiden

Vier Dreiecke aus einem Quadrat schneiden

Auch bei dieser Methode werden die Dreiecke aus Quadraten geschnitten, diesmal wird jedoch die lange Seite mit dem Fadenlauf oder quer dazu geschnitten, die kurzen Seiten schräg.

1 Damit die Dreiecke ringsum eine Nahtzugabe von 0,6 cm aufweisen, schneiden Sie die Quadrate so zu, dass die Seiten ebenso lang wie die lange Seite des Dreiecks plus 3 cm sind.

2 Jedes Quadrat diagonal durchschneiden und dann jedes Dreieck nochmals genau halbieren.

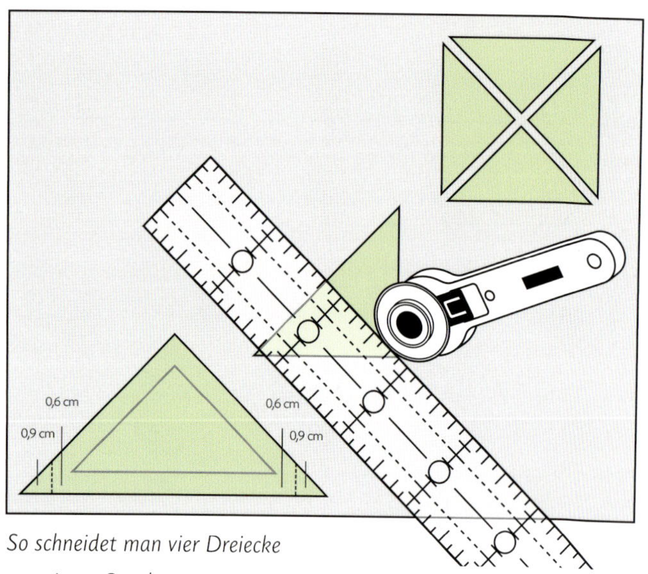

So schneidet man vier Dreiecke aus einem Quadrat

ZUSAMMENSETZEN DES PATCHWORKMUSTERS

Voraussetzung für das Gelingen der Arbeit ist das exakte Vorzeichnen und Zuschneiden aller Teile für das Patchwork. Aber genauso wichtig ist auch das richtige Zusammensetzen. Dazu genügen einige einfache Grundregeln und ein wenig Sorgfalt.

Ganz gleich, ob Sie sich für Hand- oder Maschinennähte entscheiden, versuchen Sie stets, die Teile in einer bestimmten Reihenfolge zusammenfügen, um möglichst wenige Nähte ausführen zu müssen und nicht allzu komplexe Nahtverläufe zu haben. Generell gilt: Fangen Sie mit den kleinsten Teilen an. Nähen Sie diese zu Reihen zusammen, montieren Sie die Reihen zu Blöcken und verbinden Sie die Blöcke durch Zwischenstreifen und Einfassungen.

Reihenfolge beim Zusammensetzen eines Patchworks

Handnähte

Beim Handnähen kann man die Arbeit überallhin mitnehmen oder kann sich einfach dorthin setzen, wo man das meiste Licht hat. Das Handnähen ist zudem für Anfängerinnen hilfreich, weil man die Nähte besser kontrollieren kann.

Gerade Nähte

1 Zwei aneinander grenzende Teile rechts auf rechts aufeinander legen und alle Kanten genau ausrichten. In einer Ecke eine Stecknadel im rechten Winkel zum Stoff durch beide Stofflagen stechen und die Nadelspitzen in der Nahtzugabe wieder ausstechen. Bei der zweiten Ecke genauso vorgehen. In der Mitte der Naht eine dritte Stecknadel platzieren, bei längeren Strecken auch mehrere Nadeln.

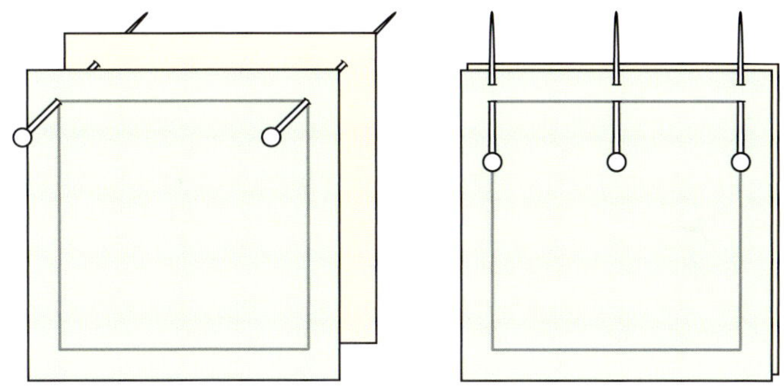

Zusammenstecken der Teile

2 Den Nähfaden in eine spitze Nähnadel einfädeln. Die Stecknadel am Nahtanfang herausziehen und den Faden mit drei kleinen Rückstichen kurz vor der Ecke sichern.

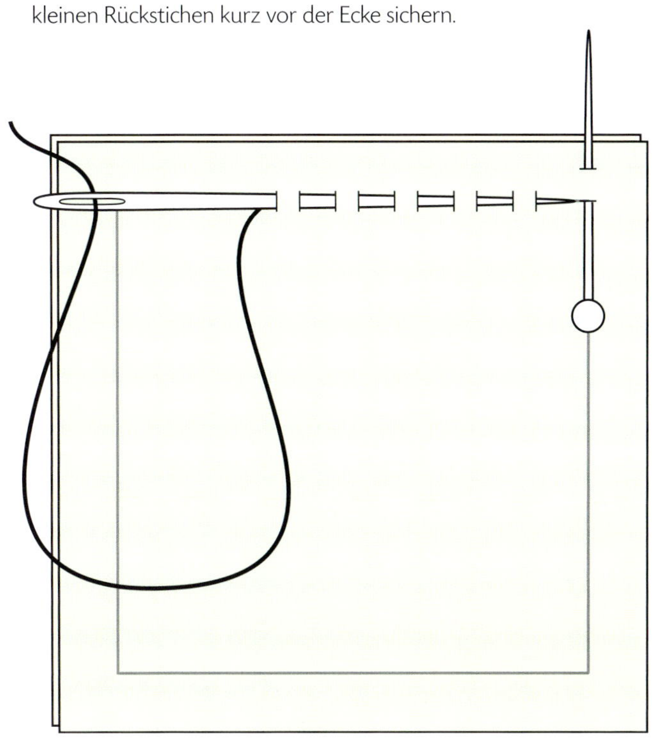

Zusammennähen der Teile von Hand

Mit kleinen Vorstichen entlang der Linie nähen, dabei hin und wieder prüfen, ob die Stiche auf der Rückseite gleichmäßig sind. Die Stecknadeln jeweils rechtzeitig herausziehen. An der anderen Ecke angekommen, sichern Sie den Faden mit drei kleinen Rückstichen oder einem Knoten in einem Rückstich (S. 110). Nähen Sie bis zum Ende der Linie, jedoch niemals in die Nahtzugabe hinein.

Tipp: *Führen Sie zur Verstärkung der Naht alle paar Zentimeter einen einfachen Rückstich aus.*

3 Die Nahtzugaben zum dunkleren Stoff oder zu einer Seite hin einschlagen, so dass die aufeinander folgenden Nahtränder später bei der fertigen Arbeit abwechselnd zur einen und zur anderen Seite liegen (S. 117).

4 Um zwei zusammengesetzte Streifen zu montieren, legt man beide rechts auf rechts aufeinander und richtet die Längskanten aneinander aus. Beide Ecken und dann die Nähte der Teile mit Stecknadeln fixieren, dabei die aneinander stoßenden Nähte genau ausrichten. Zu beiden Seiten der fertigen Nähte weitere Stecknadeln hinzufügen, dabei deren Nahtzugaben freilassen. Zum Schluss den Rand entlang der Nahtlinie feststecken.

5 Den Nähfaden in der ersten Ecke wie zuvor sichern und mit Vorstichen entlang der Linie nähen, dabei nach und nach die Stecknadeln herausziehen. Dort, wo sich die bereits fertigen Nähte befinden, machen Sie einen Rückstich, stechen durch die Nahtzugabe hindurch und führen auf der anderen Seite einen weiteren Rückstich aus. Anschließend geht es mit Vorstichen bis zur nächsten Naht weiter. Zum Schluss den Faden wie beschrieben vernähen.

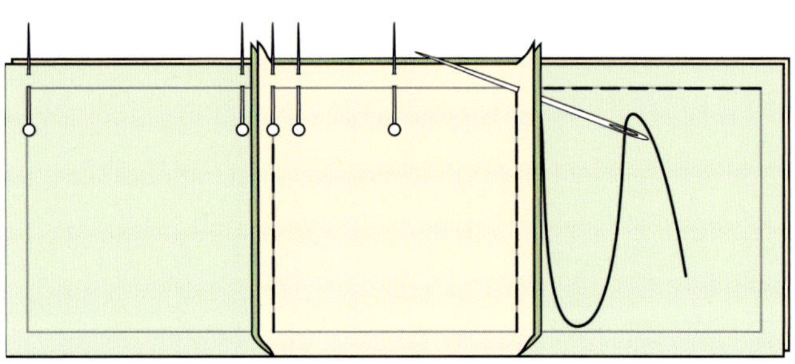

Zwei Reihen Quadrate zusammennähen

Ein Quadrat aus vier Dreiecken zusammenfügen

1 Zwei Dreiecke ausrichten und an einer kurzen Seite zu einem größeren Dreieck zusammennähen. Den Faden am Ende der Naht mit einem Rückstich sichern. Die Nahtzugaben zum dunkleren Stoff hin bügeln. Bei zwei weiteren Dreiecken genauso vorgehen, dabei jedoch die Nahtzugabe zur anderen Seite hin bügeln.

2 Die langen Seiten der beiden großen Dreiecke ausrichten und an den Ecken feststecken. Zu beiden Seiten der fertigen Nähte ebenfalls Stecknadeln einstechen, dabei deren Nahtzugaben freilassen. Den Rand entlang der Nahtlinie feststecken.

3 Die neue Naht bis zu den bestehenden Nähten nähen, ohne in deren Nahtzugaben zu stechen. Einen kleinen Rückstich machen, durch den Rand einer der fertigen Nähte stechen und auf der anderen Seite einen weiteren Rückstich machen. Mit Vorstichen entlang der Nahtlinie weiternähen.

4 Das Quadrat auseinander falten und die neue Nahtzugabe umbügeln. Solche Quadrate eignen sich für Einfassungen oder können in komplexere Blöcke integriert werden.

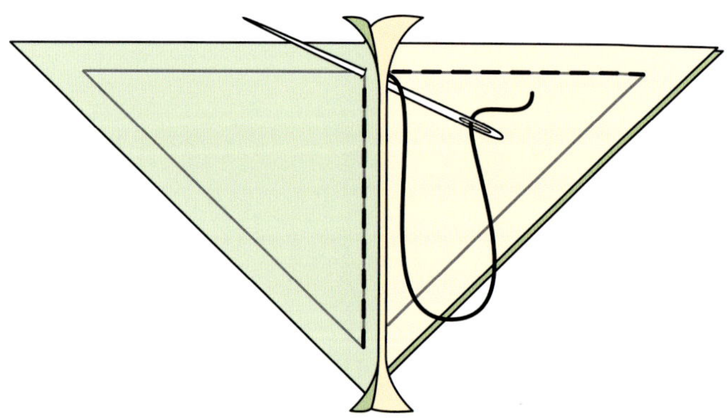

Von Hand vier Dreiecke zusammennähen

Rundungen nähen

1 Zwei Stoffteile entlang einer Rundung so zusammenzunähen, dass die Nahtzugaben nicht auftragen, ist gar nicht so einfach. Um sich die Sache zu erleichtern, zeichnet man auf der linken Stoffseite Markierungen vor, die man schon bei den Schablonen vorsieht. Pro Rundung sollten es mindestens drei sein: eine in der Mitte und zwei auf halber Strecke zu den Kanten. Sehr enge Rundungen erfordern mehr Markierungen.

2 Die Stoffkanten zusammenstecken und die Markierungen und Ränder genau ausrichten. Die konkave Kante in die konvexe Kante einpassen (oder anders herum) und die Ränder entlang der Nahtlinie zusammenstecken, dabei auf Präzision achten. Bei sehr engen Rundungen können Sie die Nahtzugaben einschneiden.

3 Die beiden Teile entlang der vorgezeichneten Linie zusammennähen, dabei darauf achten, dass die Stiche auf der Unterseite gleichmäßig werden. Die Nahtzugaben zur konvexen Kante hin umbügeln.

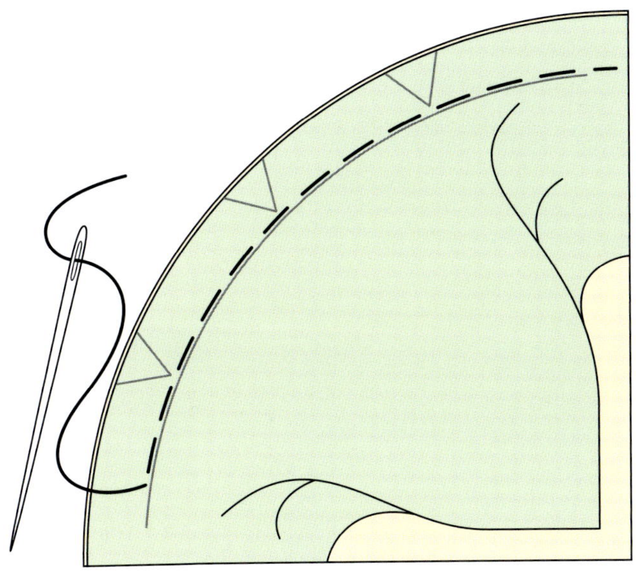

Zwei gebogene Kanten von Hand zusammennähen

Maschinennähte

Näht man Patchworkarbeiten mit der Maschine, was viele bevorzugen, hat das zum einen den Vorteil, dass es viel schneller geht als mit der Hand, zudem sind die Nähte gleichmäßiger. Der Nachteil ist natürlich, dass Sie an Ihre Nähmaschine gebunden sind.

Gerade Nähte

1 Die Teile, die mit der Maschine zusammengefügt werden sollen, werden ohne Vorzeichnung mit Hilfe eines Kantenlineals oder einfach füßchenbreit abgesteppt (S. 114).

2 Die Teile aufeinander legen, die Kanten genau ausrichten und wie beim Handnähen mit Stecknadeln fixieren.

3 Mit ein paar Rückstichen beginnen (S. 114) und dann absteppen, dabei die Stecknadeln herausziehen. Die Nahtzugabe umbügeln und dann erst weitere Stücke zum Streifen hinzufügen.

4 Wenn Sie sehr viele Teile aus je zwei Stücken zusammenfügen müssen, sparen Sie Zeit und Garn, wenn Sie die Teile gleich nacheinander absteppen. Die ersten beiden Teile zusammennähen, dann Rückstiche machen oder den Faden abschneiden. Ober- und Unterfaden vorsichtig ein Stück herausziehen und sofort die beiden nächsten Teile zusammennähen. Auf diese Weise entsteht eine Art Girlande. Die Fäden zwischen den Teilen durchtrennen und die Nahtzugaben nach Bedarf umbügeln.

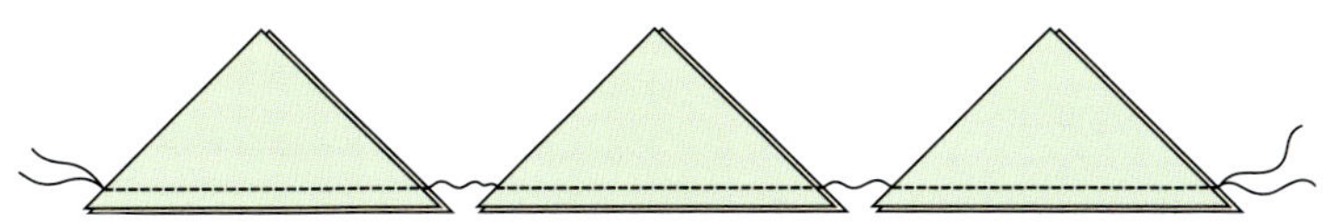

Mehrere Dreiecke am Stück zusammennähen

5 Prüfen Sie vor dem Zusammennähen der Streifen, ob die Nahtzugaben der Nähte, die nun aneinander grenzen sollen, alle in entgegengesetzte Richtung umgebügelt sind, damit sie nicht unnötig auftragen. Legen Sie die Streifen rechts auf rechts aufeinander und richten Sie die Längsränder aus. Wie zuvor zunächst die Ecken und dann die Nahtlinien zusammenstecken und auf genaue Übereinstimmung der vorhandenen Nähte achten. Auf beiden Seiten jeder Naht zwei Stecknadeln hinzufügen und die Nahtzugaben feststecken, damit sie liegen bleiben. Zum Schluss die zu nähenden Nahtlinien abstecken.

6 Wie zuvor den Faden in der ersten Ecke sichern und langsam die neue Naht absteppen, dabei die Nahtzugaben der bestehenden Nähte übernähen. Die Stecknadeln nach und nach herausziehen und zum Schluss den Faden sichern.

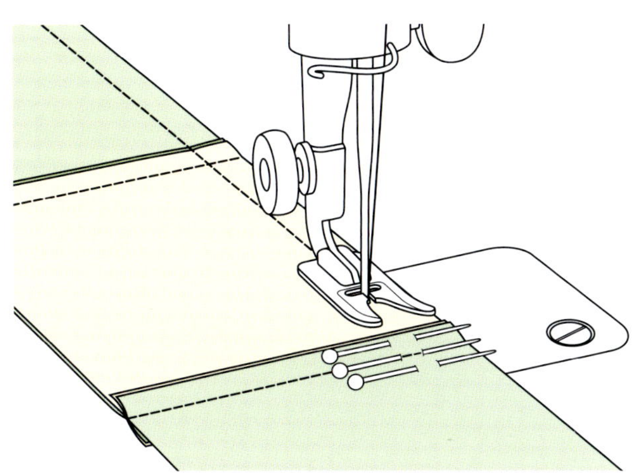

Mit der Maschine zwei Reihen Quadrate zusammennähen

Rundungen absteppen

1 Stecken Sie die beiden runden Kanten zusammen und orientieren Sie sich dabei wie beim Handnähen an den Markierungen (S. 125). Falls erforderlich, die Nahtzugaben einkerben, um den Stoff besser einpassen zu können.

2 Den Faden am Nahtanfang sichern und langsam an der Kante entlang steppen, dabei exakt die vorgesehene Nahtzugabe einhalten. Achten Sie darauf, dass Ober- und Unterstoff gleichmäßig transportiert werden, damit der Nähfuß auf der Unterseite keinen Wulst verursacht. Probieren Sie eventuell das Maschinennähen mit zwei Lagen zunächst an Stoffresten aus, um zu sehen, ob Ihre Maschine ein Mehr an Stoff besser als obere oder als untere Lage verkraftet. Ziehen Sie nicht am Stoff, denn das kann zu Verformungen führen. Die Nahtzugabe zur konvexen Seite umbügeln.

Bordüren

Nach Fertigstellung des Patchworks können Sie das Stück an den Rändern mit einem Besatz aus langen Stoffstreifen versehen. Die Ecken der Bordüren können als Briefecken (im Winkel von 45°) oder als gerade Ecken angelegt werden (wobei man den oberen und unteren Streifen jeweils über die Seitenstreifen legt). Vor dem Zuschneiden der Einfassungen überprüfen Sie die Maße des Quilts, denn manchmal weicht die Größe geringfügig von den ersten Mustern ab. Markieren Sie die Mitte der Seiten mit Stecknadeln und messen Sie das ganze Stoffstück zwischen den beiden Nadeln.

Mit dieser Methode wissen Sie genau, wie lang Sie die Streifen für die Bordüren zuschneiden müssen, denn Sie berücksichtigen so, dass die Ränder sich verzogen haben könnten. Rechnen Sie zu jedem Streifen die Länge hinzu, die für eine gerade Ecke oder Briefecke benötigt wird (wie in den folgenden Abschnitten erklärt). Wenn zwei gegenüberliegende Kanten unterschiedlich lang sind, verteilen Sie den Stoff beim Nähen gleichmäßig entlang der Bordüre. (Schneiden Sie Quiltränder nur dann zurück, wenn dies nicht die Motive beeinträchtigt.)

Bordüren mit geraden Ecken

1 Für die seitlichen Einfassungsstreifen schneiden Sie zwei Streifen in der Länge zu, die Sie in den Anleitungen zu den jeweiligen Modellen zur Länge der Quiltoberseite angegeben finden, und addieren die Nahtzugaben hinzu. Falten Sie jeden Streifen in der Mitte, richten Sie die Schmalseiten genau aus und markieren Sie den Stoffbruch durch Bügeln.

2 Zwei weitere Streifen in derselben Breite in der Länge der Schmalseiten der Quiltoberseite plus Nahtzugaben sowie zweimal die Bordürenbreite zuschneiden. Auch diese Streifen wie angegeben falten und bügeln.

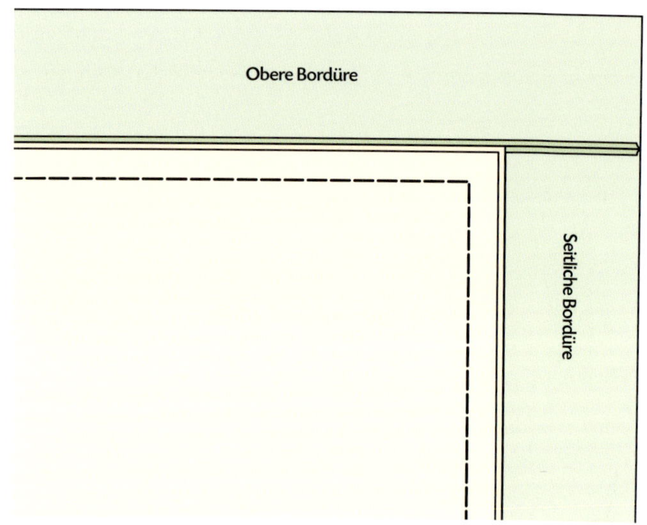

Um die Länge der oberen Bordüre zu ermitteln, addiert man zur Breite des Quilts zweimal die Breite der seitlichen Bordüre

3 Eine der Bordüren rechts auf rechts auf einen Rand des Quilttops legen und dort feststecken, dabei Einfassungen und Mittelmarkierungen ausrichten. Bordüre und Quilttop von Hand oder mit der Maschine zusammennähen. Auf dieselbe Weise die gegenüberliegende Bordüre annähen. Die Nahtzugaben unter die Bordüren bügeln.

4 Die untere Bordüre am unteren Rand des Quilttops und an den Unterkanten der beiden Seitenbordüren feststecken. Die Bordüre heften und annähen, die Enden einschlagen. Bei der oberen Bordüre genauso verfahren. Die Nahtzugaben der oberen und unteren Bordüre umbügeln.

Bordüren mit Briefecken

1 Um die Länge der Bordüre zu ermitteln, messen Sie den Rand, für den sie bestimmt ist, addieren zweimal die Breite der Bordüre sowie zweimal die Nahtzugabe.

2 Die seitlichen Bordüren feststecken, dabei an den Stellen, wo sie auf die angrenzenden Bordüren anstoßen, genau zwischen den Stichen Stecknadeln platzieren. Auf die gleiche Weise die obere und untere Bordüre feststecken. Die Nahtzugaben der Bordüren umbügeln.

3 Nähen der Briefecke von Hand: Legen Sie den Quilt mit der rechten Seite nach oben auf die Arbeitsfläche. An einer Ecke die seitliche Bordüre unter die angrenzende Bordüre legen. Mit Filzstift oder Schneiderkreide eine Linie zwischen der Ecke des Quilts und der Stelle zeichnen, wo die beiden Außenkanten der Bordüren sich kreuzen. Den oberen Besatz entlang der Linie einschlagen und mit dem seitlichen Besatz zusammenstecken. Mit einem farblich passenden Garn die Umbruchlinie mit Staffierstichen (S. 112) auf den seitlichen Besatz nähen. Die Ecke bügeln und die übrigen Ecken genauso nähen.

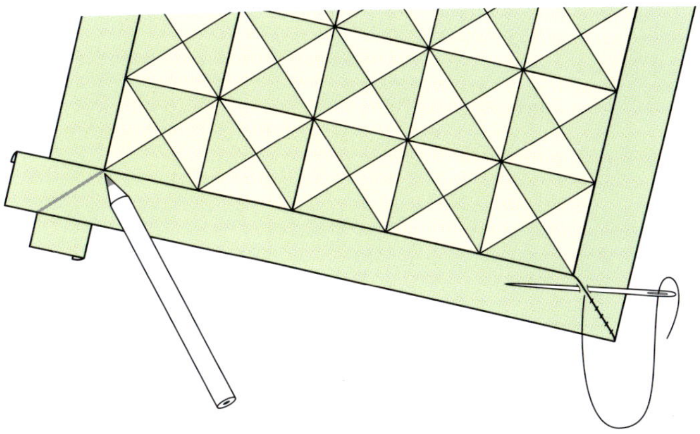

Briefecken markieren und von Hand abnähen

4 Wenn Sie eine Briefecke mit der Maschine nähen wollen, legen Sie den Quilt mit der rechten Seite nach unten auf die Arbeitsfläche. Einen seitlichen Besatz unter die angrenzende Bordüre legen und wie zuvor eine Nahtlinie markieren. Die seitliche Bordüre über die andere legen und eine weitere Nahtlinie markieren. Die beiden Linien aufeinander legen und rechts auf rechts zusammenstecken. Entlang der Linie absteppen. Die Nahtzugabe zurückschneiden und die Naht auseinander bügeln. An den übrigen drei Ecken des Quilts genauso vorgehen.

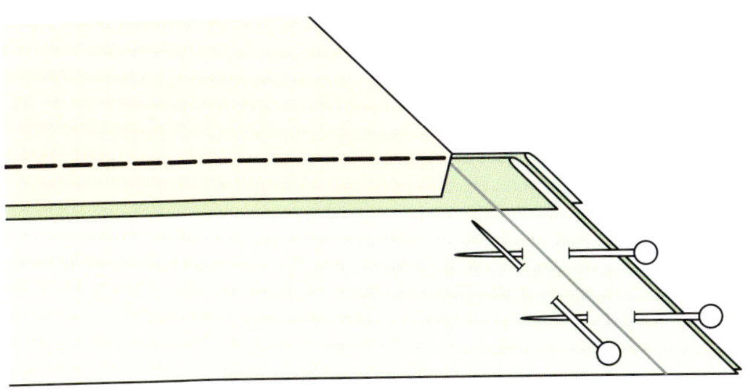

Die Außenkanten der Bordüren für eine Briefecke feststecken

Applikationen

Mit Applikationen lassen sich wunderschöne Quilts herstellen. Die traditionellen Motive lehnen sich überwiegend an der Natur an oder werden vom Alltag abgeleitet. Auch moderne Quilts führen diese Tradition weiter fort und spiegeln zugleich den Wunsch wider, Motive mit einer ganz persönlichen Bedeutung in die Arbeit einzubeziehen.

Es gibt mehrere Methoden, um Applikationen auf dem Untergrund zu befestigen, sowohl von Hand als auch mit der Maschine. Wählen Sie diejenige, die Ihnen für Ihre Arbeitsweise und das geplante Stück am besten zusagt.

Der Kinderquilt «Vogelgezwitscher» (S. 46) ist von Hand genäht, das Modell «Eukalyptusblätter» (S. 50) wurde dagegen mit der Maschine als Reversapplikation gearbeitet. Das Nähen von Hand dauert länger, doch hat man dabei die Konturen und Positionen der Motive besser unter Kontrolle. Mit der Nähmaschine geht es natürlich schneller, zudem lassen sich diverse Spezialeffekte erzielen.

MOTIVE UND SCHABLONEN

Für jedes Teil einer Applikation muss eine separate Schablone angefertigt werden. Am Schluss dieses Buches finden Sie die Schablonen zu den hier vorgestellten Modellen. Die meisten sind im Maßstab 1:1 abgebildet und können so, wie sie sind, abgepaust werden. Nur die großen Motive müssen vor der Verwendung vergrößert werden. Alle sind ohne Nahtzugabe vorgegeben.

Eine Vorlage im Maßstab 1:1 erleichtert die Herstellung großer Schablonen und hilft bei der exakten Anordnung der Motive auf dem Stoff, was gerade für symmetrische Motive und Musterreihen ein sehr wichtiger Arbeitsschritt ist. Wenn Sie jedoch ein figürliches Motiv verwenden möchten und sich Ihres Könnens sicher sind, können Sie die Teile auch freihändig auflegen. Mit der folgenden Methode vergrößern Sie Motive, ohne einen Fotokopierer zu benötigen.

MOTIVE MIT EINEM GITTERNETZ VERGRÖSSERN

1 Ein Blatt Transparentpapier mit Klebestreifen über dem Motiv befestigen. Motiv und Umrandung abpausen. Falls das Motiv nicht ohnehin einen Rand hat, zeichnet man ringsherum ein Rechteck. Von Rand zu Rand in gleichmäßigen Abständen Geraden zeichnen und dann im rechten Winkel dazu das Gitternetz vervollständigen. (Je mehr Details ein Motiv enthält, desto mehr Linien benötigen Sie.)

2 Einen Bogen Papier in passender Größe für das vergrößerte Motiv auf die Arbeitsfläche legen. Mit Lineal und Zeichendreieck ein Rechteck mit denselben Proportionen wie das gerade gezeichnete vorziehen, jedoch in der angestrebten Motivgröße. Von Rand zu Rand die gleiche Anzahl Geraden zeichnen wie beim kleineren Rechteck, dabei auf gleichmäßige Abstände achten. Zum Gitternetz vervollständigen.

3 Das Motiv vom Transparentpapier auf das größere Gitternetz übertragen, indem Sie den Inhalt jedes Kästchens genau abzeichnen. Zum Schluss ungenaue Linien und unschöne Übergänge verbessern. Mit einem wasserfesten Filzstift alle Linien nachziehen.

Ein Motiv mit einem Gitternetz vergrößern

4 Auf den Schablonenteilen vermerken, wo sie hingehören, und in welche Richtung sie zeigen müssen. Geben Sie mit einer Zahl vor, in welcher Reihenfolge die Teile auf den Unterstoff genäht werden sollen.

5 Pausen Sie die Konturen der 1:1-Motive noch einmal auf Transparentpapier ab und verlängern Sie die Linien ein wenig an den Stellen, wo die Stoffteile unter die benachbarten Teile genäht werden sollen.

Schablonen herstellen

1 Schablonen werden aus dünnem Karton oder Schablonenfolie hergestellt, damit sie stabil genug für eine mehrmalige Benutzung sind. Die Umrisse der Schablonen auf Transparentpapier durchpausen und dieses mit Haftspray auf den Karton kleben oder direkt die Konturen auf Schablonenfolie übertragen.

2 Mit der Schere oder mit Schneidematte und Bastelcutter die Schablonen ausschneiden, dabei darauf achten, dass Sie die Umrisslinien ganz genau einhalten. Zum Schluss auf die Vorlage legen und prüfen, ob alles passt.

3 Sie brauchen nicht unbedingt Schablonen aus Pappe oder Schablonenfolie anzufertigen. Bei selten benutzten Schablonen genügt es oft, die Umrisse auf Transparentpapier oder auf die glänzende Seite von Freezer Paper zu übertragen.

STOFF VORBEREITEN

Soll Ihr Quilt eine relativ einfache oder sehr große Applikation erhalten, brauchen Sie die Konturen nicht immer auf dem Stoff zu markieren. Ist das Motiv jedoch komplex, absolut symmetrisch oder in mehrere identische Blöcke unterteilt, wird die Arbeit akkurater, wenn Sie die Umrisslinien auf den Stoff übertragen. Wichtig ist auch die Reihenfolge, in der die einzelnen Teile komplexer Motive genäht werden sollen, vor allem, wenn Sie dafür Bügelvlies verwenden.

1 Den Grundstoff in den gewünschten Maßen zuschneiden, dabei ringsum die Nahtzugabe plus 1 cm zusätzlich addieren. Damit gleichen Sie ein eventuelles Zusammenziehen des Stoffs aus, was beim Applizieren häufig vorkommt. Bügeln Sie den Stoff.

2 Den Stoff in der Breite und dann in der Länge jeweils in der Mitte falten. Die Bruchkanten bügeln, um die Mitte des Stoffstücks zu markieren.

3 Wenn Sie wollen, können Sie nun das Motiv auf den Stoff übertragen, damit es Ihnen später leichter fällt, die Stoffteile anzuordnen.

Die Motive auf den Stoff übertragen

1 Legen Sie den Grundstoff mit der rechten Seite nach oben auf die Schablone und befestigen Sie die Schablone in der Stoffmitte mit Stecknadeln. Den Stoff mit Klebestreifen an einer Fensterscheibe befestigen.

2 Mit einem kontrastfarbenen Stift das Motiv auf die rechte Stoffseite kopieren, und zwar etwas kleiner als die tatsächlichen Konturen. So wissen Sie später genau, wo die Teile hingehören.

Applikationen zuschneiden

Die Formen für Hand- und Maschinennähte können auf unterschiedliche Weise markiert, zugeschnitten und appliziert werden, je nach Montagetechnik, Stil der Arbeit und Ihren Fertigkeiten.

Stoffteile zuschneiden

Mit der folgenden Methode können Sie mit nur einer Schablone eine Vielzahl von Formen für Handnähte zuschneiden.

1 Den Stoff mit der rechten Seite nach oben auf die Arbeitsfläche legen. Die Schablone darauf legen, ebenfalls mit der rechten Seite nach oben, dabei auf den Fadenlauf achten und ringsum genügend Platz für die Nahtzugabe lassen.

2 Die Umrisse der Schablone mit einem spitzen Stift auf den Stoff übertragen. Vermerken Sie dabei auch, falls ein anderer Stoff später Teile des Motivs überdecken wird. Zeichnen Sie die benötigte Anzahl Teile vor, lassen Sie jeweils genügend Platz für die Nahtzugaben. Wenn Sie eine Form spiegelverkehrt benötigen, dre-

Eine Reihe gleicher Motive auf den Stoff übertragen

hen Sie einfach die Schablone um, so dass die rechte Seite zum Stoff hin zeigt. Die Teile mit 0,6 cm Nahtzugabe ausschneiden.

Freezer Paper

Mit diesem beschichteten Spezialpapier lassen sich leichte, feine Stoffe versteifen und die Ränder handgenähter Applikationen verstärken. Vor Abschluss der Näharbeit wird das Papier wieder abgezogen.

1 Die Umrisse der Schablone auf die glänzende Seite des Freezer Papers übertragen und an der Linie entlang ausschneiden.

2 Den Stoff mit der rechten Seite nach unten auf die Arbeitsfläche legen. Das Papier mit der glänzenden Seite auf die linke Stoffseite legen und kurz aufbügeln. Den Stoff mit 0,6 cm Nahtzugabe rings um das Papier zuschneiden.

3 Das Teil auf den Grundstoff applizieren, dabei seitlich eine kleine Öffnung lassen. Das Papier durch die Öffnung herausziehen und die Öffnung schließen.

Einseitig klebendes Bügelvlies

Auch Bügelvlies eignet sich zum Versteifen von Stoffen und zum Verstärken der Ränder von Applikationen, die von Hand aufgenäht werden sollen. Es hat allerdings den Nachteil, dass es aufträgt, was wiederum das Quilten erschweren kann.

1 Ein Stück dünnes Bügelvlies auf die Arbeitsfläche legen. Die Klebeseite zeigt nach oben. Die Schablone mit der rechten Seite nach unten auf das Vlies legen. Mit einem Stift die Umrisse der Schablone auf das Vlies übertragen. Sämtliche aus einem Stoff benötigten Formen dicht an dicht aufzeichnen, dabei genügend Platz für die Nahtzugaben lassen und auf die Fadenrichtung achten. Das Vlies rings um die Formen zerschneiden.

2 Den Stoff mit der rechten Seite nach unten auf die Arbeitsplatte legen und bügeln. Die Vliesteile mit der Klebeseite nach unten darauf legen und am Fadenlauf ausrichten. Das Vlies wie vom Hersteller angegeben aufbügeln.

3 Wenn Sie den Eindruck haben, der Stoff könnte sich verformen, nähen Sie mit einem andersfarbigen Garn eine Reihe Vorstiche knapp innerhalb der Umrisse des Motivs. Die Formen zuschneiden, dabei die Nahtzugaben ringsum nicht vergessen.

Schablonen für Maschinenapplikationen

Denken Sie daran, dass bei Applikationen, die mit der Maschine genäht werden, keine Nahtzugabe nötig ist.

1 Den Stoff mit der rechten Seite nach oben auf die Arbeitsfläche legen. Die Schablone mit der rechten Seite nach oben darauf legen, dabei auf den Fadenlauf achten. Wenn Sie spiegelverkehrte Teile benötigen, legen Sie die Schablone mit der rechten Seite nach unten und übertragen dann die Umrisse.

2 Mit einem Bleistift die Konturen der Schablone so oft übertragen, wie Sie die Teile benötigen. Zeichnen Sie jede Form ganz auf, auch wenn sie später teilweise durch einen anderen Teil des Musters überdeckt wird.

3 Schneiden Sie die Teile den Linien entlang aus und legen Sie sie bis zum Nähen beiseite.

Beidseitig klebendes Bügelvlies

Mit beidseitig haftendem Bügelvlies lassen sich Applikationen, die mit der Maschine aufgenäht werden, im Nu zuschneiden, auflegen und applizieren. Die Stoffformen brauchen nicht auf den Grundstoff aufgenäht zu werden, da das Vlies beides dauerhaft verbindet und sich sogar beim Waschen nicht ablöst. Diese Methode ist allerdings dann weniger gut geeignet, wenn Sie beim Quilten über die Motive hinwegsteppen wollen, denn das dicke Vlies lässt sich schlecht übernähen. Bedenken Sie auch, dass das endgültige Motiv im Verhältnis zur Vorlage spiegelverkehrt ist.

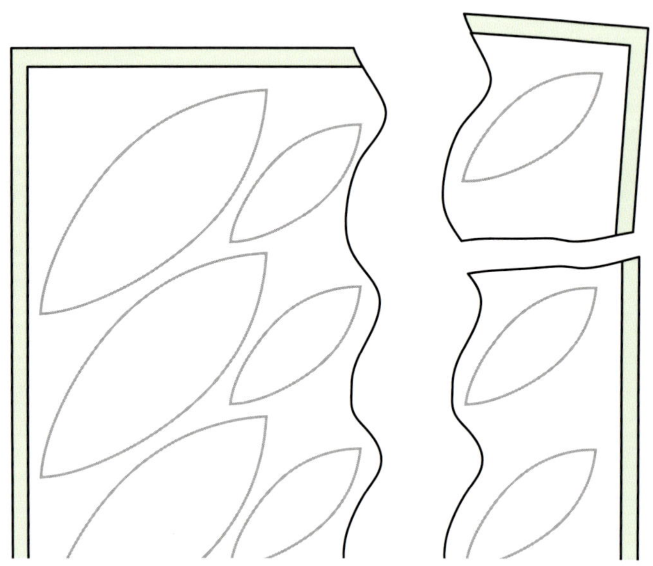

Den Stoff zunächst zwischen den Vliesteilen zerteilen, dann erst die einzelnen Teile zuschneiden

1 Das Vlies mit der Papierseite nach oben auf die Arbeitsfläche legen. Die Schablone mit der rechten Seite nach unten darauf legen und die Konturen mit einem spitzen Bleistift auf das Vlies übertragen. Dicht an dicht die aus demselben Stoff benötigten Formen aufzeichnen, dabei auf die Markierungen des Fadenlaufs achten. Mit einer sehr scharfen Papierschere das Vlies entlang den Schnittkanten ausschneiden.

2 Das Vlies auf die linke Stoffseite legen, dabei auf den Fadenlauf achten. Nach Anleitung des Herstellers aufbügeln.

3 Jede Form ringsum mit einer Papierschere grob ausschneiden. Ohne das Schutzpapier abzuziehen, die Formen bis zum Applizieren beiseite legen.

Gebogene Linien

Man kann zwar aus Stoff lange gebogene Streifen beispielsweise für Blumenstiele ausschneiden, aber sie sind oft schwer zu nähen. Das Problem lässt sich lösen, indem man einen Streifen in gewünschter Breite plus Nahtzugaben schräg zum Fadenlauf zuschneidet. Geben Sie in der Länge ein paar Zentimeter zu. Schlagen Sie die Längskanten nach links ein, markieren Sie den Umbruch mit dem Bügeleisen und stecken ihn dann mit Stecknadeln fest. Das Schrägband entlang der betreffenden Rundung auf den Grundstoff heften und nähen.

AUFNÄHEN DER TEILE

Die Überlegung, ob Sie von Hand oder mit der Nähmaschine applizieren wollen, wirkt sich unmittelbar auf den Stil Ihres Quilts aus. Handnähte wirken weicher und liebenswert altmodisch, Maschinennähte dagegen markanter und moderner.

Applizieren von Hand

1 Die Teile zuschneiden, dabei die Nahtzugaben nicht vergessen. (Filz und andere nicht ausfransende Stoffe können in der endgültigen Form zugeschnitten und ohne Zugaben aufgenäht werden.) Die Nahtzugaben ringsum aufzeichnen oder die Teile gleich mit 0,6 cm Zugabe ringsum ausschneiden, wenn Sie den Abstand sicher abschätzen können. Rundungen und Einkerbungen bis knapp vor der Nahtlinie einschneiden.

2 Rings um jede Form die Nahtzugabe einschlagen und mit einem andersfarbigen Faden festheften. Halten Sie dazu den Stoff mit der rechten Seite zu sich, schlagen Sie die Zugaben nach hinten ein und nähen Sie sie mit Heftstichen an. Achten Sie auf gerade Kanten und weiche Rundungen. Die Nahtzugaben nur leicht überbügeln, damit die Heftstiche sich nicht eindrücken.

Die Nahtzugaben gebogener Ränder und Einbuchtungen eines Motivs einschneiden

3 Den Grundstoff auf der Arbeitsfläche ausbreiten und die Formen mit Stecknadeln darauf befestigen. Bei überlappenden Motiven sorgfältig auf die Reihenfolge achten.

4 Vor dem Heften können Sie, wenn Sie wollen, den Stoff auf einen großen Stickrahmen spannen, jedoch nur dann, wenn die Applikation vollständig hineinpasst, denn sonst könnten die festgesteckten Teile reißen. Heften Sie die Konturen jedes Teils mit andersfarbigem Garn und ziehen Sie dabei nach und nach die Stecknadeln heraus. Sie können die Teile auch mit einem Klebestift auf dem Stoff festkleben.

5 Sobald alle Formen an ihrem Platz sind, spannen Sie die Arbeit in einen Stickrahmen ein. Fädeln Sie einen farblich passenden Faden in eine spitze Nähnadel ein und machen Sie am Fadenende einen Knoten. Stechen Sie die Nadel von der linken Seite des Grundstoffs her auf der rechten Seite der Applikation aus und nähen Sie das Teil mit Staffierstichen fest (S. 112). Den Faden gleichmäßig fest spannen, ohne ihn zu zerren. Nähen Sie die folgenden Teile ebenso

Festgesteckte, geheftete und mit Staffierstichen aufgenähte Motive

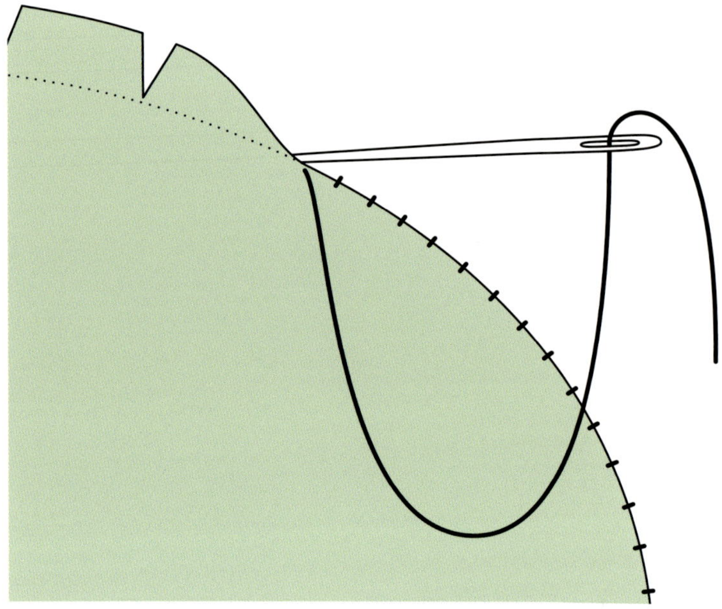

Die Nahtzugabe einer Rundung wird mit der Nadel unter die Form gestrichen

auf und wählen Sie das Nähgarn jeweils entsprechend dem Motiv. Nähen Sie die Formen ringsum fest, auch wenn sie später unter angrenzenden Teilen verschwinden.

Sie können die Motivteile auch unmittelbar auf den Unterstoff aufnähen, ohne zuvor zu heften, doch sieht das meist nicht so akkurat aus. Stecken Sie die Teile zunächst auf dem Grundstoff fest. Ziehen Sie die Nadel an einer Stelle heraus und schlagen Sie die Nahtzugabe ein. Schieben Sie den Rand vor jedem Staffierstich mit zwei Fingern unter die Bruchkante. An Rundungen und komplexen Formen die Stoffkante mit der Nadelspitze einschlagen. Sobald alle Teile festgenäht sind, trennen Sie die Heftnähte auf und bügeln die Arbeit von links ohne Druck.

Tipp: *Damit der Stoff im Quilt- oder Stickrahmen nicht verrutscht, umwickeln viele Quilterinnen den kleineren der beiden Reifen mit Schrägband.*

6 Wenn Sie über die Applikationen hinweg quilten wollen, müssen Sie zunächst von links einige Stoffteile zurückschneiden, die von rechts nicht zu sehen sind, da das Quilttop sonst insgesamt zu dick würde. Durch das Zurückschneiden werden die Motive auf der rechten Seite am Rand leicht erhaben, der Stoff wirft nicht so leicht Falten und dunkle Stoffe scheinen unter helleren nicht so sehr durch. Der Nachteil bei großen Motiven ist allerdings, dass der Quilt an der Stelle etwas dünner ist.

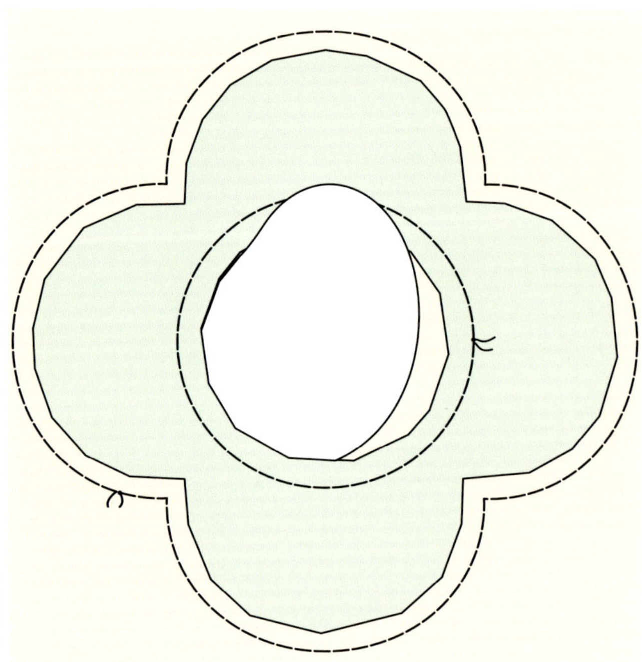

Der Grundstoff unter einer Applikation wird zurückgeschnitten

7 Drehen Sie die Arbeit mit der linken Seite zu sich hin. Fassen Sie den Grundstoff zwischen den Nahtlinien mit zwei Fingern, ziehen Sie ihn von der Applikation weg und schneiden Sie einen Schlitz hinein. Den Grundstoff bis auf 0,6 cm von der Naht entfernt zurückschneiden. Auf dieselbe Weise die Unterstoffe unter den übrigen Applikationen zurückschneiden, niemals jedoch Stoffe, die von rechts sichtbar sind.

Spitze Ecken

Die Nahtzugaben spitzer Ecken müssen diskret eingeschlagen oder zurückgeschnitten werden, damit die Naht nicht zu dick wird. Bei einer breiteren spitzen Ecke näht man zunächst Vorstiche knapp außerhalb der Nahtlinie. Waagerecht die Hälfte der Nahtzugabe oberhalb des Scheitelpunkts abschneiden. Die Kante auf Höhe des Scheitelpunkts einschlagen und die seitlichen Zugaben über die Nähte schlagen. Zum Schluss die überstehende Nahtzugabe zurückschneiden.

Bei einer sehr schmalen spitzen Ecke schlägt man die Zugabe einer Seite nach links ein und markiert den Umbruch, entweder durch Bügeln oder durch Ausstreichen mit dem Fingernagel. Den anderen Rand einschlagen und über den ersten legen. Beim Nähen sorgfältig mit der Nadel den unteren Rand unter den anderen schieben.

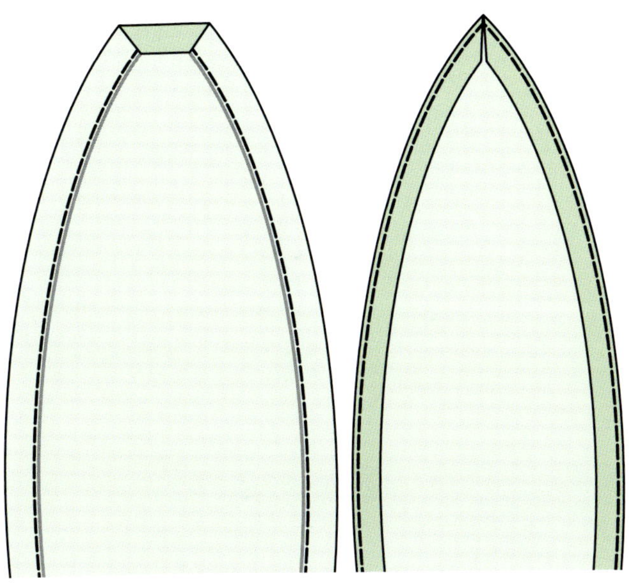

Die Ränder von spitzen Ecken zurückschneiden und einschlagen (hier von links gesehen). Das Motiv kann nun appliziert werden.

Einkerbungen

Die Nahtzugaben von Einkerbungen müssen auseinander klaffen, damit der Winkel flach auf der Unterfläche liegt. Machen Sie eine Reihe Stiche knapp innerhalb der Nahtlinie und schneiden Sie die Nahtzugaben ringsum bis kurz vor den Stichen ein. Die Nahtzugaben nach links umschlagen. Beim Applizieren des Teils führen Sie im Winkel einige dichte Staffierstiche aus, um die winzige Stelle ohne Nahtzugabe zu stabilisieren.

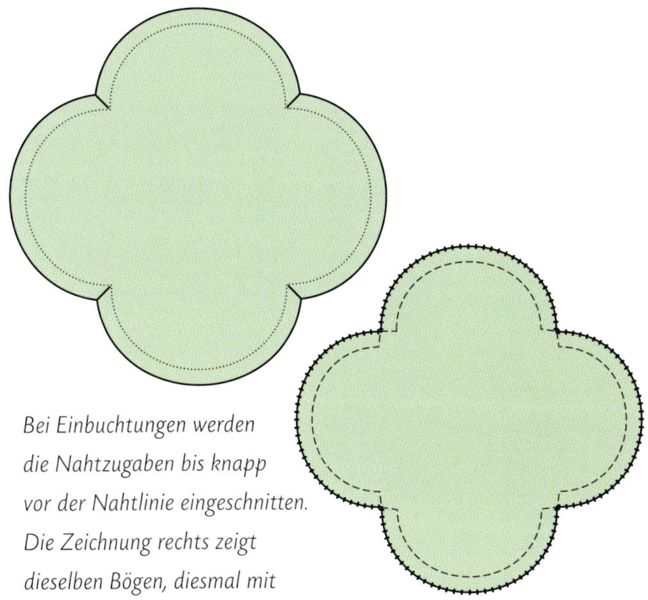

Bei Einbuchtungen werden die Nahtzugaben bis knapp vor der Nahtlinie eingeschnitten. Die Zeichnung rechts zeigt dieselben Bögen, diesmal mit nach links eingeschlagenen Zugaben.

Applizieren mit der Nähmaschine

1 Falls nötig, den Nähfuß Ihrer Maschine durch einen Zickzackfuß (speziell für Applikationen oder transparent) ersetzen. Die Maschine auf Zickzackstiche stellen (S. 115). Die Stichlänge so einstellen, dass die Stiche bei leichten Stoffen kürzer, bei schweren Geweben länger sind. Fädeln Sie ein farblich zur Applikation passendes Garn ein.

2 Die Applikationen gemäß Vorlage auf den Grundstoff legen, dabei darauf achten, dass überlappende Teile in der richtigen Reihenfolge liegen. Die Teile mit Stecknadeln oder wasserlöslichem Kleber befestigen.

3 Die Arbeit unter den Nähfuß schieben und langsam mit Geradstichen jedes Teil knappkantig aufsteppen, ohne dass der Stoff Falten wirft. Lässt sich der Stoff so nur schwer nähen, können Sie die Teile auch mit 0,6 cm Nahtzugabe zuschneiden, heften und die Ränder bis zu den Nahtlinien zurückschneiden.

4 Nähen Sie nun langsam mit dichten Zickzackstichen an den Rändern jeder Form entlang. Bewegen Sie den Stoff dabei behutsam weiter, ohne mit dem Nähen auszusetzen, damit die Naht gleichmäßig wird. Die Fäden an Anfang und Ende nicht sichern, sondern lang hängen lassen und später vernähen.

5 Bei Richtungswechseln die Nadel im Stoff stecken lassen, den Nähfuß anheben und den Stoff um die Nadel drehen. Auf diese Weise werden die Stiche beiderseits von Ecken gleichmäßig dicht. Bei spitzen Ecken die Nadel im Unterstoff stecken lassen, bei Einbuchtungen in der Applikation.

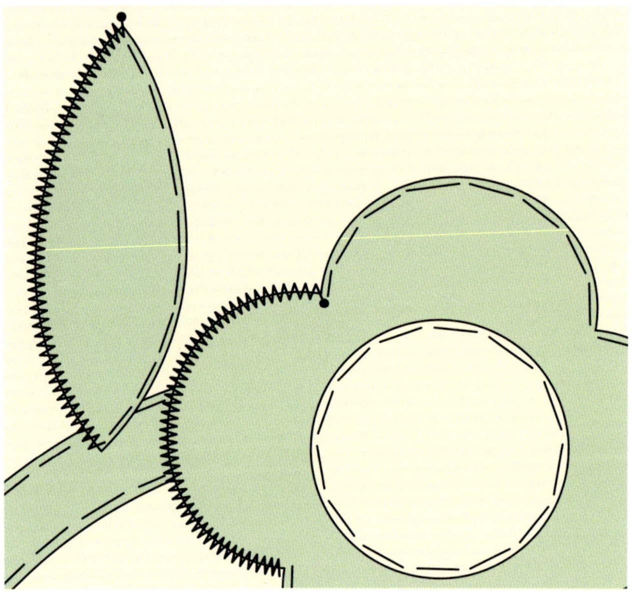

Zickzackstiche an einer spitzen Ecke und einer Einkerbung

6 Die Stichlänge an Einkerbungen verringern, damit die Naht dort schmaler wird (es sei denn, Sie haben sehr dicke Stoffe, die lange Stiche erfordern, um fest verankert zu sein).

7 Nach Fertigstellung der Nähte alle Fäden auf die linke Seite durchziehen, in eine Nähnadel einfädeln und mit ein paar unsichtbaren Rückstichen vernähen.

8 Alle Heftfäden herausziehen. Die Rückseiten aller Teile, die von rechts nicht sichtbar sind, zurückschneiden, damit der Quilt nicht zu dick wird (S. 132 + 133). Zum Schluss alles leicht überbügeln.

Applizieren mit beidseitig klebendem Bügelvlies

1 Planen Sie gründlich, wo die einzelnen Teile in der richtigen Reihenfolge aufgenäht werden sollen. Manchmal hilft es, wenn man die Teile entsprechend nummeriert.

2 Das Vlies mit der Papierseite nach oben auf die Arbeitsfläche legen, die Schablone mit der rechten Seite nach unten darauf legen und die Konturen mit Bleistift auf das Vlies übertragen. Die Formen ausschneiden, das Papier vom Vlies abziehen und die Formen nach den Anleitungen des Herstellers auf den Stoff bügeln.

3 Setzt sich Ihr Motiv aus zahlreichen überlappenden Teilen zusammen, können Sie diese auch zuerst miteinander verbinden. Dabei das Bügelbrett mit einem Bogen Transparentpapier oder normalem Papier schützen. Die verbundenen Teile auf den Grundstoff aufbügeln.

4 Die mit doppelseitig klebendem Bügelvlies fixierten Stoffteile brauchen nicht aufgenäht zu werden. Soll der Quilt rustikal wirken, können Sie sie natürlich mit Zickzackstichen (S. 115) oder Knopflochstichen applizieren.

Zusammenfügen und Quilten

Beim Quilten wird eine Schicht Wattierung zwischen zwei Stofflagen befestigt und so zu einer wärmenden Bettdecke verarbeitet. Solche Decken sind aber keineswegs nur zweckmäßig, denn die Steppnähte bilden sehr dekorative Muster. Sie machen das Stück lebendig und schaffen unterschiedliche Texturen, die einzelne Teile der Decke unterschiedlich hervortreten lassen.

Durch das Absteppen kann ein Patchwork völlig unterschiedlich aussehen, je nachdem, ob man die Nahtlinien der Teile betont oder sie mit ganz eigenständigen Steppmustern überzieht. Gerade Steppnähte sind sehr beliebt, sei es als Gitternetze, entlang der Konturen von Patchworkmustern oder Applikationen. Am besten zur Geltung kommt das Quiltmuster natürlich auf Oberseiten, die aus einem Stück bestehen. Die meisten sind mit Medaillons aus Blumen oder stilisierten Muscheln verziert und von ebenfalls stilisierten Federn mit langen, geschwungenen Bögen oder keltischem Flechtwerk umrahmt.

Auf hellen, einfarbigen Stoffen kommen Quiltmuster besonders gut zur Geltung. Das sollte man auch berücksichtigen bei der Stoffwahl für die Quiltunterseite – uni und gemustert.

QUILTMUSTER

Die in diesem Buch vorgestellten Quilts zeigen verschiedene Arten von Steppnähten, die ohne Schablone gearbeitet werden. Einige folgen den Konturen von Motiven, die zunächst auf den Stoff übertragen werden müssen, die meisten bilden jedoch schlichte Geraden, die vor dem Steppen nicht unbedingt aufgezeichnet werden müssen. Sie können natürlich die Stepptechnik von Modell zu Modell abwandeln, ein einzelnes Motiv oder mehrere Motive als Rapport verwenden. Wenn Sie selbst gute Ideen haben, kreieren Sie doch einfach Ihr eigenes Quiltmuster!

Wichtig ist jedoch bei jedem Muster, von Anfang an zu wissen, was Sie vorhaben, damit Sie es falls erforderlich auf dem Quilttop vorzeichnen können, bevor Sie die einzelnen Lagen zusammenheften.

Quilten mit geraden Linien

Bei dieser Technik steppt man gerade Linien ab und setzt sie zu Mustern aus parallelen Linien, Quadraten oder Rauten zusammen. Oft überziehen sie den ganzen Stoff mit einem Gitternetz rings um große Motive aus Steppmustern oder Applikationen. Die Linien füllen die Fläche und sind in der Regel dem dominanten Motiv untergeordnet.

Das Absteppen in geraden Linien eignet sich besonders gut für Quilterinnen, die gern mit der Nähmaschine arbeiten. Man kann sie natürlich auch von Hand nähen. Wenn Sie mit der Maschine absteppen, verwenden Sie möglichst einen speziellen Quiltfuß, mit dem man, ausgehend von einer vorgezeichneten Linie in der Mitte der Arbeit, Nähte in gleichmäßigen Abständen ausführen kann. Wenn Sie von Hand oder mit einem normalen Nähfuß arbeiten, zeichnen Sie sich die Nahtlinien mit einem langen Lineal vor oder verwenden Sie einen langen Pappstreifen in der erforderlichen Breite als Schablone. Die Geraden werden üblicherweise mit Vorstichen ausgeführt, Sie können aber auch nach Belieben Fantasiestiche machen.

Quilten in geraden Linien

Quilten in der Naht und Schattenquilten

Bei dieser Methode wird über die Nähte oder ganz dicht daneben (im Schatten der Naht) abgesteppt. Die fast unsichtbaren Stiche lassen die einzelnen Teile eines Patchworkmusters plastisch hervortreten, können aber auch große plusterige Flächen schaffen, wenn sie als einzige Stepptechnik angewendet werden. Oft jedoch quiltet man in der Naht, um große Flächen zusammenzufügen, bevor man anschließend komplexere Nähte absteppt.

Das Quilten in der Naht und Schattenquilten kann von Hand erfolgen, eignet sich jedoch perfekt für die Nähmaschine. Führen Sie den Quilt langsam unter dem Fuß durch und folgen Sie exakt den Konturen. Spreizen Sie den Stoff ein wenig mit den Händen, damit die Naht später in der Vertiefung verschwindet.

Schattenquilten

Umrissquilten

Mit dieser Quilttechnik lassen sich die Formen von Patchworkmotiven oder Applikationen sehr schön plastisch herausarbeiten. Man steppt dabei das Stoffstück in ungefähr 0,6 cm Abstand innerhalb der Ränder ab.

Der Umriss-Steppstich unterstreicht die Formen der Motive und wirkt dekorativ, ohne den Stoff zu plustern, wie dies beim Quilten in der Naht der Fall ist.

Beim Umrissquilten mit der Maschine sollte der Rand des Quiltfußes im Idealfall der Kontur folgen, vor allem, wenn es sich um Rundungen handelt. Sie können die Nahtlinien auch mit dem Lineal oder einem Rädchen vorzeichnen oder einen Klebestreifen als Führung für die Geraden verwenden. Nehmen Sie immer wieder dasselbe Stück Klebestreifen, bis es nicht mehr haftet, und nähen Sie nicht darüber, damit es keine Spuren hinterlässt.

Umrissquilten

Echoquilten

Mit dem Echo-Quilten hebt man Motive und Applikationen optisch hervor, nachdem diese bereits in der Naht abgesteppt wurden. Das Echomuster besteht aus konzentrischen Linien rings um das Motiv herum und dient auch zum Füllen größerer Flächen.

Benutzen Sie bei einfachen Formen den Rand des Nähfußes oder einen Quiltfuß mit Kantenlineal, um die Nahtlinien in gleichmäßigen Abständen auszuführen. Bei komplexeren Formen zeichnen Sie zunächst die Stepplinien auf dem Stoff vor, senken die Transportgreifer ab oder setzen eine Stopfplatte auf, um freihändig steppen zu können (S. 116). Steppen Sie den Linien entlang und führen Sie dabei den Stoff behutsam mit den Händen, damit gleichmäßig lange Stiche entstehen.

Echoquilten

Freihandquilten

Die gesamte Fläche des Quilts wird von einem dekorativen Muster, in Form verschnörkelter Linien, überzogen. Die kleinen Stiche werden von Hand oder mit der Maschine ausgeführt. Diese Nähte machen den Quilt insgesamt flacher und lassen die von Stepplinien umgebenen Motive plastisch hervortreten. Man arbeitet mit einem Stopffuß und einer Stickplatte oder senkt die Transportgreifer ab

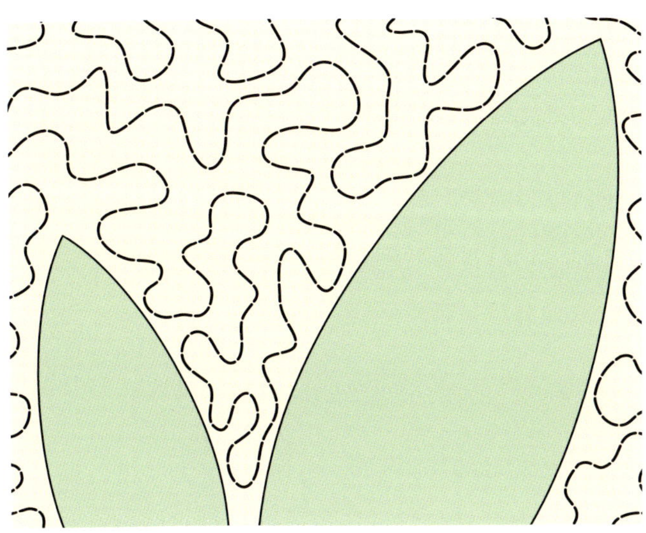

Freihandquilten

(S. 116). Überziehen Sie den «Hintergrund» des Quilts gleichmäßig mit Linien, achten Sie dabei aber darauf, keine Linien zu übernähen. In kleinen Zonen arbeiten.

DEN STOFF VORBEREITEN

Nach Fertigstellung des Quilttops müssen die Quiltnähte vorgezeichnet werden, bevor Sie die drei Lagen der Steppdecke zusammenheften.

Quiltmuster übertragen

1 Zunächst alle Fäden am Quilttop vernähen. Die Kanten begradigen und sorgfältig bügeln.

2 Eine große, ebene Arbeitsfläche so vorbereiten, dass der Quilt darauf nicht verrutschen kann (legen Sie ein Tuch, ein großes Schneidbrett oder dergleichen darauf). Legen Sie das Quilttop mit der rechten Seite nach oben auf die Fläche.

3 Übertragen Sie komplexe Muster auf die rechte Stoffseite (S. 129). Wenn Sie wollen, zeichnen Sie auch einfache Muster vor, etwa Geraden oder Linien, die parallel zu bereits vorhandenen Nähten verlaufen sollen. Verwenden Sie dazu einen angespitzten Schneiderkreidestift oder einen wasserlöslichen Filzstift und ein geeignetes Lineal.

Tipp: *Zeichnen Sie das Quiltmuster mit gestrichelten Linien vor, die man gerade noch erkennen kann, damit sie später leichter unter den Nähten verschwinden.*

Vorbereiten der Lagen des Quilts

1 Die Quiltunterseite so zuschneiden, dass jede Seite 5 cm über das Quilttop übersteht. Dieser Stoffrand ist unbedingt als Ausgleich nötig, weil der Stoff beim Absteppen etwas schrumpft. Wenn Sie den Quilt mit einer schmalen Einfassung umgeben wollen, indem Sie den Überstand der Unterseite einfach nach vorn einschlagen, geben Sie zusätzlich ringsum eine Nahtzugabe von 2,5 cm hinzu.

2 Ist der Quilt größer als die Stoffbreite, nähen Sie mehrere Längen zusammen, damit die Unterseite die richtige Größe hat. Wenn Sie zwei Stoffstreifen benötigen, schneiden Sie einen davon in Längsrichtung in der Mitte durch und setzen jeweils eine Hälfte an den Seitenkanten an. (Zwei Nähte machen die Unterseite zudem stabiler als eine Mittelnaht.) Brauchen Sie drei Streifen, legen Sie die Nähte in gleichmäßigen Abständen von der Mitte des Quilts aus an und bügeln die Nahtzugaben um. Die Ränder der Unterseite nach dem Quilten entsprechend den Maßen des Quilttops zurückschneiden.

Die Unterseite des Quilts zusammenfügen

3 Beim Zuschneiden der Vlieseinlage ringsum 5 cm über die Maße des Quilts zugeben. Liegt die Einlage schmaler als der Quilt, nähen Sie mehrere Streifen mit Hexenstichen zusammen (S. 113).

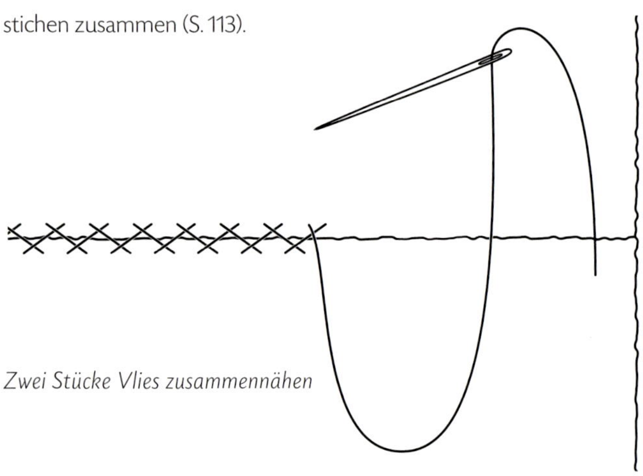

Zwei Stücke Vlies zusammennähen

4 Markieren Sie die Mitte der Seiten des Quilttops und die Mitte der Seiten der Unterseite. Die Mitte der Längsseiten eines Stoffstücks ermittelt man, indem man die Schmalseiten aufeinander legt und die Außenkanten des Stoffbruchs mit dem Bügeleisen und einer Stecknadel markiert. Anschließend das Tuch längs zusammenlegen und die Mitte der Schmalseiten kennzeichnen. Die Vlieseinlage ebenso markieren, jedoch nicht mit dem Bügeleisen.

5 Die Quiltunterseite auf eine große ebene Arbeitsfläche legen (einen Tisch, eine Holzplatte, notfalls den Küchenfußboden), das Tuch glätten, ohne es zu spannen oder zu verziehen, und die Ränder mit Klebeband auf der Fläche fixieren. Wenn Sie auf einem Esszimmertisch arbeiten, empfiehlt es sich, die Tischplatte zu schützen. Legen Sie dazu eine große Schneidematte unter den Stoff und verschieben Sie diese Zug um Zug bei der Arbeit.

Tipp: *Ist die Arbeitsfläche kleiner als der Quilt, befestigen Sie mit Klebestreifen an der Mitte jeder Seite einen Wattebausch oder Zahnstocher. Anhand dieser Markierungen können Sie die drei Quiltlagen besser zusammensetzen.*

6 Die Vlieseinlage auf die Quiltunterseite legen und glätten. Die Markierungen der Mittelpunkte jeder Seite genau ausrichten. Das Quilttop mit der rechten Seite nach oben auf das Vlies legen und genau zentrieren, so dass die Mittelpunkte aller Seiten der drei Lagen exakt aufeinander liegen.

Die Lagen des Quilts heften

Die Heftstiche (S. 111) dienen dazu, die Lagen des Quilts vor dem Handquilten zusammenzufügen. Die Methode eignet sich besser als das Zusammenstecken mit Sicherheitsnadeln, weil die Heftfäden meist im Stoff bleiben können, bis die ganze Quiltfläche abgesteppt ist.

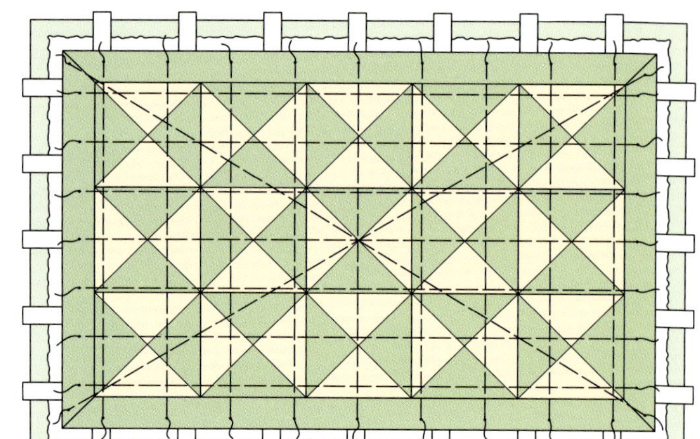

Die Quiltlagen zusammenheften

1 Einen Heftfaden doppelt legen und in eine Nähnadel einfädeln. Der Faden soll etwas länger sein als der Abstand zwischen zwei Ecken des Quilts. Die Farbe muss sich deutlich von der des Quilts abheben. Die Nadel genau in der Quiltmitte auf der rechten Seite ausstechen und mit der einen Hälfte des Fadens eine gerade Naht aus Heftstichen bis zu einer Ecke ausführen. Das Fadenende mit einem Knoten sichern. Die andere Hälfte des Fadens einfädeln und in entgegengesetzter Richtung bis zur Ecke heften.

2 Auf die gleiche Weise zwei weitere Ecken verbinden. Weitere vertikale und horizontale Heftnähte von der Mitte aus zu den Seiten ausführen, dabei zwischen den Nähten jeweils rund 10 cm Abstand einhalten, so dass zum Schluss die ganze Fläche mit einem gleichmäßigen Gitternetz überzogen ist.

Die Lagen mit Sicherheitsnadeln verbinden

Wenn Sie mit der Maschine quilten wollen, sind Heftnähte weniger gut geeignet, denn Sie könnten darüber steppen. Stecken Sie die Lagen lieber zusammen. Von der Mitte des Quilts ausgehend, stecken Sie gebogene Sicherheitsnadeln in vertikalen und horizontalen Reihen über die Mitte der Fläche hinweg. Achten Sie darauf, dass Sie stets alle drei Quiltlagen erfassen, damit sie sich nicht verschieben. Versuchen Sie, die Nadeln so zu platzieren, dass sie hinterher den Steppnähten nicht im Weg sind. Die Sicherheitsnadeln sollten etwa alle 10 cm so angebracht sein, dass sie ein Gitternetz bilden.

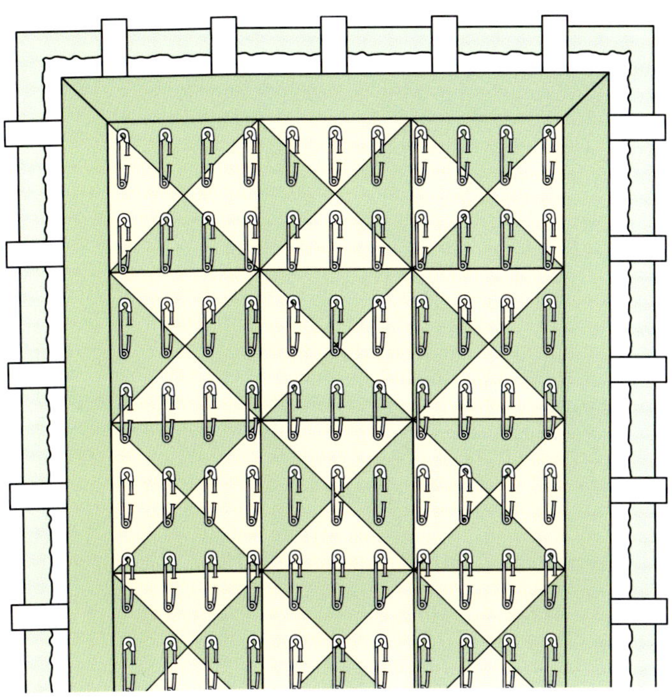

Die Quiltlagen mit Stecknadeln zusammenstecken

ABSTEPPEN

Beim Quilten von Hand entstehen weichere Nahtlinien als mit der Maschine. Dies passt gut zu traditionellen Quilts, denn die Handnähte verleihen den Stücken gerade ihren besonderen Charme. Man kann dazu einen Stickrahmen mit Standfuß verwenden, aber auch ein einfacher Quiltrahmen leistet gute Dienste und ist viel einfacher zu transportieren. Eine weitere traditionelle Methode des Handquiltens besteht darin, die Lagen in regelmäßigen Abständen durch Knoten zu verbinden (S. 142).

Das Absteppen mit der Maschine ergibt saubere, absolut gleichmäßige Nähte für moderne Quilts. Weichere Linien lassen sich mit transparentem Monofilgarn oder farblich abgestimmtem Nähgarn erzielen. Die Nähmaschine ist ideal für gerade Linien und schnörkellose Motive, die keine häufigen Wendemanöver erfordern, sowie für dünne, nicht allzu voluminöse Vlieseinlagen. Mit der Maschine genähte Quilts sind nicht nur schneller herzustellen als handgenähte, sondern auch haltbarer und besser in der Maschine waschbar.

Handquilten

1 Schieben Sie den kleineren Reifen des Quiltrahmens unter die Mitte des Quilts. Den verstellbaren größeren Reifen darüberstülpen und die Schraube so anziehen, dass der Stoff im Rahmen gut gespannt ist (Sie müssen nacheinander mehrere Stiche ausführen können). Falls möglich, klemmen Sie den Rahmen so fest, dass Sie freihändig arbeiten können, beispielsweise, indem Sie ihn gegen eine Tischkante drücken.

2 Quilten Sie stets von der Mitte zum Rand. Verwenden Sie dazu eine feine Nähnadel und jeweils 45 cm lange Fäden in einer zum Quilttop passenden Farbe. Machen Sie einen Knoten in das Fadenende und stechen Sie in einigen Zentimetern Abstand vom Beginn der Naht von unten nach oben durch die Lagen. Die Nadel am Nahtbeginn ausstechen, den Faden anziehen, so dass der Knoten in der Vlieseinlage steckt und von der rechten Seite her nicht sichtbar ist.

3 Die Hand mit der Nähnadel oberhalb des Quiltrahmens halten und mit dem Zeigefinger der anderen Hand den Stoff im Rahmen von unten etwas anheben, denn so näht es sich leichter. Stecken Sie beim Nähen einen Fingerhut auf den Mittelfinger der Hand, die die Nadel führt, und einen weiteren auf den Zeigefinger der unten

liegenden Hand. Mit etwas Übung arbeiten beide Hände in einem gleichmäßigen Rhythmus zusammen.

4 Führen Sie gleichmäßige Vorstiche aus und achten Sie dabei darauf, alle drei Lagen zu erfassen. Stechen Sie die Nadel durch die Lagen, bis sie den (mit Fingerhut geschützten) Zeigefinger der anderen Hand unter dem Quiltrahmen erreicht und die Nadel wieder zur Oberseite zurückgeführt werden kann. Mit etwas Übung lernen Sie, mehrere Stiche in einem Zug zu machen und kleinere, gleichmäßigere Stiche auszuführen. Ziehen Sie die Nadel behutsam heraus, damit die Nähte gleichmäßig werden. Setzen Sie bei dickeren Quilts oder zum Verstärken einer Naht den Stehstich ein.

5 Haben Sie den Rand des Quiltrahmens erreicht, lassen Sie den Faden hängen oder wickeln ihn um eine Stecknadel, um ihn später wieder aufzunehmen. Vor dem Verschieben des Rahmens steppen Sie mit einer zweiten Nadel die übrigen Flächen ab, die im Quiltrahmen erscheinen.

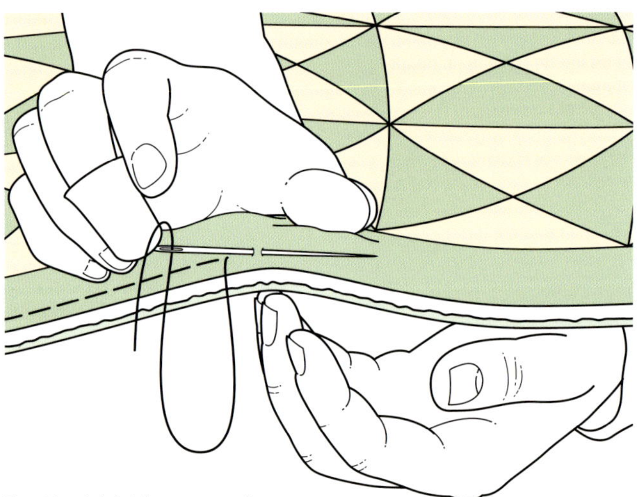

Es näht sich leichter, wenn der Zeigefinger unter der Arbeit den Stoff etwas anhebt.

Tipp: *Um rings um ein Motiv zu quilten, ohne die Arbeit ständig drehen zu müssen, ziehen Sie links oben am Rand des Motivs einen doppelt langen Faden ein und quilten mit dessen einer Hälfte zunächst in eine Richtung. Ist der Faden aufgebraucht, quilten Sie mit der zweiten Hälfte in der anderen Richtung weiter.*

6 Um einen Faden unter zwei aneinander grenzenden Bereichen hindurchzuführen, die Nadel in die Vlieseinlage ein- und an der gewünschten Stelle wieder ausstechen. Um einen Faden über größere Entfernungen zu verstecken, die Nadel in das Vlies stechen und die Spitze auf der Oberseite ein Stückchen ausstechen Die Spitze festhalten, die Nadel drehen und an der gewünschten Stelle mit dem Öhr zuerst ausstechen.

7 Wenn Sie die Steppnähte bis zu den Rändern des Quilts fortsetzen müssen, setzen Sie ringsherum 20 cm breite Baumwollstreifen mit Heftnähten an, so dass Sie auch die Ecken und Ränder in den Quiltrahmen einspannen können.

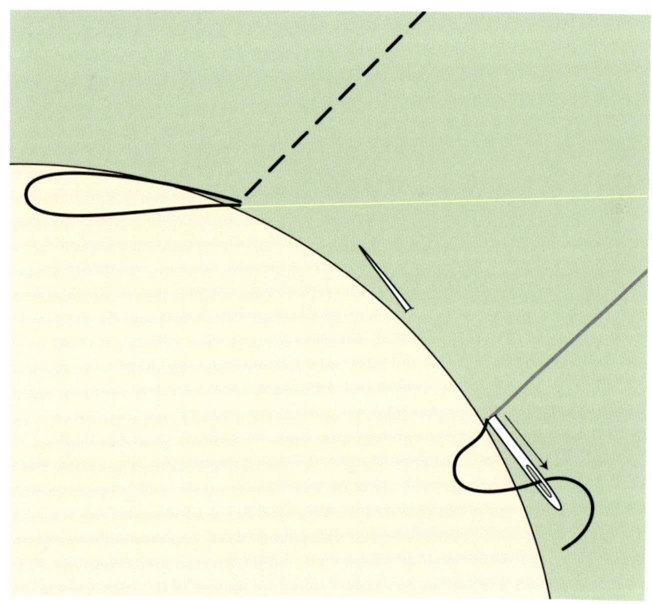

Die Nadel von der linken zur rechten Nahtlinie stechen, dabei unter der Vlieseinlage drehen

8 Zum Vernähen des Fadens wickeln Sie ihn zweimal um die Nadel, so dass er einen Knoten bildet, oder machen einen Rückstich in den letzten Stich. Stechen Sie die Nadel in die Vlieseinlage ein und in rund 3 cm Abstand wieder aus. Den Faden dicht am Gewebe abschneiden.

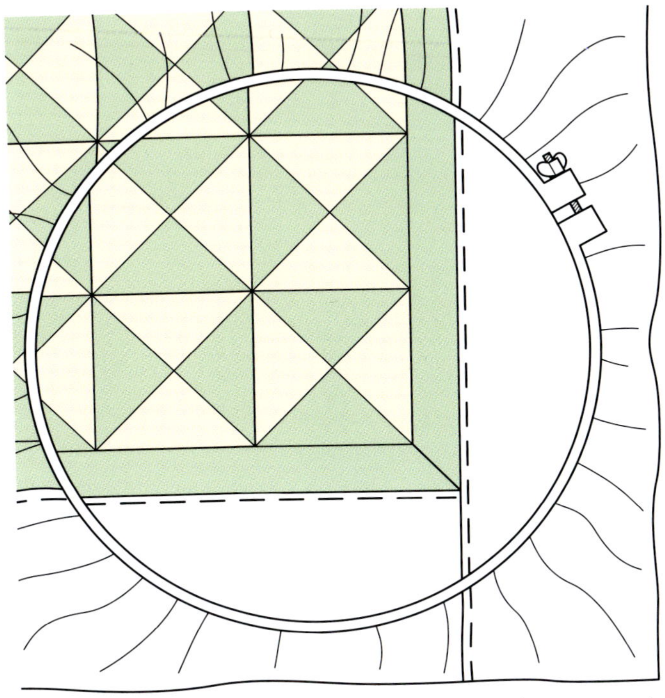

Wenn man rings um den Quilt Baumwollstreifen heftet, kann man auch die Kanten und Ecken zum Absteppen in den Quiltrahmen spannen.

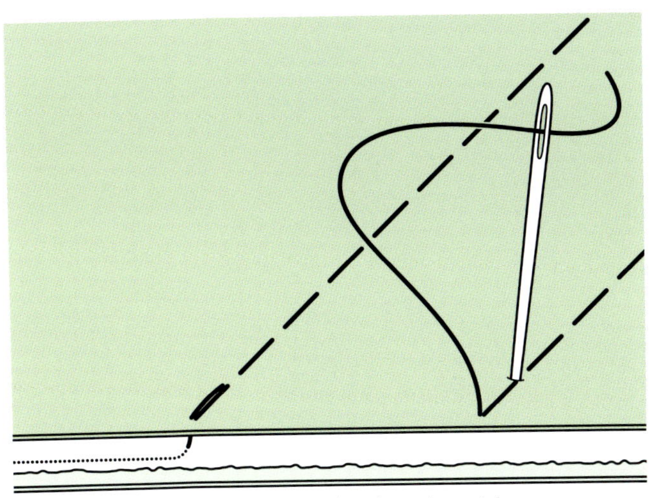

Den Faden sichern und das Ende in die Vlieseinlage ziehen

Quilts knoten

1 Die Lagen wie beschrieben zusammenfügen, jedoch die Sicherheitsnadeln oder Heftstiche dort platzieren, wo Sie die Knoten anbringen wollen. Diese Methode eignet sich vor allem für sehr voluminöse Quilts. Die Knoten müssen im Abstand von 7,5 bis 15 cm angebracht sein, je nachdem, wie oft der Quilt gewaschen werden soll.

2 Einen dicken Sticktwist aus Baumwolle in eine Nadel einfädeln und an der Stelle, wo der Knoten sitzen soll, durch alle Lagen hindurchstechen. 5 bis 7,5 cm Faden auf der rechten Seite heraushängen lassen. Die Nadel dicht neben der Einstichstelle wieder ausstechen und einen Rückstich ausführen. Die Nadel an derselben Stelle wieder ausstechen und an der Stelle wieder einstechen, wo der nächste Knoten sitzen soll. Wieder einen Rückstich machen und weiterarbeiten, bis der Faden aufgebraucht ist. Enden Sie mit einem kompletten Rückstich und lassen Sie das Fadenende 5 bis 7,5 cm lang auf der rechten Seite überhängen. Die Fläche mit weiteren Rückstichen füllen und die Fäden zwischen den Stichen durchschneiden.

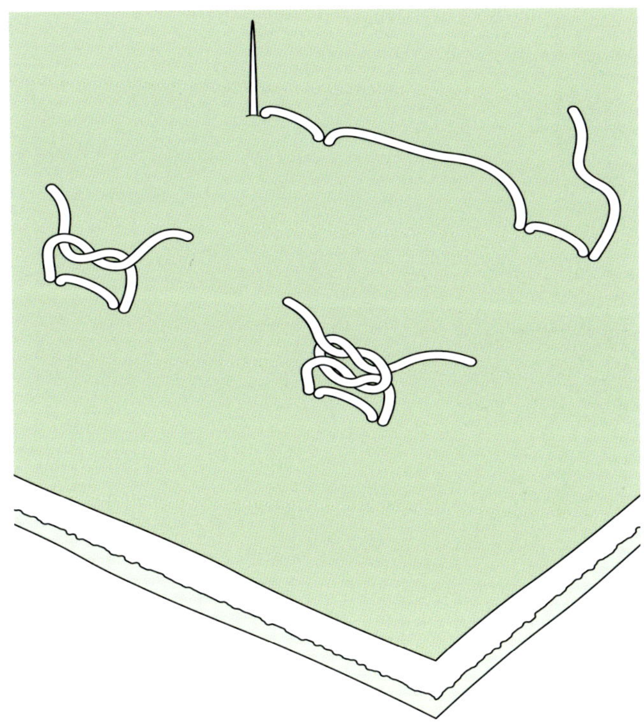

Geknoteter Quilt

3 Nun stets die Fäden anziehen, damit die Knoten schön fest sitzen, und dann die Fadenenden mit einem Kreuzknoten verknoten (siehe oben). Die Enden auf gleiche Länge zurückschneiden.

4 Sie können die Fäden auch mit dekorativen Schleifen verknoten oder mit 5 cm langen Fadenenden zu einem zweiten Kreuzknoten verknoten, so dass kleine Noppen entstehen.

Maschinenquilten

1 Die Nähmaschine mit einem Quiltfuß oder einem Nähfuß mit Dualtransport versehen. Quiltfüße sind praktisch, weil man damit aufgrund ihrer besonderen Breite und des verstellbaren Kantenlineals mühelos parallele Linien nähen kann. Vorrichtungen für Dualtransport sind sinnvoll, weil sie die Ober- und Unterseite der Arbeit gleichmäßig voranbewegen, so dass keine Falten entstehen. Eine spitze Nadel entsprechend der Art des Gewebes und ein transparentes oder farblich passendes Nähgarn verwenden. Die Stichlänge auf 2 bis 3 einstellen und die Unterfadenspannung ein wenig lockern.

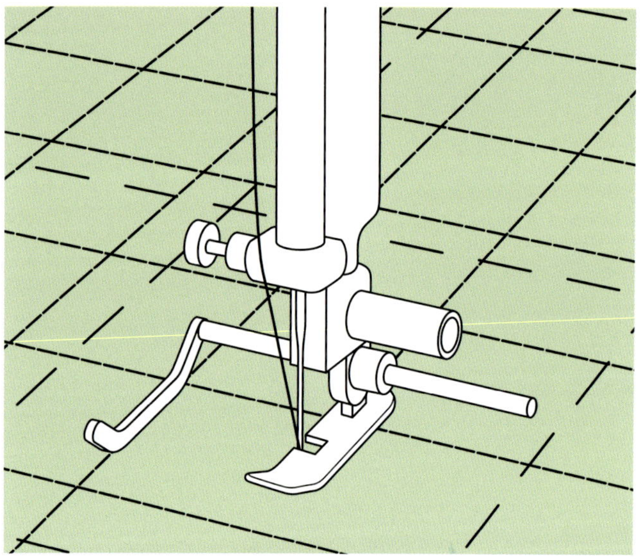

Quilten mit Hilfe eines verstellbaren Kantenlineals

2 Wählen Sie entsprechend dem beabsichtigten Quiltmuster die Stelle aus, wo Sie mit dem Absteppen beginnen wollen. Oft empfiehlt es sich, zunächst die Konturen der Motive abzusteppen, um die drei Lagen zu verbinden. Starten Sie dazu in der Mitte des Quilts und arbeiten Sie in Horizontalrichtung von der Mitte zum Rand. Steppen Sie anschließend die Zwischenräume jedes Bereichs ab, wiederum von der Mitte zum Rand.

3 Die Hälfte des Quilts eng zusammenrollen und mit Stecknadeln oder Fahrradklammern fixieren, damit er sich nicht lösen kann. Das untere Ende mehrfach falten und die aufgerollte Hälfte unter den Arm der Nähmaschine schieben, das gefaltete Ende auf Ihre Knie legen und den Rest auf der Nähfläche ausbreiten. Den Quilt nach Bedarf auf- und entrollen.

Der aufgerollte Quillt wird unter den Arm der Maschine geschoben.

4 Beginnt die Naht nahe am Rand des Quilts, fangen Sie mit ein paar Rückstichen oder mehreren Stichen auf der Stelle an. Überall sonst den Ober- und Unterfaden 10 cm lang überstehen lassen und später vernähen, aber darauf achten, dass sie beim Steppen nicht mit erfasst werden. Steppen Sie langsam an den vorgezeichneten Linien entlang oder orientieren Sie sich am Kantenlineal. Entfernen Sie nach und nach die Sicherheitsnadeln, wenn die Lagen fest verbunden sind. Nähen Sie möglichst viel in dieselbe Richtung (entsprechend dem Muster natürlich), damit Sie den Quilt nicht zu häufig auf- und zurollen müssen. Wenn Sie die Arbeit wenden müssen, stechen Sie die Nadel in den Stoff ein und heben dann erst den Nähfuß an und drehen den Stoff.

5 Nähen Sie, so weit es geht, an einem Stück, damit Sie möglichst wenige Fäden zu vernähen haben. Sie können auf dem Weg zu einer anderen Stelle eine Naht übernähen, doch höchstens zweimal, damit die Doppelnähte nicht unschön aussehen.

6 Endet eine Naht am Rand des Quilts, schließen Sie sie mit ein paar Rückstichen oder mehreren Stichen auf der Stelle ab. In allen anderen Teilen des Quilts am Nahtende den Oberfaden nach links durchziehen und mit dem Unterfaden verknoten. Diese beiden Fäden jeweils in eine Nähnadel einfädeln, in die Vlieseinlage einstechen und 2,5 cm weiter wieder ausstehen. Den Faden abschneiden.

Fertigstellen

Traditionell werden Quilts mit schmalen, farblich auf das Top abgestimmten Einfassungen versehen. Eine stabile Einfassung, die um die Kanten aller drei Lagen gelegt wird, festigt die Ränder und erhöht die Lebensdauer Ihres Quilts. Oft nutzt sich die Einfassung als Erstes ab, doch zum Glück ist sie leicht zu erneuern.

Vielleicht haben Sie ja Lust, eine Aufhängung anzubringen und Ihr Werk wie ein Bild an die Wand zu hängen, anstatt es aufs Bett zu legen. Ganz gleich, was Sie mit dem guten Stück anfangen, Sie sollten stets darauf achten, dass der Quilt geschont wird, damit Sie möglichst viele Jahre lang Freude daran haben.

Die Einfassungen schneidet man am besten erst nach dem Quilten zu, weil die Fläche des Quilts dabei manchmal etwas schrumpft. Messen Sie den fertigen Quilt von Rand zu Rand in der Mitte jeder Seite und berechnen Sie anhand dieser Werte die Länge der Stoffstreifen.

EINFASSUNGEN

Einfassung mit geraden Ecken

Diese stabile Einfassung besteht aus vier Stoffstreifen, die ringsum angenäht werden. Dabei überlappen der obere und untere die beiden seitlichen Streifen in den Ecken.

1 Die drei Quiltlagen an den Rändern begradigen. Mit einer Stecknadel die Mitte jeder Seite markieren und das ganze Stück zwischen den Nadeln der gegenüberliegenden Seiten ausmessen.

2 Für eine Einfassung von 2 cm Breite im Fadenlauf oder quer dazu zwei Streifen von 5 cm Breite in der Länge des Quilts plus 5 cm (für die Längsseiten) sowie zwei 5 cm breite Streifen in der Breite des Quilts plus 5 cm (für Ober- und Unterkante) zuschneiden. Eine der Längskanten jedes Streifens 0,6 cm nach links einschlagen und die Bruchkante bügeln.

3 Einen der langen Streifen rechts auf rechts auf eine der Seitenkanten des Quilts legen und feststecken, dabei die nicht eingeschlagene Kante mit dem Rand des Quilts ausrichten. In 0,6 cm Abstand vom Rand absteppen. Die Einfassung über die Kante hinweg zur anderen Seite schlagen und den mit der Nahtzugabe versehenen Rand mit Staffierstichen an der Rückseite des Quilts versäubern. Die andere seitliche Einfassung genauso anbringen.

4 Eine der Einfassungen für die Schmalseiten auf den unteren Rand des Quilts nähen, dabei darauf achten, dass der Stoff beiderseits genügend breit übersteht. Die Enden zur linken Seite

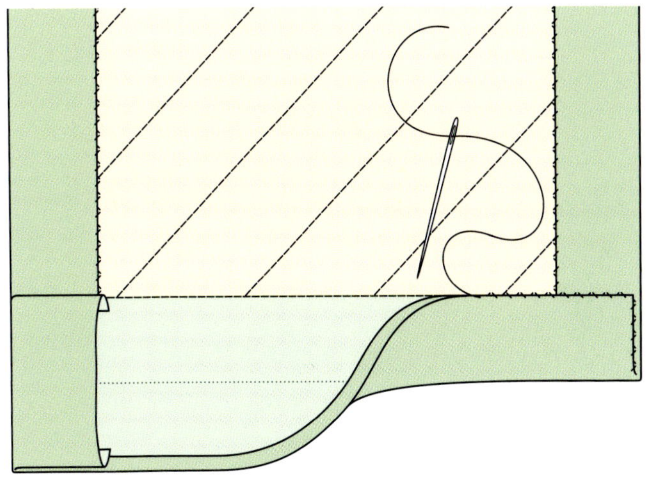

Den unteren Rand einer Einfassung mit geraden Ecken versäubern

umschlagen und an den Ecken feststecken. Den Streifen über die Kante des Quilts legen und den Stoffbruch der Einfassung sorgfältig mit Staffierstichen an der Rückseite des Quilts festnähen. An der anderen Schmalseite ebenso verfahren.

Doppelte Einfassung

Dieser Besatz besteht aus einem langen Stoffstreifen und wird mit Briefecken gearbeitet. Von allen Einfassungen ist er am stabilsten. Die fertige Einfassung ist 1,2 cm breit.

1 Die drei Quiltlagen wie beschrieben an den Rändern begradigen. Mit dem Fadenlauf oder quer dazu Stoffstreifen von 6,5 cm Breite zuschneiden. Die Schmalseiten der Streifen aneinander nähen, so dass die Länge des fertigen Streifens dem Umfang des Quilts plus 50 cm entspricht. Den Streifen längs in der Mitte links auf links falten und den Stoffbruch bügeln. Entlang der zuerst benötigten Schmalseite den Streifen 0,6 cm breit nach links einschlagen.

Tipp: *Damit die Nähte der Streifen in den Ecken nicht auftragen, stecken Sie den Streifen zunächst probeweise auf.*

2 Den Streifen mit der offenen Kante an einer der Quiltkanten entlang feststecken, dabei den Anfang in rund 25 cm Abstand von einer Ecke ansetzen. Den festgesteckten Streifen mit 0,6 cm Nahtzugabe an die Quiltkante nähen, dabei die ersten 10 cm frei lassen. Die Naht 0,6 cm vor dem Beginn der angrenzenden Kante enden, Ober- und Unterfaden sichern und abschneiden und den Quilt unter dem Nähfuß hervorziehen.

3 Den Quilt mit der rechten Seite nach unten auf die Arbeitsfläche legen. Die Einfassung anheben und so falten, dass sie vom Quilt weg parallel zur gegenüberliegenden Kante liegt. So feststecken, dass Sie die Ecke falten und befestigen können.

4 Den Streifen mit der offenen Kante zur Quiltkante weiter festnähen. Achten Sie darauf, dass die schräge Falte sich nicht verschiebt, und richten Sie die neue Falte am vorher festgenähten Rand aus. Den Streifen an der zweiten Kante des Quilts feststecken. Mit 0,6 cm Abstand zu beiden Ecken aufsteppen.

Erste Umbruchkante einer der Ecken bei einer doppelten Einfassung

5 In den übrigen Ecken genauso vorgehen, bis Sie rund 10 cm vor der Schmalseite des Anfangs angekommen sind. Die Fäden sichern und den Quilt unter dem Nähfuß hervorziehen. Das Ende des Streifens bis zum Anfang des Besatzes auf die Quiltkante legen und mit 1 cm Nahtzugabe zurückschneiden. Das beschnittene Ende unter das gefaltete Ende schlagen, feststecken und festnähen.

Die Naht an der zweiten Seite des Quilts

6 Die Einfassung über die Kanten des Quilts schlagen und auf der Rückseite feststecken. In den Ecken Briefecken von 45° Grad anlegen, damit die Ecken von rechts und links gleich aussehen. Die Kanten der Ecken von links mit Staffierstichen versäubern, dabei darauf achten, dass die Stiche von rechts nicht sichtbar sind.

EINEN QUILT SIGNIEREN

Seien Sie ruhig stolz auf Ihr Werk. Schreiben Sie zumindest Ihren Namen, den Titel des Quilts und das Datum der Fertigstellung darauf. Sie können diese Angaben direkt auf dem Modell vermerken oder ein Etikett auf die Rückseite nähen.

Schneiden Sie ein Stück Stoff passend zum Stoff der Rückseite zu oder verwenden Sie ein Gewebe, das sich farblich abhebt. Signieren Sie es mit wasserfestem Filzstift. Sie können auch direkt auf den Stoff sticken, Ihr Etikett mit Computer erstellen und mit dem Drucker (sofern er das kann) auf ein Stück Stoff drucken, das Sie auf Transparentpapier kleben. Nähen Sie das Etikett mit Staffierstichen auf die Rückseite Ihres Quilts und achten Sie darauf, dass die Stiche auf der Vorderseite nicht sichtbar sind.

AUFHÄNGUNG ANBRINGEN

Die Enden der Aufhängungen müssen mindestens 2,5 cm von den Seitenrändern des Quilts entfernt angebracht werden. Der Stab sollte mindestens 5 cm kürzer als die Quiltbreite sein, damit er von vorn nicht zu sehen ist.

1 Einen Stoffstreifen von 20 cm Breite in der Länge der Quiltbreite plus 2,5 cm zuschneiden. Sofern Sie nicht einen langen Tunnel, sondern mehrere kürzere haben möchten, unterteilen Sie den Streifen entsprechend.

2 Für jeden Aufhänger den Stoff längs in der Mitte links auf links falten und die Längskanten zusammennähen. Die Naht auseinander bügeln und dann den Aufhänger so bügeln, dass die Naht in der Mitte liegt. Wenden und die Enden mit Staffierstichen versäubern.

3 Einen der längs verlaufenden Stoffbrüche auf der Rückseite des Quilts feststecken, und zwar am oberen Rand des Besatzes. Die Naht der Aufhängung zeigt zum Quilt hin. Den Stoffbruch mit Staffierstichen aufnähen, dabei den Stoff der Rückseite und die Vlieseinlage erfassen, jedoch nicht das Top. Die zweite Bruchkante der Aufhängung feststecken und annähen, dabei genügend Spielraum lassen, dass der Stab durchgeschoben werden kann, ohne dass die Nähte stören.

PFLEGE

Legen Sie einen Quilt niemals in die pralle Sonne, denn sie würde die Farben verblassen lassen. Auch Feuchtigkeit schadet, unter Umständen kann der Quilt sogar schimmeln. Oft reicht es aus,

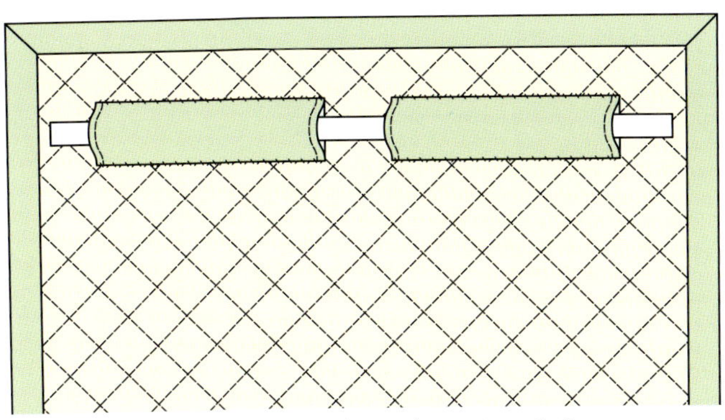

Tunneldurchzüge und Stange an der Rückseite eines Quilts als Wandbehang

wenn man das Stück kräftig ausschüttelt, um Staub zu entfernen und die Einlage wieder aufzubauschen. Um einen empfindlichen Quilt zu säubern, legt man ihn mit der rechten Seite nach oben auf eine Arbeitsfläche, legt ein Stück Tüll oder Musselin darauf und saugt die ganze Fläche mit dem Staubsauger ab. Die Düse dabei nicht direkt auf dem Stoff aufsetzen.

Waschen

Waschen Sie einen Quilt grundsätzlich nur dann, wenn Sie den Stoff vor dem Anfertigen vorgewaschen haben und sicher sind, dass er einlaufsicher und farbecht ist. Ohne diese Gewissheit oder bei empfindlichen Stoffen überlassen Sie die Arbeit lieber einer Reinigung.

1 Verwenden Sie für Hand- und Maschinenwäsche niemals Waschmittel, seien sie auch noch so schonend. Wenn Sie das Stück mit der Hand waschen wollen, eignet sich dazu am besten die Badewanne. Nach dem Waschen den Quilt vorsichtig ausdrücken und in Frottierhandtücher einrollen, um so viel Wasser wie möglich aufzusaugen.

2 Wenn Sie den Quilt in die Waschmaschine stecken wollen, stellen Sie das Waschprogramm so ein, dass es für alle drei Lagen des Quilts passt. Schleudern Sie mit hoher Drehzahl, damit der Quilt möglichst trocken wird.

3 Hängen Sie den Quilt im Freien zum Trocknen auf die Wäscheleine, möglichst an einem windigen, aber nicht zu heißen Tag, es sei denn, er ist zu schwer und zu lang für die Wäscheleine (denken Sie daran, dass er sich verformen könnte oder die Fasern der Vlieseinlage beschädigt werden könnten). Notfalls legen Sie ihn dann im Freien zwischen zwei Bettlaken auf eine ebene Fläche (Rasen, Terrasse, Trampolin etc.).

Aufbewahren

Falten und rollen Sie den Quilt in ein Bettlaken oder stecken Sie ihn gefaltet in einen Kopfkissenbezug, damit das Gewebe atmen kann. Einmal jährlich lüften und beim anschließenden Wegräumen anders falten als zuvor.

Ausbessern

Nähte und Einfassungen sind meist die ersten Teile eines Quilts, die Abnutzungserscheinungen zeigen. Beide sind jedoch leicht zu erneuern. Um eine Naht auszubessern, spannt man den Quilt in einen Quiltrahmen ein, trennt vorsichtig die Naht bis zu einer Stelle auf, an der man die Fäden sichern kann, und legt eine neue Naht an. Wenn Sie eine Einfassung erneuern müssen, sollten Sie den neuen Stoff zunächst älter machen, damit er vom übrigen Quilt nicht absticht. Waschen Sie ihn dazu mehrfach oder legen Sie ihn in die Sonne. Dann vorsichtig die alte Einfassung entfernen und die neue anbringen.

Schablonen

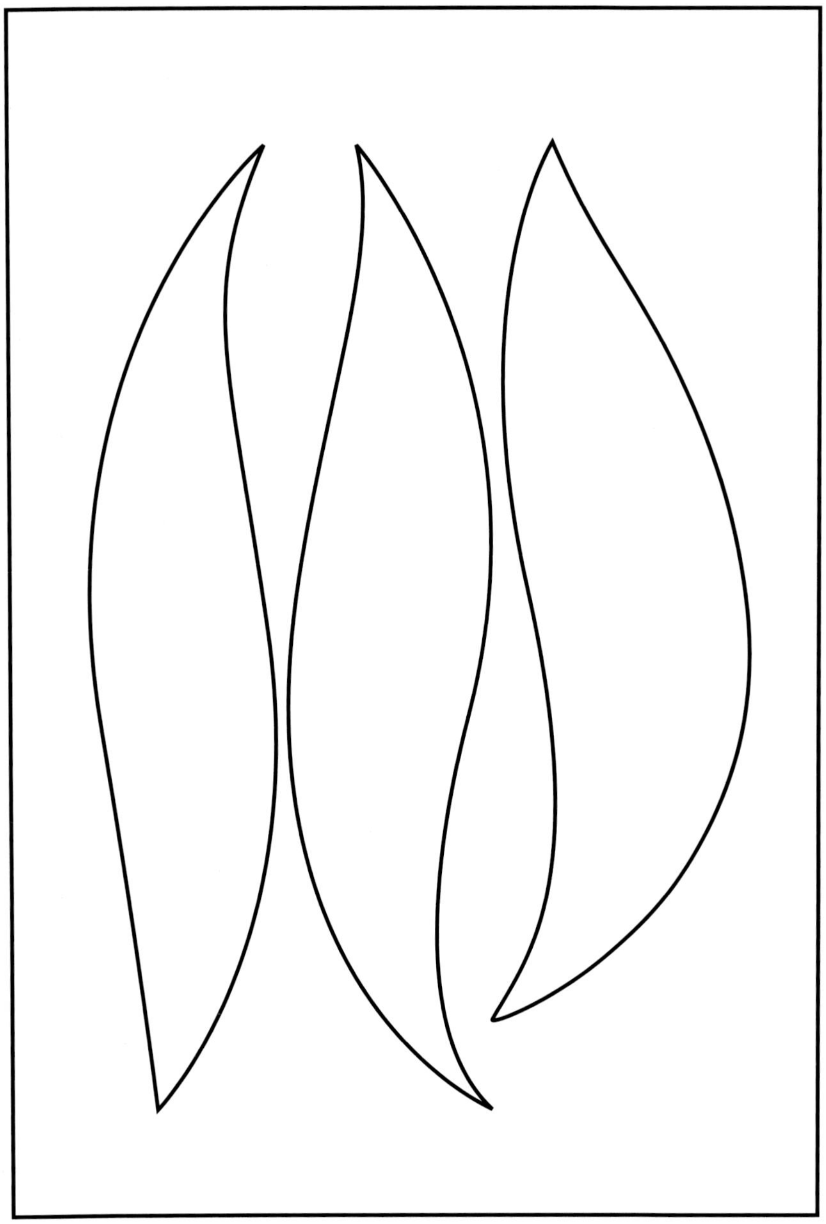

EUKALYPTUSBLÄTTER

Maßstab 1:1

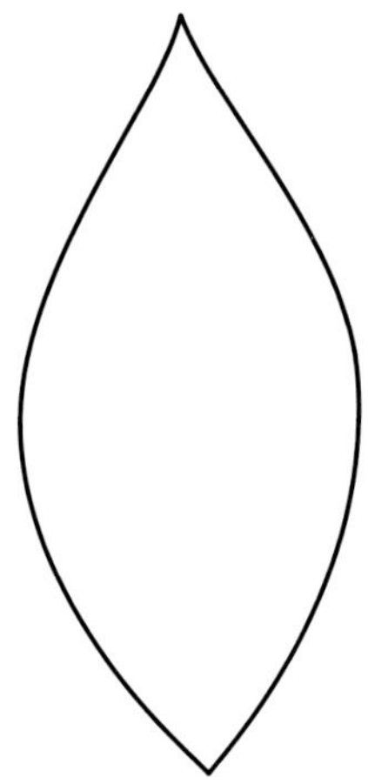

OBEN: KLATSCHMOHNWIESE

Maßstab 1:1

RECHTS:
KLATSCHMOHNWIESE

Das Motiv so vergrößern, dass die Einfassung 150 x 185 cm misst

Legende:

A = erste Blütenmitte

B = zweite Blütenmitte

7A
7
8A
8
9A
9
10A
10
11
11A
1
1B
1A
2
2A
2B
26
26A
12
12A
25
25A
13
13A
4
4A
4B
3
3B
3A
24
24A
14
14A
5
5A
5B
23
23A
15
15A
22
22A
16
16A
21
21A
20
20A
19
19A
18
18A
17
17A

OBEN:
AFRIKANISCHE IMPRESSIONEN

Das Motiv so vergrößern, dass die Einfassung 81 x 106 cm misst

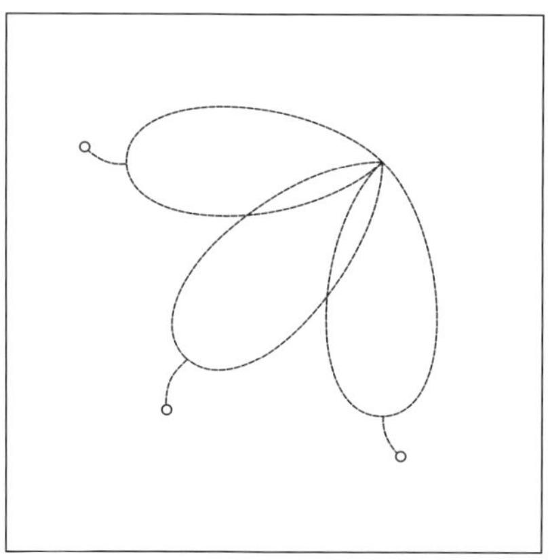

VOGELGEZWITSCHER

Motiv der eingesetzten Ecke, auf 200% vergrößern

RECHTS:
VOGELGEZWITSCHER

Das Motiv so vergrößern, dass die Einfassung 80 x 100 cm misst

ROMANZE IN WEISS

Motive für die obere und untere Bordüre. Die Motive auf 250% vergrößern und an den roten Strichen überlappend zusammensetzen. Ein spiegelverkehrtes Bild zeichnen und an den blau gestrichelten Partien zusammensetzen.

ROMANZE IN WEISS

Motive für die seitlichen Bordüren. Die Motive auf 250% vergrößern und an den roten Strichen überlappend zusammensetzen. Das Motiv nochmals im Ganzen zeichnen, um 180° drehen und die blau gestrichelten Partien der neuen Motive zusammensetzen.

SCHUTZENGEL

Alle Schablonen auf
200% vergrößern

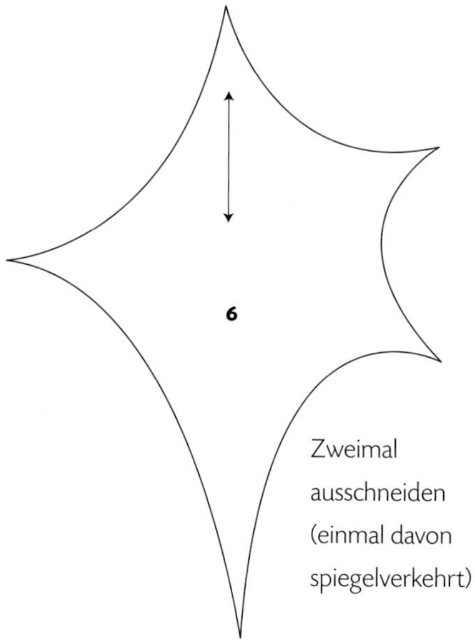

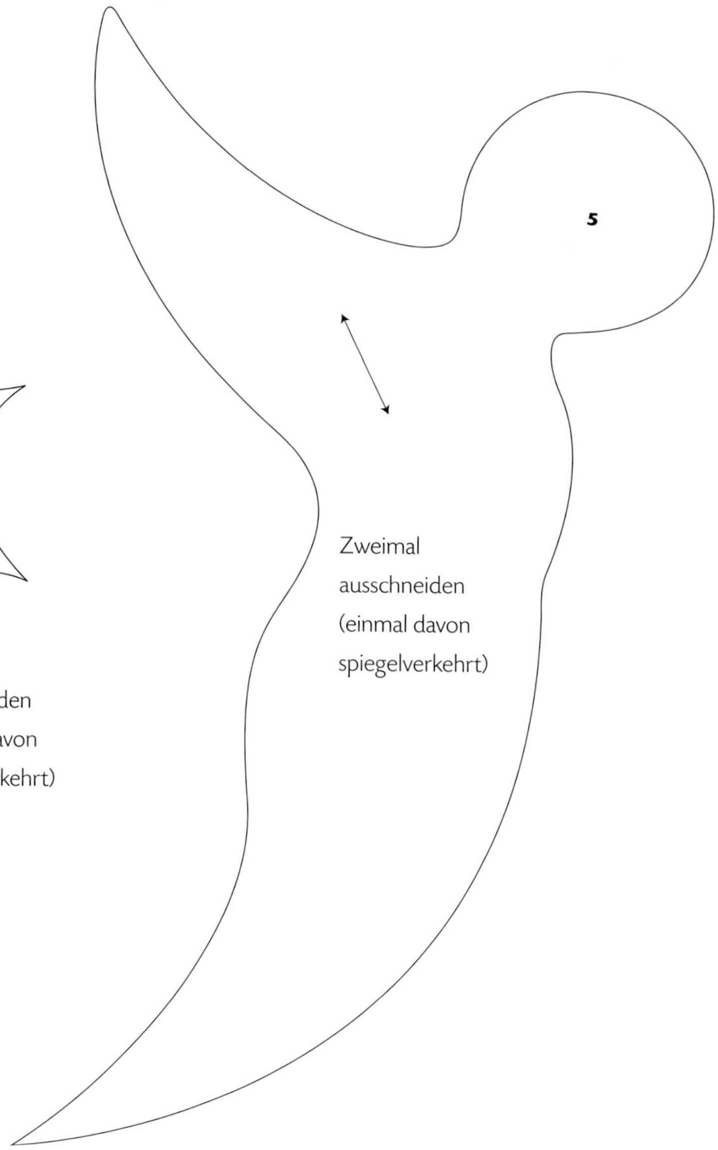

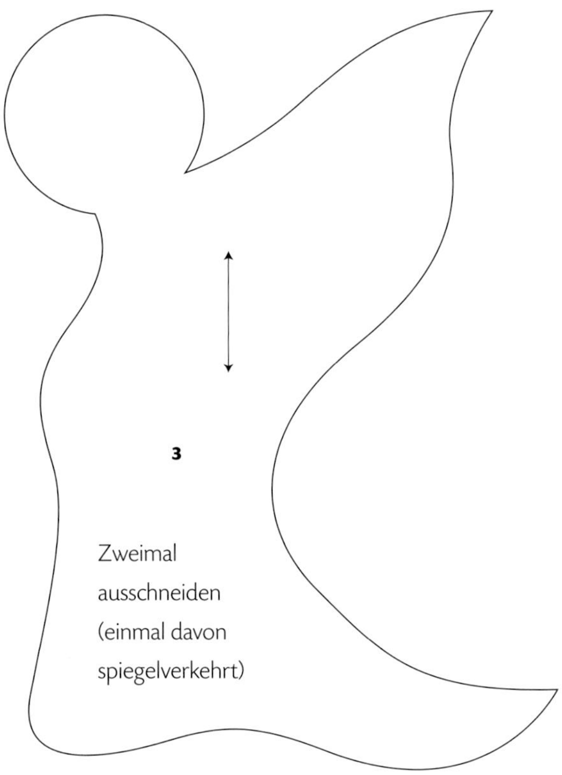

MACHIKOS SCHATZ

Das Motiv auf 800% vergrößern.
Die vergrößerten Motive in rund
6,5 cm Abstand auflegen

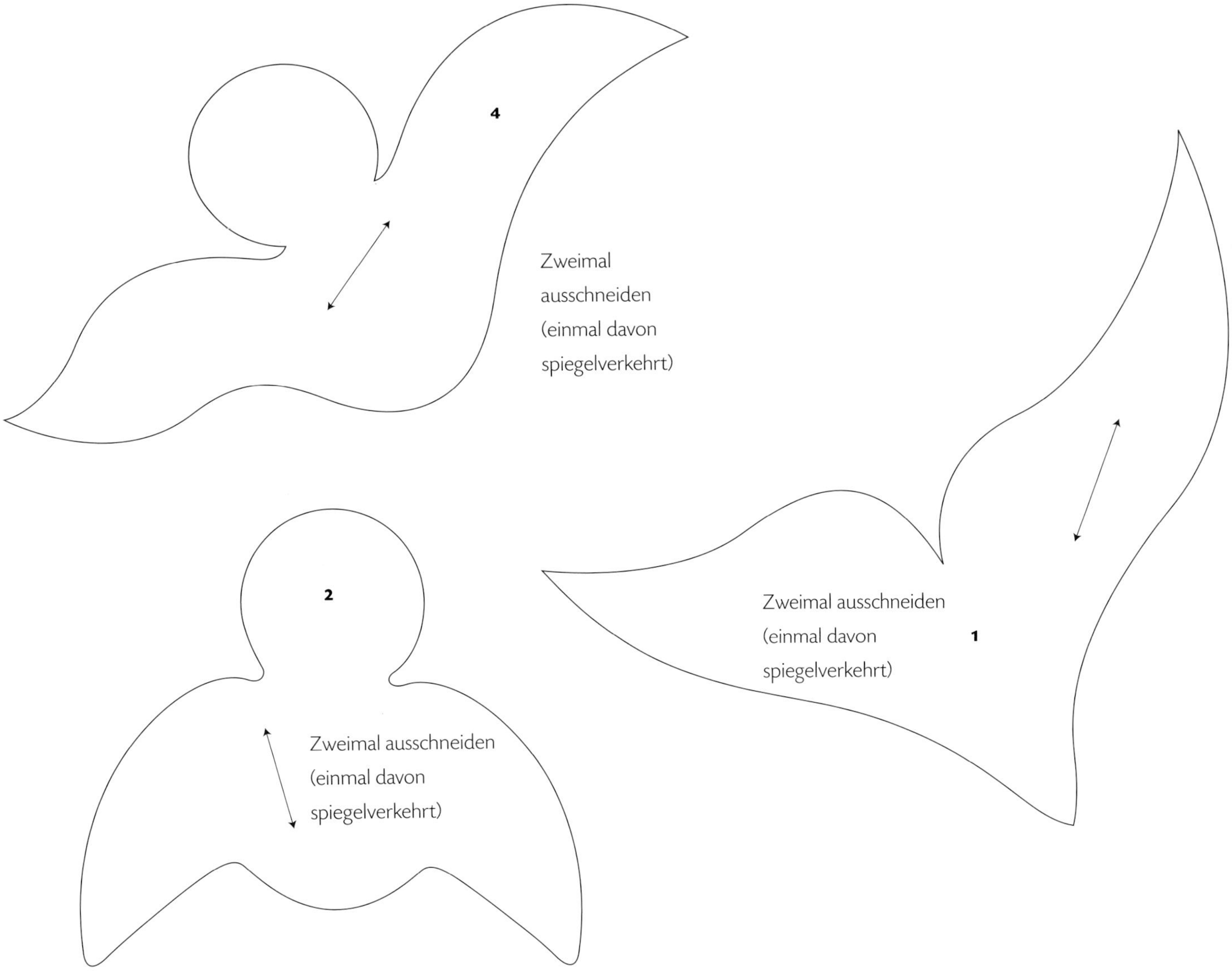
4
Zweimal ausschneiden (einmal davon spiegelverkehrt)
2
Zweimal ausschneiden (einmal davon spiegelverkehrt)
Zweimal ausschneiden (einmal davon spiegelverkehrt)
1

MACHIKOS SCHATZ

Alle Motive auf 200% vergrößern.

Künstler-Biografien

Machikos Schatz

Hiroko Aono-Billson studierte Design am Central Saint Martin's College of Art & Design in London. Nach dem Examen begann sie, eigene Produkte zu entwerfen, die sie zunächst auf dem Londoner Portobello Market verkaufte. 1997 meldete sie ihre eigene Marke «Blue Field» an. Vor kurzem kehrte sie in ihre Heimat Japan zurück und entdeckte das traditionelle japanische Kunsthandwerk wieder. Seither verknüpft sie diese Einflüsse geschickt mit eigenen Ideen. Ihre handgenähten Modelle zeichnen sich durch Liebe zum Detail aus, insbesondere bei den Blatt- und Blütenmotiven. Hirokos Werke wurden in Publikationen wie «The Guardian», «Homes and Gardens», «Marie Claire» und «Vogue» bekannt gemacht.

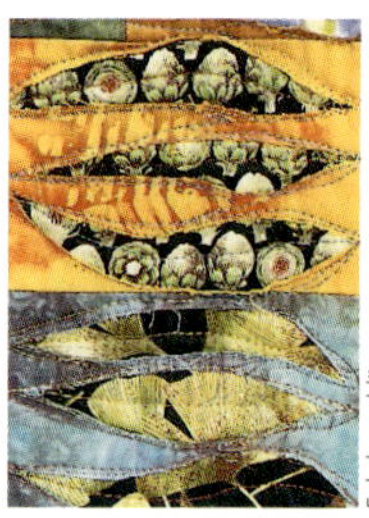
Eukalyptusblätter

Jan Clark setzt ihre Ideen seit vielen Jahren in Textilien um. Die Kunst des Quiltens wurde zu ihrem wichtigsten Ausdrucksmittel, seit sie sich Ende der 90er Jahre von den atemberaubenden Landschaften ihres damaligen Wohnortes im Westen der USA inspirieren ließ. Seit ihrer Rückkehr ins heimatliche Australien beschäftigt sie sich mit Pflanzen, Kieselsteinen und Insekten, insbesondere in den Wäldern und Felsformationen des Hunter Valley. Auch wenn diese Elemente nicht immer auf den ersten Blick erkennbar sind, liefern sie seither stets die Themen für ihre Textilarbeiten. Jans Werke werden in Australien, Neuseeland, Europa und Nordamerika ausgestellt.

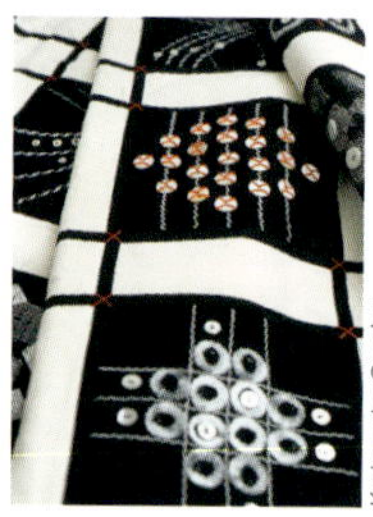
Kurioses im Quadrat

Diane Groenewegen stammt aus Sydney. Sie war zunächst Dozentin für Bildhauerei, ist jedoch inzwischen als freie Künstlerin tätig. Quer durch Australien veranstaltet sie Workshops und schreibt Artikel für Kunstzeitschriften. Dianes Quilts enthalten oft gedruckte oder handgestickte Elemente. Sie ist passionierte Sammlerin von Stoffen, Knöpfen und Kleidung vergangener Epochen und liebt es, alten Stoffen neues Leben einzuhauchen. Dianes Arbeiten sind in der Queensland Art Gallery ausgestellt und in vielen privaten Sammlungen in Australien, Europa und den Vereinigten Staaten zu bewundern.

Kokon

Gillian Hand entdeckte zuerst Patchwork und Quilten und beschäftigte sich dann erst mit moderner Textilkunst im Allgemeinen. Schon früh fing sie an, eigene Ideen zu originellen Quilts und kunstvollen Kleidungsstücken umzusetzen. Ihre Inspirationen bezieht Gillian oft aus der Natur. Vor allem auffallende Texturen, Zeichnungen und leuchtend bunte Farben haben es ihr angetan. In ihren Arbeiten spürt man ihre tiefe Zufriedenheit und Harmonie mit dem Universum. Derzeit beschäftigt sie sich mit dem Themenkreis Einheit, Verschiedenheit und Kontrast, insbesondere der Beziehung zwischen Lebewesen und den Elementen. Gillians eigene Erfindung ist der «falsche Filz» aus Naturfasern. Für ihre Arbeiten aus diesem Werkstoff erhielt sie bereits mehrere Auszeichnungen. In diversen Workshops gibt sie diese Technik an andere weiter.

Kostbarer Schimmer

Esther MacFarlane zeichnet, malt und näht seit frühester Kindheit. Jahrelang fertigte sie ausschließlich Kleidung und innenarchitektonische Objekte an. Seit kurzem verfügt sie jedoch über mehr Zeit und kann nun ihr Nähtalent auch dazu einsetzen, sich in ihren Arbeiten künstlerisch auszudrücken. Besonderes Vergnügen macht ihr der taktile Aspekt des Umgangs mit Stoffen. Oft lässt sie sich von den Stoffen selbst inspirieren. Sie mag schlichte Baumwolle, doch ihre wahre Liebe gilt Luxusstoffen in prachtvollen Farben und Texturen. An Quilts fasziniert Esther vor allem, wie nach und nach von der Idee bis zur Fertigstellung aus Einzelteilen ein konkretes Werk heranwächst.

Labyrinth

Hikaru Noguchi stammt aus einer japanischen Familie, die seit langem in der Textilindustrie und den damit verbundenen Kunstgewerben tätig ist. Sie ist ausgebildete Grafikerin, studierte dann jedoch ab 1989 in England Textilgestaltung an der Universität Middlesex. Nach dem Studium entwarf sie Stoffe für die Möbel- und Bekleidungsindustrie und spezialisierte sich dabei vor allem auf taktil interessante Gewebe, Wirkwaren und Steppstoffe. Der originelle Stil ihrer Dekostoffe brachte ihr Aufträge aus der ganzen Welt ein. Ihre Kleidungsstücke und Accessoires werden heute in Europa, Japan und den USA angeboten. Auf ihren ausgedehnten Reisen lässt sich Hikaru von den Kunsthandwerkern abgelegener Gegenden inspirieren. Oft lässt sie ihre Modelle auch von ihnen selbst ausführen und trägt so dazu bei, lokales Kunsthandwerk zu bewahren und zugleich mit neuen Ideen und Techniken zu bereichern.

Cappuccino

Angelina Pieroni ist von Beruf Bühnenschneiderin und fertigte 15 Jahre lang Kostüme für Film, Oper und Ballett an. In dieser Zeit hatte sie Gelegenheit, an der Seite renommierter Designer mit fantastischen Stoffen zu arbeiten. Seit der Geburt ihrer Kinder widmet sich Angelina der Verwirklichung eigener Ideen und Entwürfe, die sie in vielen Jahren gesammelt hat, darunter auch Quilts.

Afrikanische Impressionen

Terry Pryke lebt in Johannesburg, studierte dort an der Kunstakademie und war als Dekorateurin tätig. Nach der Geburt ihrer Tochter machte sie sich selbständig und heute leitet sie einen gut gehenden Floristikbetrieb, der auf Blumenschmuck für Trauungen und Empfänge spezialisiert ist. Ihre Liebe zu Blumen und Farben spiegelt sich oft in ihren Textilarbeiten. Ihr Talent als Schneiderin erbte sie von der Großmutter, die genau wie sie kaum jemals ohne eine Handarbeit anzutreffen war. Terry nutzt jede freie Minute, um irgendetwas Neues zu kreieren. Ihr Quilt «Afrikanische Impressionen» entstand bei einer 6000 km langen Autofahrt quer durch Afrika. Terry erhielt mehrere Auszeichnungen für ihre Arbeiten. Auftraggeber aus Afrika, Deutschland und Großbritannien bestellen Quilts bei ihr.

Goldene Quellen

Alison Schwabe entdeckte ihre Begeisterung für die Textilkunst anlässlich eines Stickkurses. Ihre ersten Arbeiten waren inspiriert von den Landschaften ihrer australischen Heimat. Ein Umzug in die Vereinigten Staaten brachte sie in Berührung mit der traditionellen amerikanischen Quiltkunst. Die diplomierte Geografin und Historikerin ist fasziniert von den Malereien und Plastiken der alten südamerikanischen Völker. Seit einiger Zeit lässt sie sich zudem durch Motive und Texturen von Landschaften inspirieren. Alisons Arbeiten finden sich in diversen Zeitschriften und Büchern.

Karen Spurgin war zunächst als Dozentin der Abteilung Textilgestaltung am Londoner Royal College of Art tätig, machte sich dann jedoch als Designerin selbständig. Heute arbeitet sie überwiegend für die Bekleidungsindustrie, kreiert aber auch Stoffe für Innenarchitekten sowie für Film und Fernsehen. Aufgrund ihres Interesses an abstrakter Kunst entdeckte sie, dass einige der Maler sich von Quiltmotiven inspirieren ließen, und kam so erstmals mit der Kunst des Quiltens in Berührung. Begeistert von der Idee, Stoffe für ebenso nützliche wie dekorative Gegenstände zu recyceln, gestaltet Karen heute große Quilts aus vielen Kleinteilen und Bändern, die sie besonders liebt.

Blütenlese

Karen Hemingway ist freie Autorin und Redakteurin. Sie schrieb die Kapitel über Werkzeuge und Materialien sowie den praktischen Teil dieses Buchs. Sie dankt Linda Kerswill vom Geschäft The Coton Club im britischen Bampton für ihre ausgezeichneten Tipps zu diesen Themen. Karen begann schon als kleines Mädchen zu nähen und nimmt sich auch als Erwachsene die Zeit zum Handarbeiten und Basteln. Dieses Buchprojekt sprach ihre Liebe sowohl zu Textilien aller Art als auch zum geschriebenen Wort an.

Register

Die *kursiv* gedruckten Seitenzahlen beziehen sich auf Abbildungen.

Afrikanische Impressionen 66–69, *67*
Altern eines Stoffes, künstliches 145
Aono-Billson, Hiroko *47*, 95, 156
Applikationen nähen 117, 128–134
  Berechnen der Stoffmenge 108
  mit der Maschine 130–134
  Modelle 22, 46, 50, 54, 66, 86, 98
  Reversapplikation 50
  von Hand 129–133
Arbeitsfläche 138
Art déco abstrakt 26–29, *27*
Aufbewahren von Quilts 145
Aufhänger 145
Auftrenner 13, 116
Ausbessern von Quilts 145
Ausstreichen des Stoffbruchs 117

Bänder 34, 37, 72
Bettüberwürfe 16, 74, 90
  Maße ermitteln 106
  Modelle 22, 26, 30, 34, 42, 46, 50, 58, 70, 78, 82, 94, 98
Bienenwachs 12
Bordüren 16, 82–85, 107, 108, 126+127, 143+144, 145
Briefecken 36+37, 126+127
Bügeln 117

Cappuccino 90–93, *91*
Clark, Jan *51*, 156
Cutter 9

Dreiecke aus einem Quadrat 48, 122, 124

Ecken 115, 133, 134
Einfädelhilfe 12, 110
Einfassung mit geraden Ecken 143
  doppelte 143+144
Eukalyptusblätter 50–53, *51*

Faden 14, 110, 139
  vernähen 110, 134, 139, 140, 142
Fadenspannung 110, 114, 142
Falscher Filz 62, 157
Farbechte Stoffe 109, 145
Färben 62, 109
Farben von Stoffen 17+18
Fertig stellen 143–145
Filzstifte
  wasserfeste 8, 118, 145
  wasserlösliche 11, 119, 138
Fingerhüte 12, 110, 140
Flecken entfernen 24, 44, 93
Flusen entfernen 56
Fransen 86, 88
Freezer Paper 10, 130, 145

Geometrische Formen zuschneiden 120+121
Goldene Quellen 78–81, *79*
Groenewegen, Diane 77, *87*, 156

Hand, Gillian *63*, 156

Kantenlineal 114, 142
Klatschmohnwiese 98–103, *99*
Klebstoffe 9
Knoten
  in einen Rückstich 110
  Kreuzknoten 141
Kokon 62–65, *63*
Kontraste 30–33, *31*
Kostbarer Schimmer 42–45, *43*
Kreiderädchen 11
Kreppband 13, 136
Kurioses im Quadrat 70–73, *71*

Labyrinth 38–41, *39*
Leuchttisch 11, 129
Lineale 8, 10
  Nahtzugabelineal 11, 119, 136
  Patchworklineal 10

MacFarlane, Esther *43*, 44, 156
Machikos Schatz 94–97, *95*
Markierrädchen für Nahtzugaben 11, 119, 136
Maßband 10
Mauerwerk mit Troddeln 74–77, *75*
Meer der Träume 34–37, *35*
Messwerkzeuge 10
Monofilgarn 14, 140
Motive für Applikationen 128+129

Nähen 117, 125+126
  Bögen mit Markierungen 118, 124
  Freihandnähte (mit der Maschine) 13, 52, 64, 96, 116
  Geradstich (Patchwork) 123+124, 125
  mit der Maschine 110, 114–116
  Rundungen 44, 124+125, 126
  von Hand 110–114
Nähfuß
  Allzweck-Nähfuß 13, 136
  aus durchsichtigem Kunststoff 115
  für Applikationen 115
  für Dualtransport 13, 135, 136, 142
  Quiltfuß 13, 135, 142
  Stopf- und Stickfuß 13, 116, 137
  Zickzack-Nähfuß 115
Nähmaschinen 13
Nähnadeln 12, 13, 110
Nahtzugaben 117, 118, 119, 122, 124, 125
  bei Applikationen 129, 130, 131, 133
  mit der Nadelspitze unterstreichen 132, 133

Noguchi, Hikaru *39, 75,* 157

Pappe 9, 129
Patchwork 118–127
  Bordüre 46
  mit der Maschine genäht 125–127
  Modelle 26, 34, 38, 42, 46, 70, 74, 78, 82, 86, 94
  Stoffmengen berechnen 106+107
  Streifen zusammennähen 82, 85
  von Hand genäht 123–125
  Zusammensetzen 123–127
Perlen aufnähen 68
Pflege von Quilts 145
Pieroni, Angelina *23,* 91, 157
Pompons anfertigen 40
Pryke, Terry *67,* 99, 157

Quadrate zuschneiden 121
Quilten 135–142
  Echoquilten 56, 69, 136
  Freihandquilten 64, 137
  Gerade Steppnähte 135
  Gekreuzte gerade Steppnähte 69, 103, 135
  Geknotete Quilts 96, 150
  mit der Maschine 139, 140, 142
  Schattenquilten 136
  Umrissquilten 56, 136
  von Hand 30, 94, 140–142
Quiltmuster 135–137
Quiltrahmen 12, 140+141

Rechtecke zuschneiden 121
Reversapplikation 50
Rollschneider 8, 10, 42, 44, 78, 120+121
Romanze in Weiß 58–61, *59*
Rosenkonstellationen 22–25, *23*
Rundungen 118, 131, 134

Schablonen 8+9, 126+127, 128+129, 146–155
  aus Plastik 8, 118, 129
  vergrößern mit Gitternetz 128
Schere 9, 10, 12, 120
  Schneiderschere 10, 120
Schneidematte 10
Schneiderkreidestifte 11
Schrägband zuschneiden 107, 108, 109, 119, 131
Schrumpfen 106, 109
Schutzengel 54–57, *55*
Schwabe, Alison *79,* 157
Sicherheitsnadeln 13, 142
Signieren von Quilts 144
Spurgin, Karen *27, 31, 35, 59, 83,* 157
Stärken 109
Stecknadeln 11, 114, 120
Stiche 110–113, 115+116, 151
  Fliegenstich 60, 112
  Freihandstich 116
  Heftstich 111, 115, 138
  Hexenstich 34, 88, 113
  Knötchenstich 30, 60, 97, 112
  Kreuzstich 73, 88, 112
  Spannstich 49, 113
  Spinnwebstich 102, 113
  Staffierstich 112
  Stehstich 111, 140
  Steppstich 46, 111
  Umschlungener Steppstich 102, 113
  Vorstich 34, 110+111, 115, 130, 133
  Zickzackstich 115
Stickereien
  bügeln 117
  Modelle 30, 34, 60, 72, 82, 86, 96, 100
  Stiche 112+113, 116
Stickrahmen 12, 116, 131
Stoffdruck 70, 72
Stoffe 15–19
  Vorbereitung 109
  Zuschnitt 120–122
Stoffmalfarben 62
Stoffmenge berechnen 106+107
Stoffrichtung 119

Textur eines Stoffs 109
Transparentpapier 8, 129, 134
Troddeln 76, 97

Übertragen der Motive 8, 128+129
Unterseite des Quilts 16, 107, 137

Vlieseinlage 10, 14+15, 130, 138
  aufbügelbare 10, 130+131, 134
  wasserlösliche 64, 65
Vogelgezwitscher 46–49, *47*

Wandbehänge 16, 62, 86, 144+145
Waschen
  des fertigen Quilts 145
  Vorwaschen 109
Webkanten 109
Werkzeuge 8–13
Wüstennacht 86–89, *87*

Zeichendreieck 8, 109
Zusammensetzen von Patchworks 123–127
  Gerade Nähte 123+124, 125
  mehrere Teile am Stück nähen 48, 125
Zuschnitt mit dem Rollschneider 42, 44, 78
Zwischenstreifen 106, 107

Die französische Originalausgabe erschien 2004 unter dem Titel *Quilts, Patchworks & Appliqués* bei Marabout.

Aus dem Französischen übersetzt von Birgit Lamerz-Beckschäfer, D-Datteln

Bibliografische Information der Deutschen Bibliothek:
Die Deutsche Bibliothek verzeichnet diese Publikation in der Deutschen Nationalbibliografie;
detaillierte bibliografische Daten sind im Internet über http://dnb.ddb.de abrufbar.
ISBN 3-258-06965-4